JN437560

김효선의 나홀로 기차여행

–북미대륙 편

나의 기차는 멈추지 않는다

김효선의 나홀로 기차여행
–북미대륙 편

초판1쇄 | 2008년 7월 25일
지은이 | 김효선 nevermind119@yahoo.co.kr

펴낸곳 | 도서출판 바람구두
주 소 | 121-841 서울시 마포구 동교로 155-3
전 화 | 02-335-6452
블로그 | blog.naver.com/gardo67

ISBN-10 | 89-93404-00-3 (03940)
ISBN-13 | 978-89-93404-00-5 (03940)

값 | 14,800원

_ 바람구두를 출판사 이름으로 쓸 수 있도록 흔쾌히 동의해주신 '바람구두연방의 문화망명지' 운영자께 감사드립니다.
_ 잘못 만들어진 책은 바꾸어 드립니다.

나의 기차는 멈추지 않는다구—

김효선의 나홀로 기차여행 _북미대륙 편

바람구두

여행자의 로망,

여행은 드라마다. '나'라는 주인공은 끊임없이 새로운 무대에 오른다. 새로운 장면마다 극적인 만남들이 펼쳐진다. 느리게 걷는 장거리 도보여행은 매일 보는 일일연속극이다. 걷기를 스토리의 힘 삼아 비슷한 속도로 함께 가는 몇몇 주인공들이 긴 사연을 만들어간다. 산티아고 가는 길 800킬로미터를 걷는 동안 간간이 엑스트라가 등장하긴 했어도, 주요 등장인물은 거의 바뀌지 않았다. 산티아고 가는 길은 그렇게 날마다 걷는 게 반복되는 여정이었지만, 흥미진진한 연속극의 묘미를 날마다 만끽하며 가슴 뛰는 대단원을 향해 점점 고조되는 멋진 드라마였다.

이번 장거리 기차여행에서도 기차는 진부한 이동수단이 아니라 내 여행의 적극적인 목표였다. 차창은 결코 질리지 않는 장관들을 연신 업로드하는 모니터였다. 내 삶 속으로 부단히 드나드는 인생 지기들과 마찬가지로, 내 기차의 동행들도 소중한 인연들이었다. 고풍스런 이국의 차장, 어렵게 말문을 여는 수줍은 소년, 반갑게 만나는 동방의 여행자들…. 심지어 힐긋 스쳐간 플랫폼의 실루엣으로만 남은 인물도 나의 상상을 자극해 여행 스토리를 함께 만들어나간다.

기차에서 내려 머무는 여러 도시들처럼 달리는 기차 또한 내 여행의 새로운 무대가 되었다. 그 무대 위로 날마다 새로운 등장인물들이 올라오면서 새 이야기를 풀어놓았다. 42일(미국 암트랙 25일, 캐나다 비아레일 17일)

동안의 내 기차 시간표에 따라 만났다가 헤어질 수밖에 없는 그들과 함께 빚어낸, 짧지만 강렬한 스토리들, 그게 바로 이 옴니버스 드라마의 매력이다. 기차는 달리고 이야기는 번갈아든다. 그래서, 달리는 기차를 주인공 삼은 대륙기차여행은 단막극의 옴니버스였다.

장거리 기차여행은 모든 여행자의 로망이다. 내 오랜 추억 속, 트랙 위에 서 있던 육중한 검은 열차가 뽀얀 김을 내뿜으면, 가슴은 핑크빛 설레임으로 대뜸 자욱해졌다. 그 얼마나 황홀하게 따듯한 기계였던가. 미끈하고 세련된 오늘날의 은빛 유선형 기차도 어딘가 먼 곳으로 떠나는 여행의 기대를 극대화하기는 마찬가지다.

다른 교통수단보다 기차여행에서 우리는 좀 더 쉬이 로맨틱 코드로 빠져든다. 많은 소설에서 다뤄지듯 달리는 기차는 깊고 긴 생각을 곰삭히기에 좋은 배경이 된다. 그래서 알랭 드 보통도 "모든 운송수단 가운데 생각에 가장 큰 도움을 주는 것은 기차"라고 평가한다.

쉿쉿~!! 아메리카로 달리는 기차가 바로 저 앞에 서서, 정겨운 기계음을 울리며 당신의 심장박동수를 최대로 끌어올린다. "얼른 타세요. 곧 출발합니다. All aboard, all aboard~!" 그때 그 기차는 나를 태웠고, 이제 이 기차는 기적을 울리며 당신의 가슴 속으로 달리려 한다. 대륙을 누비는 기차가 출발한다. 신나는 단막극들의 향연이 시작된다.

프롤로그

때론 낯선 타인처럼,

어느 날 바닷가에서 가족과 함께 휴가를 보내던 가정주부가 실종되었다. 개업의인 남편과 제법 큰 세 자녀를 두고 풍요롭게 살던 한 여인이 흔적도 없이 사라진 것. 수영복 위에 남편의 비치가운을 걸친 채 밀짚으로 만든 커다란 비치 가방을 들고서 샌들을 끌며 표표히 사라진 그녀…. 실종 당시 그녀의 나이는 남편과 자식으로부터 소외감을 느끼기 시작하는 중년이었다. 문득 자신이 젊은 시절의 꿈과 너무도 다르게 살고 있음을 깨닫고서 그녀는 산책하듯이 길을 떠나게 되었던 것이다. 잠시 가족과 떨어져 멋진 호텔에서 하루나 이틀 정도 머물다보면, 마냥 소외되어가는 자신의 존재를 가족들이 새삼 깨달으리라 기대하면서….

이렇듯 그녀는 오랜 생각 끝에 떠난 게 아니었다. 해변에 세워둔 멋진 이동 주택차를 구경하다 마침 그 차를 잠시 얻어타게 되었고, 자의에 의한 실종은 그렇게 우연히 시작되었다. (그래, '자의에 의한 실종'이란 말이 주는 막막함이 더 좋다. '가출'이라는 무미건조하거나 혹은 풋사과처럼 덜 여문 듯한 느낌의 표현보다는.)

아득한 절벽 아래로 추락하다가 바위에 걸려 와락 멈추듯 운명적으로 낯선 곳을 향한 그녀. 그녀의 가족이 자신을 찾는다는 광고를 보게 되기까지는, 그러나, 하루 이틀이 아니라 일주일이 넘게 걸렸다. 낯선 곳, 낯선 시간 속의 낯선 여인으로 자신을 돌아보는 여정은 그 광고를 본 뒤로도 일 년이나 계속된다. 그녀의 여행은 진정한 자기를 완성하는 여행이었다. 그 여행은 마음을 치료하는 심리 여행이었다.

*

아주 오래 전 읽은 앤 타일러의 장편 소설 『때론 낯선 타인처럼』 속의 이야기다. 불현듯 어디로 떠나고 싶은 충동은 누구에게나 있다. 모든 이의 꿈에서 여행은 늘 으뜸버금이지 않은가. 특히나 젊은 시절엔 혼자 떠나는 여행이 모두의 로망일 터. 나도 그랬다. 젊은 시절 그 꿈을 이루기에는 부모님의 감시가 옹근 소홀함이 없었고, 나는 그저 여느 딸들처럼 자라고, 결혼을 하고, 어느새 다 자라버린 두 아이의 엄마가 되었다. 그렇게 열심히 사는 동안, 멋지게 홀로 떠나리라던 여행의 로망은 로망으로만 남겨지고 말았다.

문득 돌아보니 세월은 어느덧 중년이란 나이로 나를 옮겨놓았다. 불쑥 자란 아이들이 제 목소리를 내기 시작했고, 자기 빛깔이 강한 남편은 더욱 도드라져 멀어졌다. 굳이 기억하려 애쓰지 않아도 저절로 흥얼거려지던 노래들이 이젠 용을 써서 외우려 해도 까먹기 일쑤다. 내심 총기 있노라 자부하던 두뇌회전도 어딘가 회로가 망가진 듯 연신 덜컥댄다. 때론 말을 하다 말고 애초에 무얼 말하려 했는지 잊어버리기도 한다. 그럴 즈음 중년은 마냥 우울해 보인다. 아이들과 일에서 자유로워진 중년의 일상을 이런 저런 스포츠와 문화센터 강좌들로 메우는 일은 내게 지루했다.

그때였다. 사무치게 떠나고 싶었다. 파랑새를 찾으러 떠나는 동화처럼 나도 굽이진 산등성이를 오르고 싶었다. 동화의 결말처럼 그 파랑새는 원래 내 품에 있었음을 깨닫게 될지라도…. 실은 파랑새와 무관하게 나는 그저 떠나고 싶었던 거다. 낯선 길을 따라 나서는 것, 그게 전부였다. 아무도 모르는 낯선 곳에서 낯선 타인처럼 새롭게 부딪치고 그 상황을 즐겁게 헤쳐나가는 나를, 정말 간절하게 만나고 싶었다.

*

고맙게도 잘 자라준 두 딸이 마침 뉴욕에서 생활하고 있어서, 뉴욕을 시작으로 북아메리카 지역을 기차로 돌아볼 맘을 먹었다. 유럽 대륙을 기차로 여행할 때도 그랬고, 긴긴 시베리아 횡단열차를 탈 때도 그랬지만, 기차는 날 매료시키기에 모자람이 없었다. 하늘을 난다는 초현실적 신기함과 잽싸게 머나먼 곳으로 데려다준다는 장점 말고는 별 매력이 없는 비행기와는 달리, 기차는 대지 위의 온갖 풍경을 얄팍한 차창 너머로 활짝 펼쳐놓는다. 내겐 너무나 소중한 교통수단인 기차. 어딘가로 가기 위한 단순한 수단이 아니라, 삶과 자연이 녹아 있는 대지의 풍경을 여행 내내 선사하는 기차여행. 그래서 북미대륙을 간다는 생각과 기차로 다닐 거란 생각은 어느 쪽이 먼저랄 것 없이 거의 동시에 떠올라 순식간에 내 머릿속을 점령했다.

광활한 북미대륙은 미국과 캐나다 단 두 나라뿐. 그러니 뉴욕을 기점이자 종착점으로 한 미국 일주 후에는 당연히 캐나다 순서고, 뒤이어 남미대륙 그리고 호주와 뉴질랜드, 또 아프리카까지, 기차가 지나는 모든 대륙을 달려볼 작정이다. 또 언젠가 통일의 날이 오면, 부산 → 함흥 → 블라디보스톡 → 모스크바 → 북유럽 → 서유럽 → 동유럽 → 터키 → 중동 → 인도 → 중국 → 신의주 → 평양 → 서울로 돌아오는 유라시아 대륙 왕복 여행의 모든 일정을 기차로 다녀오리라. 대륙으로 달리는 기차. 그런 기차가 있어, 우리 작디작은 미물인 인간도 너끈히 대륙과 만날 수 있는 것 아니겠는가. 그러고 보면 나는 기차에 단단히 중독되었다.

contents

미국 암트랙 여행

캐나다 비아레일 여행

뉴 욕 에 서 시 카 고 까

1 세물머리를 지나다

대륙으로 달리는 기차가 나를 기다리고 있다. 후들후들, 움찔움찔, 세포가 들썩거리는데, 마치 "칫칫 빠아앙" 하고 기차가 내 피부 밑으로 달리는 듯한 느낌이다. 내가 암트랙에 오르기도 전에 암트랙은 먼저 내 속으로 그렇게 달려 들어왔다.

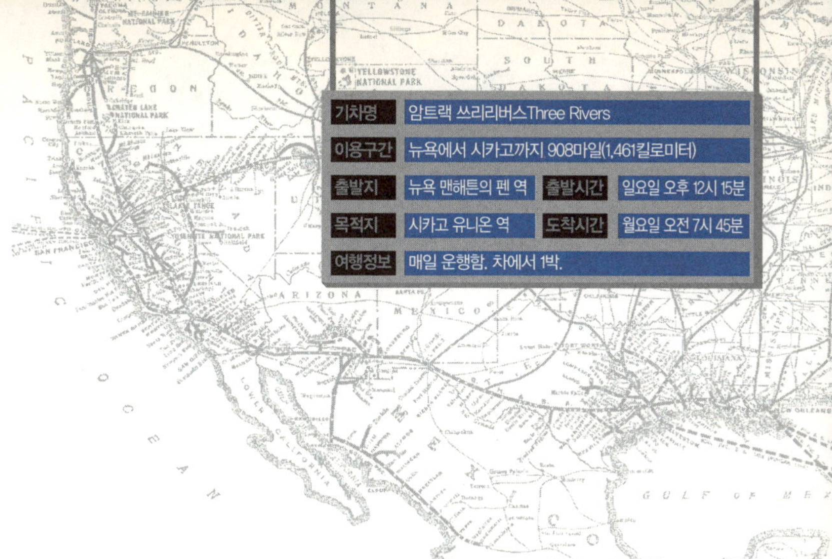

기차명	암트랙 쓰리리버스Three Rivers		
이용구간	뉴욕에서 시카고까지 908마일(1,461킬로미터)		
출발지	뉴욕 맨해튼의 펜 역	출발시간	일요일 오후 12시 15분
목적지	시카고 유니온 역	도착시간	월요일 오전 7시 45분
여행정보	매일 운행함. 차에서 1박.		

뉴욕에서 왕창 표를 끊다

이번 여행의 첫 출발지인 뉴욕으로 왔다. 다른 때와는 달리 이번은 여기서 딸들과 머무는 여행이 아니다. 내가 머물 곳은 대륙으로 달리는 기차 안. 그래서 기차표 예매를 위해 맨해튼 34번가의 펜역으로 냉큼 달려갔는데, 아뿔싸, 역의 창구에서는 예약을 받지 않는다고 한다. 이어지는 설명을 들으니, '오호!', 역 안에 설치된 전용전화로 예약한 뒤 예약번호를 가지고 창구로 와 기차표를 받으라는 것. 미리 알았더라면 집에서 했을 텐데. 암트랙 전용전화를 통해 예약하는 중에, 예약한 노선의 모든 티켓을 한꺼번에 받을 수 있다는 걸 알게 되었다. 그래서 여행 일정을 모조리 예약하겠다고 하나하나 일러 주니, 예약을 받던 여자가 깜짝 놀라며 되묻는다. "정말 한 달 안에 이 일정을 다 갈 수 있으시겠어요?" 걱정 어린 목소리다.

당당하게 모든 예약을 마치고 창구로 갔다. 그곳에서는 레일 패스와 여권을 확인한 뒤 예약번호대로 기차표를 발권하기만 한다. 기차와 연계 버스표까지 합해 모두 13장의 티켓! 이 푸짐한 티켓 꾸러미를 받아드니 손끝에서 시작된 설레임의 물결이 온몸의 말초신경 끝까지 마구 휘몰아친다. 하나하나씩 도시와 노선의 이름을 확인하는 손길이 짐짓 떨린다. 후들후들, 움찔움찔, 세포가 들썩거리는데, 마치 "칫칫 빠아앙" 하고 기차가 내 피부 밑으로 달리는 듯한 느낌이다. 내가 암트랙에 오르기도 전에 암트랙은 먼저 내 속으로 그렇게 달려 들어왔다.

드디어 출발

암트랙 여행의 첫 출발, 5월의 첫 일요일 아침, 뉴욕에는 궂은비가 내린다. 아침 일찍 일어나 미리 꾸려놓은 배낭과 소지품들을 꼼꼼히 다시 챙겨보았다. 가벼운 흥분을 동반한 두려움으로 가슴이 진정되질 않으니 아침밥도 넘어가지 않고 앉지도 못한 채 안절부절 서성거리게 된다. 어느새 다 커버린 아이들은 자꾸만 두리번대는 나를 따라 덩달아 불안해하기는커녕, 천군만마를 거느린 장수의 기분이 들도록 나를 격려해 준다.

지하철로 도착한 펜역. 오가는 사람들로 어런더런하면서도, 적절한 음량의 클래식이 흐르는 역사 안은 어찌나 깨끗한지 기분까지 상쾌해진다. 기차를 기다리는 사람들이 모두 출발시간을 알리는 전광판을 올려다본다. 뒤로 멀찍이 떨어져 한 방향을 바라보는 무리를 보는 게 사뭇 재미났다. 내 기차의 출발시간은 아직 한 시간 반이나 남았다.

기차는 출발 시간보다 15분 늦게 출발하였다. 아이들의 배웅을 받으며 기분 좋게 들어선 7번 트랙. 대륙으로 나를 데려다 줄 은빛 차량이 듬직하게 나를 기다린다. 시카고까지 나를 데려다 줄 은마 '쓰리리버스'를 처음 만나는 순간이다. 열차를 닮은 듬직한 체구의 여승무원이 출입구를 지키고 서 있다. '기차 안의 좁은 통로에서 과연 움직일 수 있을까?' 그런 의문이 들 정도의 체구다. 그녀는 일반객실인 코치인지 침대차 승객인지를 묻고 목적지를 확인한 뒤 타야 할 차량을 일일이 가리켜 주었다. 난 일반석이고 목적지는 시카고, 바로 그 듬직한 여승무원이 담당하는 차량이다.

기차표에는 좌석 번호가 따로 없다. 그래서 배정받은 차량에 올라 편한 대로 앉으면 된다. 같은 창문이라도 넓은 시야를 확보할 수 있는 곳을 골랐다. 그렇게 자리를 잡고 앉느라 어수선하던 열차 안의 분위기가 가라앉을 무렵 기차가 미끄러지듯 움직이기 시작한다. 열차 천정에 닿을 듯 키가 큰 남자 차장conductor과 어텐던트attendant라 하는 아까 그 여승무원이 차표 검사를 시작한다.

그러는 사이 기차는 허드슨 강을 건너 뉴저지에 잠시 정차한 후 곧 출발하였다. 좌석은 2인용이지만 거의 대부분 혼자 앉았다. 장거리 여행에 2인용 좌석을 혼자 쓴다는 것은 정말 행복한 일이다. 5월의 비수기를 택해 여행하는 덕분이리라.

하룻밤을 보낼 자리이기에 짐 꾸러미를 되도록 편하게 정돈해 놓은 뒤 창밖을 내다본다. 아침부터 설레고 흥분되었던 마음은 언제부턴가 차분히 가라앉았다. 그러니 열차 안팎의 풍경이 눈에 들어온다. 쓰리리버스의 출발지인 뉴욕과 그 주변의 도시 풍경은 단조롭고 평범하다. 그저 그런 도시 변두리와 시골 마을의 모습들, 그리고 이제 연한 초록빛으로 물드는 숲들이 번갈아 이어진다.

시트에 몸을 맡기고 창밖을 보니 마음이 한결 느긋해지며 오감이 편안해진다. 준비해 온 CD 중 제일 먼저 베토벤의 바이올린 콘체르토를 들었다. 둥! 둥! 둥! 깊은 울림의 북소리가 또 나를 흔든다. 내 안에 잠든 또 다른 나를 깨워서 설렘과 호기심의 새로운 세계로 이끄는 그 소리. 그 북소리가 다음에 이어질 선율을 이끌어내듯이, 나의 여행 또한 그렇게 미끄러지듯 이어지리라. 그렇게 생각하니 거장의 하모니처럼, 거대한 은빛 기차처럼, 반짝반짝 빛나는 행복감이 온몸 가득 번진다. 나른하게 눈을 감으니, 사랑하는 이들의 얼굴이 하나씩 떠오른다. 내게 늘 힘을 주는 그 모습들. 염려스런 표정을 짓기도 하고, 힘내라는 몸짓을 해보이거나, 그저 밝게 웃으며 손을 크게 흔들기도 한다. 그들의 살짝 과장된 몸짓과 사랑 섞인 표정들을 향해, 나는 묵묵히 짐짓 비장한 얼굴로 대꾸하고 있다. '그래, 힘낼 게. 힘내야지….'

뉴욕을 출발한 지 일곱 시간. 멈췄던 비가 다시 내린다. 넓은 창 위에서부터 빗방울이 또르르 맺혀 굴러 떨어지는 게 마치 밤하늘을 긋고 내 맘속으로 날아드는 별똥별 같다. '시간을 느리게 보내리라' 마음을 먹었더니 "어느새?" 싶을 만큼 일곱 시간이 훌쩍 흘렀다. 기차는 비바람에 고개를 숙인 연초록의 숲길을 느리게 달리고 있다. 낯선 곳을 향하면서도 그리 낯설지 않은, 귀에 익은 선율 같은 이런 익숙한 느낌이 나는 좋다.

세 물 머 리

U자형으로 굽은 곡선 철로로 기차가 접어든다. 옆으로 휘어져 달리는 앞 차량의 모습이 뒤쪽에서도 보이는 게 극적인 구간이다. 길다란 은빛 차체가 붉게 물드는 노을 속으로 빨려드는 듯한 색감의 대비도 극적 효과를 더한다.

쓰리리버스라는 이름은 오대호 중 하나인 미시간 호로 흘러드는 세 지류 세인트조셉St Joseph 강, 록키Rocky 강, 포티지Portage 강에서 유래했다.

대한민국의 절반 넓이라는 미시간 주에 시티 오브 쓰리리버스란 작은 도시가 있다. 물론 이 세 강이 모여드는 곳이다. 서울 근교의 남양주에 가면 남한강과 북한강이 합류하는 양수리가 있는데, 그곳의 순우리말 이름이 두물머리다. 두 물이 만나는 곳이란 뜻인데, 그렇게 따지자면 이 쓰리리버스 시는 세물머리인 셈이다. 우리 기차가 지금 막 그곳을 지나고 있다. 호수 위 반짝이는 물결 위로 붉은 노을이 내려앉는 장관은 바라보는 이의 가슴까지 벅차게 한다.

아마도 거의 모든 사람이 여행을 좋아할 것이다. 누구나 가슴 한켠에는 자기만의 여행에 대한 로망을 품고 산다. 그러나 대개의 경우 여러 가지의 다른 이유들이 앞을 가로막는 바람에 막상 여행을 떠나지는 못한다. 한편 어떤 이들은 그런 이유들을 뒤로 젖히고 덜컥 길을 떠난다. 나 역시 다른 빌미들보다 이번 여행에 더 높은 우선순위를 부여했기에 길에 오를 수 있었다. 어쩌면 내 가족에게 나는 아주 먼 길을 돌고 돌아 끝내 제 집을 찾는 탕자와 같을지도 모른다. 물론 여행을 하는 기쁨만큼 가족에게 심려를 끼치기도 하는 것이니, 마음이 아프고 송구하다. 그러나 사랑하는 이들이 나를 기다리고 있다는 믿음으로 나는 낯선 곳을 헤매어도 서글프지 않을 것이며, 그리운 마음으로 한결 깊어진 사랑을 가지고 그들에게 돌아갈 것이다.

방황하는 마음 없이 여행은 없다.
마음이 이미 떠나야 몸도 여행길에 오르는 것이다. 그런데 나는 나의 그리운 사람들을 너무 사랑한다. 언제인가, 늘 따듯함으로 나를 맞아주는 이들을 위해서라도 이 오랜 방황을 그만두게 될지도 모르겠다. 부디 그때 내 영혼에 진정한 평화가 찾아오기를….

아 미 쉬 가 족

펜실베이니아 주의 랭카스터에서 한 아미쉬 가족이 기차에 올랐다. 아미쉬는 재세례파 계열의 기독교파로 1693년 신교도 목사인 야콥 암만이 만든 종파이다. 모든 사람들은 죄인이니 근검 절약하는 생활을 통해 회개하자는 게 아미쉬 교리의 골자다. 이들은 유럽에서 배척받다가 1700년대에 종교의 자유를 찾아 미국으로 건너왔다. 18세기 당시의 생활 방식을 여전히 고수하며 살아가는 사람들. TV 다큐를 통해 흥미롭게 살펴보았던 이들을 실제로 볼 줄이야.

이 가족은 14세 정도의 소녀를 포함하여 남자 넷, 여자 넷 모두 여덟 명. 이들의 옷차림은 남녀 모두 정갈하며 특이해 눈길이 자꾸 간다. 남자들은 모두 멜빵으로 고정시킨 정장에 조끼까지 갖춰 입었으며 수염을 길렀다. 모자는 마치 베네치아의 사공을 연상시키듯 밀짚모자에 검은 띠를 둘렀다. 그 중 아버지가 인상적이었는데 하얀 수염이 가슴길이까지 내려와 마치 해리포터에 나오는 인자한 마법사 할아버지를 보는 듯했다. 여자들도 비슷한 옷차림으로 모두 감색 계열의 원피스에 검은색 앞치마를 걸쳤다. 곱게 빗은 쪽진 머리 위로 얇고 고운 천으로 만들어 부서질 듯 빳빳하게 풀을 먹인 하얀 캡을 쓰고 있었다.

같은 또래의 아가씨 둘이 내 옆 통로의 좌석에 앉았는데, 가장 어린 아가씨는 눈이 마주치자 상큼한 미소로 인사를 건넸다. 차장이 다녀간 뒤 좌석 위에 꽂아둔 표를 보니 나의 목적지와 같은 시카고로 가는 일행. 그들은 독일어로 대화를 나눴지만 영어도 할 줄 아는 것 같았다. 그들에 대한 호기심에 기회를 만들어 꼭 대화를 나눠보리라 마음먹었다.

자리 정돈을 마치자 그들은 간식을 꺼내놓기 시작했다. 샌드위치, 요거트, 과일, 샐러드, 호도, 아몬드와 집에서 구워 온 파운드케이크를 펼쳐놓고 맛있게 먹는 그들. 난 잠시도 눈을 떼지 못하고 침만 꼴깍꼴깍 삼켰다. 준비해온 음식이 없는 난 카페에서 마른 음식만 먹었다. 그들의 풍성한 먹을거리가 무지하게 부러웠다. '나도 좀 주지….' 아마 인사치레로라도 권했다면 절대 사양 안 했을 거다.

암트랙에서의 첫날밤

기차 안은 5월인데도 춥다. 환풍기 바람 탓일까. 준비해 온 니트 스웨터를 꺼내 입어도 추위는 가시지 않는다. 한기가 돌 때마다 가방에 있는 옷을 꺼내어 하나씩 입기 시작했다. 반팔 티셔츠 두 장, 청바지, 니트 스웨터, 발목까지 오는 원피스, 양말, 청자켓, 마지막으로 비 올 때 입으려던 폴리잠바까지. 나는 어느새 두툼한 집시 여인이 되어 있었다. 밝은 낮에 보면 내 꼴이 참으로 가관이겠으나, 어쩌랴, 여행 초장부터 감기 들어 고생할 수는 없는 노릇이니.

불 꺼진 열차 안 모두들 잠들어 뒤척이는 밤, 추위를 피하느라 한바탕 부산을 떨고 누웠더니 옆에서 자고 있는 사람들의 큰 베개와 따뜻해 보이는 담요가 그렇게 부러울 수가 없다.

얼마나 지났을까. 뒤척이다 겨우 잠이 들었는데, 갑자기 눈이 번쩍 뜨였다. 졸음이 쏟아졌지만, 도로 눈을 감기엔 차창 밖 하늘의 느릿느릿 움직이는 달빛이 너무 유혹적이다. 자다가 눈을 떴을 때 커다란 창으로 널찍이 보이는 하늘을 나는 무척 좋아한다. 그래서 집이든 어디든 내가 머무는 곳에서는 되도록 넓은 창을 바라볼 수 있는 곳에 잠자리를 마련한다. 그래야 잠을 편히 잘 수 있다. 자다 말고 문득 눈을 떴을 때, 방안 가득 달빛이 비치고 하늘에 둥근 달이 둥실 떠 있으면 그 고즈넉한 아름다움이 눈물겹게 행복하다.

그런데 이 밤, 밤새 뒤척이다 누운 채 바라본 하늘은 검은 구름사이로 가느다란 달빛이 고양이 눈빛처럼 매섭게 빛나고 있다. 달빛이 섬뜩하게 느껴진 건 정말 처음이다. 하지만 그 또한 매혹적이다. 어떤 이는 코를 골고 어떤 이는 중얼거리며 잠을 자고 있다. 승무원들은 손전등을 들고 다니며 좌석 위에 끼워 둔 행선지를 확인해 승객들이 제때 내리도록 준비시켰다. 새벽 세 시에도 열차에서 내리고 타는 사람들이 있었다.

새벽이 올 무렵 구름이 싹 걷혔다. 달은 '휘영청 보름달'이란 표현이 딱 맞는 모습으로 빛나고 있다. 부지런히 카메라를 꺼내 사진을 찍어 보았다. 달리는 기차에서 찍힌 달의 모습은 네온사인이 휘어진 모습이었다. 새벽을 맞이하는 시간, 달빛은 지평선 끝쯤으로 내려와 우아한 자태로 저만치 앞서 기차가 나갈 길을 밝힌다.

하느님이 두 광명을 만들어 낮에는 햇빛으로 밤에는 달빛으로 우리를 인도하신다는 말씀이 생각나는 그런 달빛. 어스레한 새벽빛을 머금은 하늘 아래 끝없이 넓은 들판의 저 끝자락으로 우아한 황금빛 만월이 지고 있다. 황금빛은 이내 주황빛으로 변해 지평선 끝에 살짝 얹히더니 야금야금, 봉숭아물 들인 손톱이 사라지듯 시나브로 사라졌다. 사라지는 달이 너무나 아쉬워 나도 모르게 자리에서 일어나 황급히 앞으로 걸어갔다. 차량의 앞쪽으로 가면 그 모습을 다시 볼 수 있지 않을까? 그러나 어느새 달은 사라져버렸다.

한참을 서서 달을 삼킨 지평선을 바라보다 돌아서는데, 어랏, 반대편 지평선 끝자락이 화려하게 물들고 있다. 지평선 한 끝으로 황금빛 만월이 지고 있을 때, 지평선의 반대편에서는 붉은 태양이 진홍빛으로 화려하게 사위를 물들이며 대지 위로 떠오르고 있었던 거다.

서쪽으로 달이 지고 동쪽에서 해가 뜬다. 기차는 해가 뜨는 쪽에서 달이 지는 쪽으로 길게 달린다. 뜨거운 기관차의 박동이 벅찬 대자연의 장관과 이토록 잘 어울릴 줄은 미처 몰랐다. 그 황홀한 아름다움에 벌어진 입이 한동안 다물어지질 않는다. 그토록 행복하게, 그토록 감격적으로 나는 기차 위에서의 첫 새벽을 맞았다.

밤새 잠을 설쳤지만 상쾌했다. 아미쉬 가족은 부지런히 움직여 순서대로 씻고 새로운 옷으로 갈아입었다. 하지만 색깔과 디자인은 그대로다. 해 뜨고 달 뜨는 리듬에 맞춰 사는 사람들이구나 싶다.

여자들의 단장은 제법 시간이 걸렸다. 원피스와 앞치마를 입는데 단추도 지퍼도 아닌 핀으로 고정한다. 옷을 참 야무지게 입는다. 그들은 옷차림을 마무리 한 뒤 머리를 단정하게 쪽 찌듯이 묶고 많은 핀을 이용해 흰 모자를 정성스럽게 고정시켰다. 그들은 옷에 단추를 달지 않는다. 단추 달린 옷은 군복을 연상시킨다는 이유에서다. 그들은 어떤 명분으로도 전쟁을 합리화시킬 수 없다는 신념을 갖고 있다. 그래서 단추마저도 거부한다.

젊은 남자들은 시카고 지도를 살피고 있다. 가장 어린 소녀는 정성스럽게 옷을 입고 허리에다 여행용 작은 벨트가방을 두른다. 그 언밸런스가 귀엽고 재미있다. 아쉽지만 그들과는 한 마디도 나누지 못했다. 그들은 사교적이지도 않았고 무척 수줍어해서 말을 걸기가 도무지 어려웠다. 나와 눈이 마주친 어린 소녀만 살짝 미소를 지었을 뿐 다른 가족들은 눈이 마주쳐도 스윽 외면할 뿐 웃지도 않았다.

"곧 우리 기차는 시카고, 시카고 역에 도착합니다. 승객 여러분께서는…." 시카고와 처음 만날 순간이다. 낯선 거리를 거닐고, 낯선 곳에서 잠자리에 들며, 낯선 카페에 앉아, 지나는 낯선 이들을 즐거이 바라볼 것이다. 내가 좋아하는 칼릴 지브란처럼.

나는 거대한 낯선 도시에 들어서면
나는 낯선 방에서의 잠과
낯선 곳에서의 식사를 사랑합니다

이름 모를 거리를 거닐며
스쳐가는 모르는 이들을 바라보는 것을
사랑합니다

나는 즐거이
나그네이고자 합니다

시 카 고 의 즐

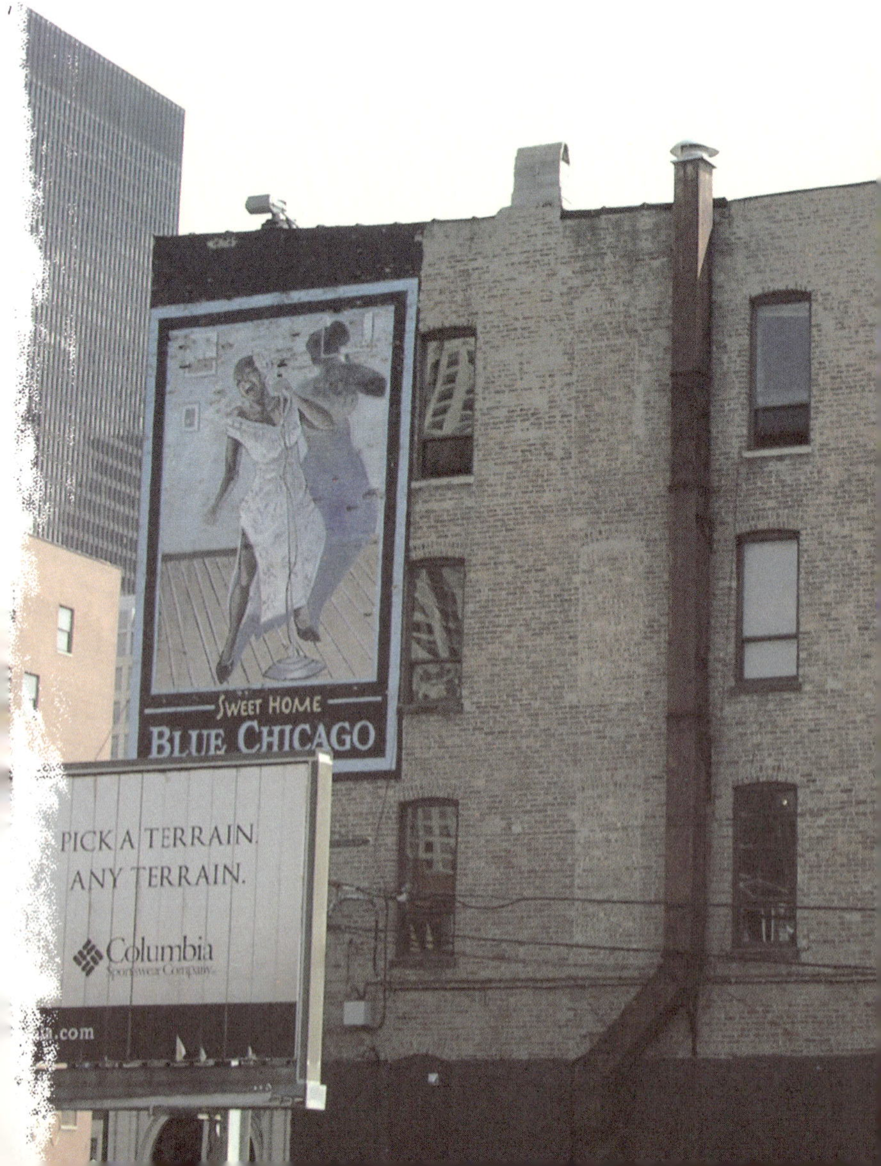

운 나 그 네 2

나지막한 일상의 풍경은 도시의 체온을 느끼게 해 준다.
행복한 쪽으로, 감사한 쪽으로, 내 여행은 잘 굴러가고 있다.

5월의 시카고는 상큼말쑥~!

일요일 낮 12시 반에 출발한 기차는 밤을 새워 달려 월요일 아침 예정된 시간에 도착했다. 뉴욕과 시카고의 시차는 1시간. 뉴욕이 아침 9시, 시카고는 아침 8시다. 느긋이 역사를 둘러보았다. 뉴욕의 펜 역만큼 크고 깨끗하다. 시카고의 유니온 역은 도심을 흐르는 시카고 강변에 자리 잡고 있다. 1926년에 지어진 이래 하루 평균 40곳이 넘는 행선지로 오가는 기차가 드나든다. 시카고는 암트랙 노선에서 매우 중요한 역할을 하는 거점이다.

나를 내려놓은 기차가 이내 서쪽으로 역을 빠져나간다. 출정을 알리는 나만의 북소리로 온몸이 진동한다. 거대한 낯선 도시에 들어서는 내 맘은 지상 최대의 파티에 초대 받은 사람처럼 기쁘고 설렌다.

열차에서 재삼재사 살펴보았던 지도를 여며쥐고 역 밖으로 길을 나섰다. 시카고 강을 건너 잭슨스트리트를 따라 걷는데, 쌀쌀한 날씨에 손이 시리다. 지나는 사람들은 거의 장갑을 꼈고 모피코트를 걸친 이도 있다. 역시 '스노우벨트'의 중심지답게 시카고의 바람은 맵고 강하다.

잭슨스트리트에서 레드라인을 타고 하워드라인으로 갈아탄 뒤 로욜라 지하철역에 내려 지도를 보고 어렵지 않게 유스호스텔YH을 찾을 수 있었다. 여기서 지도로 길 찾기는 서울에서보다 한결 쉽다. 거리와 동네 이름, 번지수가 모두 눈에 잘 띄기 때문이다.

9시경 YH에 도착해 체크인을 하고 방에 짐을 내려놓으니, 홀가분한 맘에 새 힘이 샘솟는다. 이번 여행은 느리고 또 느리게, 쉬고 또 쉬면서 걸으리라 마음먹었건만, 그만 이 낯선 도시의 한복판으로 얼른 접어들고픈 마음이 또 저만치 앞서서 나를 이끈다.

쌀쌀한 5월의 시카고는 날씨만큼이나 상큼하고 깨끗하다. 키가 큰 튤립 화단이 도로의 중앙선이나 보도 위에 잘 꾸며져 있다. 바람에 하늘대는 꽃의 모습이 살랑살랑 유쾌하게 걸어가는 키 큰 멋쟁이들 같아 보인다.

'강하다'라는 인디언 부족의 말에서 유래했다는 시카고. 영화 속의 시카고는 영락없는 갱들의 도시지만, 그런 이미지와는 딴판으로 시카고 거리는 화사하고 말쑥하다. 미시간호수를 끼고 있는 시카고는 중서부의 경제와 산업을 쥐락펴락하며, 특히 옥수수를 비롯한 각종 곡물 및 가축 등을 거래하는 주요 시장이다. '하늘을 벅벅 긁는다'는 뜻의 마천루skyscraper란 말이 태어난 고장이 바로 이곳이고, 지금도 뾰족탑으로 유명한 110층 시어스타워를 비롯해 하늘을 찌를 듯 솟구친 초고층 빌딩들이 좁은 도로 양쪽으로 줄지어 늘어서 있다. 다양한 현대식 빌딩은 물론이고 르네상스 양식의 고풍스런 빌딩과 개성 넘치는 독특한 설계의 빌딩들까지, 하늘을 찔러대는 풍경도 각양각색이다. 이곳의 마천루들 대부분은 1871년 시카고 대화재 후 건축된 것들이다.

빌딩숲 사이로, 두둥실~

빌딩숲을 들락날락하며 시카고의 중심가를 걷다 보니 옥수수 모양의 쌍둥이 빌딩 마리나시티가 눈에 띈다. 마리나시티는 60층의 아파트로 저층은 주차장인데, 자동차가 빼곡하니 옥수수

알처럼 주차된 모습이 어찌나 아찔한지 덜컥 겁이 날 지경이다. 1층은 그 유명한 라이브 홀 '하우스 오브 블루스'House of Blues다.

멀찍이 서서 마리나시티를 바라보며 쉬고 있는데 그 지역도 금연 빌딩들인지 애연가들이 건물 밖에 나와 담배를 핀다. 한 여자 스모커의 귀띔으로는, 요즘 며칠간 비가 내렸고 내일도 비가 온다는 일기예보라고. '어랏? 날씨도 추운데 비마저 온다면 다니기 불편하겠네. 그러다 여행 초기에 감기라도 걸린다면? 흠, 좋다. 오늘 다 돌아 보자. 그리고 내일은 푸욱 쉬자.' 느릿느릿 쉬엄쉬엄 다니자던 다짐은 와르르 무너지고, 대신 부리나케 돌아다니기 바쁘다. 역시 마음이 분주하니 하는 짓이 다 바빠진다. 덕분에 시카고 도심의 지리는 금세 터득했다. 아모코 빌딩, 시카고 심포니 홀, 시카고 미술관, 그랜드 파크, 버킹엄 분수◆, 선물거래소, 시어스타워, 상품거래소 시빅센터, 유리로 지어진 것 같은 독특한 디자인의 톰슨 센터 도서관. 이렇게 종일 동서남북으로 누빈 덕분에 추천 명소들을 70퍼센트 정도는 다 본 듯하다. YH로 돌아왔을 땐 정말 기진맥진할 지경이었다. 꼼짝도 하기 싫었지만 내일을 위해 뜨거운 물로 샤워하며 무거운 몸을 녹였다. 배정받은 방은 4인실이었는데 투숙자가 나 혼자였다. 썰렁하게 넓은 방에 혼자 있자니 좀 무섭기도 했지만 침대에 눕자 바로 잠이 들었다.

◆ 다양한 색의 조명이 분수를 비추어 아름답다고 했는데 분수는 수리 중이었다.

이른 아침 눈을 떴지만, 여행 전부터 늦도록 잠을 자리라고 맘먹었던 터라, 침대에 누워 계속 잠을 청했다. 다시 눈을 떴을 때는 방안 가득 햇살이 쏟아지고 있었다. "에게, 비가 온다더니? 이곳 일기예보는 거의 정확하던데." 세상에, 비 온다는 소리에 몸을 사리지 않고 무리하게 걸었는데, 날씨가 어제보다 더 따듯하고 화창하다. 늦게까지 자려던 마음을 바꿔 일어났다. 어제보다 좋은 날씨가 좀 억울하기도 했지만, 그래도 얼마나 대견스러운가. 이스트에서 웨스트를 오가며, 다운타운에서 업타운까지! 지도로 되짚어 보는 어제의 내 여정은 정말 대단했다! 덕분에 오늘은 시카고 명물인 루프 즉 고가경전철을 타고 한 바퀴, 그리고 미드타운 지역에서 놀다 오는 느긋한 일정이다. 하루 만에 부쩍 익숙해진 지하철로 다운타운 쪽으로 가다 퍼플라인 루프를 바꿔 타면 도심의 마천루 숲 사이를 그야말로 '떠돌아' 다닐 수 있다. 밝은 햇살 아래 반사되는 고층빌딩의 유리벽들이 눈부시다.

루프는 약 3층 정도의 높이로 건물 벽에 손을 뻗치면 닿을 듯 바싹 붙어 다닌다. 신기하다. 고층빌딩 근무자들은 얼마나 편할까. 바로 코앞에 역이 있으니. 그뿐인가. 나 같은 관광객에게도 아주 그만이다. 열차에 앉아서 좌우로 고개를 돌리면서 시카고의 도심 한복판을 볼 수 있기 때문에, 요즘은 서울에서도 운행하는 관광용 2층 버스를 탄 것 같기도 하고 홍콩섬을 느릿느릿 누비는 전차 윗칸에 앉은 듯한 기분도 든다. 어제 발로 다녔던 곳들을 고가철도에 앉아 다시 보니 더 반갑다.

느긋하고 편안한 한 시간 반의 루프 일주 끝에 지하철 시카고 역에 내려 어슬렁어슬렁 거리를 걸었다. 경주하듯 다니던 어제와 달리 모든 게 넉넉하다. 햇살은 따듯, 바람은 싱싱, 눈은 튤립의 춤을 다시 만나 즐겁고, 귀는 셀린 디옹의 노래로 흐뭇하다. 마냥 즐겁고 행복한 나그네가 되고 보니, 내게 이런 행복을 선사한 가족들에게 얼마나 고마운지…. 역시 느려야 넉넉해지고, 여유가 있어야 내 맘이 기특해진다. 이틀째 시카고, 난 감사할 줄 아는 여행자가 되었다.

기차 탈 준비는 음식백화점에서

뉴욕에 5번가가 있다면 시카고에는 매그니피슨트 마일이 있다. 시카고 최고의 쇼핑중심지를 거닐며 힘들게 유혹을 뿌리치고 있는데, 'Whole Foods Market'이라는 글자가 눈에 확 들어온다. "모든 먹을거리라? 으흠, 음식백화점 쯤 되겠군." 갑자기 아득하게 밀려드는 시장기에 끌려 안으로 들어서니, 눈이 휘둥그레질 정도로 큰 마켓이다. 먹을거리의 다양함과 색깔, 향기, 이 삼박자가 완벽히 갖춰져 있어, 기쁨에 들떠 카트를 빼내 밀었다. 길목마다 시식용 접시가 즐비한데, 과일부터 케이크, 치즈, 과자, 요거트 등을 한 입 거리씩 내놓아 견주어 맛보기 너무 좋았다. 즐겁게 감사한 마음으로 골고루 다 먹었더니, 카트 괜히 뺐다 싶을 만큼, 숫제 그것만으로도 배가 부르다.

내일부터 2박 3일 동안 기차를 탄다. 쓰리리버스에서 부럽게 바라볼 수밖에 없었던 호화스러운 아미쉬들의 먹을거리 박스를 떠올리며 주섬주섬 주워담았더니, 순식간에 '저걸 어찌 다 들고 가나' 걱정될 만큼 부피가 늘었다. 결국 아쉽게도 제자리로 갖다 놓는 수밖에…. 음식백화점에서 커피도 마시고 책도 보며 한가한 시간을 보냈다.

사랑하는 이들에게 메일로 안부나 전할까 싶어 인터넷 카페를 물어 찾아가 보니 빌딩 입주 아이디가 있거나 초대 받은 사람만 들어갈 수 있단다. 이곳에선 인터넷 카페 이용이 쉽지 않다. 이럴 때마다 '역시 인터넷은 한국'이라는 생각이 들 정도다.

기억 못할 수 없는 그녀

퇴근 시간쯤의 복잡한 지하철을 피하고 싶기도 하고 피곤하기도 하여 다섯 시쯤 YH로 가는 지하철을 탔는데 어제 복잡한 지하철에서 본 아줌마를 만났다. 그녀와 난 동시에 반갑게 "하이!"를 외쳤다. 마치 오랜만에 보는 친구처럼.

어제는 그녀가 앉은 자리 바로 앞에 내가 서서 갔다. 60이 넘어 보이는 인상의 그녀는 노란 잠바에 해병대 조교 스타일의 검정 모자를 쓰고, 해병대 얼룩무늬 바지에 검은 선글라스를 썼다. 이 정도면 아무리 둔해도 금세 기억할 인상착의 아닌가.

난 앞자리 쪽으로 탔고 뒷자리 쪽에 있던 그녀가 내게로 왔다. 그녀는 내가 자신의 주거래 은행에서 일하는 중국인과 닮아서 기억이 나며 내 향수 냄새가 좋았단다. 나는 그녀의 뛰어난 의상이 매우 잘 어울려 기억이 난다고 했더니 무척 좋아한다. 여행에 관해 짧은 얘기를 나누다가 그녀는 또 이렇게 우연히 다시 만나길 바란다고 말하며 나보다 한 정거장 먼저 내렸다. 덕분에 돌아오는 지하철이 지루하지 않았다. 이렇게 짧은 만남도 오래도록 인상에 남는다. 자기의 삶터인 시카고를 찾은 낯선 여행자에게 즐거운 여행을 빌어 주던 그녀. 흐뭇한 미소 머금고 다시 그녀의 모습을 떠올려본다.

일상 속에 도시의 체온이

시카고에서의 사흘째. 아침 일찍 짐을 꾸려 체크아웃 시간에 맞춰 로비로 나와 부엌으로 갔는데, 거기서 한국인 둘을 만났다. 1년간 교환학생으로 왔다는 대구 아가씨는 집으로 돌아가기 전 여행을 하는 중이고, 남자인 대경 씨는 회사를 관두고 샌프란시스코의 어학원에서 영어 연수 중이다. 학원에서 배우는 영어가 지루해진 그는 여행을 하며 영어를 배우기로 했다. 그것도 좋은 방법이겠다 싶다. 서른다섯의 대경 씨는 여행 중 YH에서 만나는 한국 학생들로부터 "한국사람 중에 형 같이 나이 든 사람이 우리들처럼 여행하는 것 처음 봤어요"라는 말을 들었다며, 그보다 훨씬 나이가 많은 내 여행을 아주 놀라워했다. 두 사람은 참으로 기특하게도 내 나이를 15살이나 더 젊게 봐주었다. 물론 예의를 차리느라 그랬겠지만, 난 마냥 기뻐서 어제 사두었던 비상식량

일부를 뚝 떼어 주었다. 빵을 먹다가 시원한 국물 생각이 간절하다니까 대경 씨가 아껴둔 한국 라면을 끓여 내놓는다. 그 칼칼한 국물을 먹으니 생일날 미역국 먹는 것처럼 기분이 확 좋아진다.

나처럼 오늘 체크아웃 한다는 대경 씨와 함께 길을 나섰다. 시카고를 떠나는 아쉬움을 달래려 한 차례 더 고가철도 루프를 타고 도심을 돌았다. 그는 그레이하운드 패스를 이용해 여행 중이어서 버스정류장으로 간다. 그레이하운드 정류장은 내가 기차를 탈 유니온 역과 가까웠고, 대경 씨가 나보다 시간의 여유가 있어 함께 역으로 들어왔다.

그곳에 들어서자마자 우리는 거의 동시에 그 유명하다는 골드 코스트 핫도그 집을 발견했다. 동행한 대경 씨도 나처럼 그 핫도그 집을 찾아 갔다가 편의점만 보고 왔다고 한다. 배고픈 것과는 상관없이, 우리는 시카고의 유명 맛집을 찾아낸 기념으로 핫도그를 먹어 보기로 의기투합했다. 핫도그를 사 들고 빌딩숲 사이로 흐르는 시카고 강가의 쉼터로 나갔다. 따듯한 햇살 아래 상쾌한 바람이 부는 쉼터 곳곳을 사람들이 수놓고 있었다. 우리처럼 먹을 것을 들고 나온 이들, 책을 보는 이들, 동료들과 유쾌한 대화를 나누는 이들. 이런 나지막한 일상의 풍경은 도시의 체온을 느끼게 해 준다. 핫도그의 맛은 유명세만큼 대단하지 않았지만, 난 시카고사람들 속으로 잠시 스며든 게 마냥 좋아 들뜬 기분에 젖었다.

내가 느낀 시카고는 키가 크고 발랄하며 화사하지만 성격 하나만은 칼칼한 멋쟁이 아가씨 같았다. 시카고에서 보낸 이틀 남짓을 떠올리면 고마워 할 일이 참 많다. 이 낯선 도시를 떠나는 나를 배웅해 주는 사람이 있어 더 행복하다. 행복한 쪽으로, 감사한 쪽으로, 내 여행은 잘 굴러가고 있다.

엠 파 이

로 키 를 넘 어 시 ㅇ

3

어빌더
로 달리는 기차

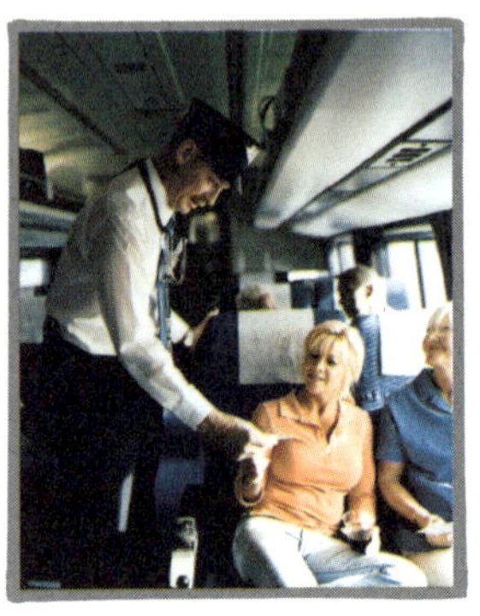

아무리 창밖의 대자연이 시선을 빼앗아도, 사람만큼 재미난 게 또 있으랴. 열차 안의 사람들은 모두 서로를 관찰한다. 내게도 사람 구경이 기차여행의 진미이다.

기차명	암트랙 엠파이어빌더Empire Builder		
이용구간	시카고에서 시애틀까지 2,210마일(3,557킬로미터)		
출발지	시카고 유니온 역	출발시간	수요일 오후 2시 10분
목적지	시애틀 킹 역	도착시간	금요일 오전 10시 20분
여행정보	매일 운행함. 차에서 2박. 차량은 슈퍼라이너 형. 이층 기차로 침대, 식당, 카페, 전망차 등이 있고 전망차에서 영화도 볼 수 있다.		

뉴욕을 떠난 지 나흘째, 시애틀 행 엠파이어빌더를 타고 달린다. 미국땅 중서부의 시카고를 출발, 북쪽 끝을 가로질러 대륙 서북부의 태평양 해안도시인 시애틀로 가는 것이다. 이런 장거리 노선은 비행기나 자동차 탓에 승객이 줄어 노선의 존폐마저 위협받고 있는데, 나처럼 전망차량에 앉아 광활한 대자연을 즐기기 위해 이 엠파이어빌더를 타는 이들이 종종 있어서 아직도 운행 중이라는 게 내게는 천만다행이다.

시카고 역, 게이트 C, 트랙 30, 엠파이어빌더의 2층 기차가 웅장한 모습으로 듬직하게 나를 기다린다. 침대차와 식당차를 지나 일반 객실차인 코치가 길게 이어진다. 거인처럼 큰 몸집의 차장과 스티브 맥퀸처럼 생긴 승무원, 그리고 여승무원이 기다리며 승객의 목적지에 따라 차량을 지정해 주었다.

엠파이어빌더의 이모저모

지정된 차량에 올라탄 뒤에는 원하는 좌석 아무데나 앉으면 된다. 난 2층 코치의 중간쯤 넓은 시야를 확보할 수 있는 자리에다 짐을 풀었다. 내 자리를 찜해놓고 카메라를 들고 밖으로 나왔다. 기차를 배경으로 승무원과 사진을 찍었는데 키의 순서가 '도, 미 ,솔' 노래를 부른다. 물론 내가 낮은 '도'이고.

승무원들의 표 검사가 끝난 후 차량 탐색에 들어갔다. 침대차는 예약 승객만 들어갈 수 있다. 난 시티오브뉴올리언스 노선을 침대차로 예약했으니 그때 경험하기로 하고, 일반석인 코치 차량부터 훑어 보았다. 1층

Empire Builder

엠파이어빌더 1883년부터 미 북부의 철도 노선을 담당하던 그레이트노던GN 철도회사는 1893년 미네소타 주와 시애틀을 잇는 대륙간 철도를 개통, 1929년 6월 11일부터 시카고~시애틀 구간의 엠파이어빌더 여객 운송을 시작했다. GN사의 최고경영자였던 제임스 힐은 미국 북서부 철도망 확충에 주력하다 로키산맥을 넘어 대평원을 가로지르는 대륙간 철도로 사업을 확장한 인물로 유명하여 '엠파이어빌더'(제국의 건설자)라는 별명으로 불렸다. 그는 1916년 숨을 거두었고, 그를 기려 주력상품이었던 대륙간 여객철도의 이름을 엠파이어빌더로 명명한 것이다. GN사는 1970년 이후 인수, 합병 등을 통해 BNSF철도회사로 흡수되었지만, 엠파이어빌더 여객열차는 암트랙이 그 서비스를 승계하여 여전히 옛 노선을 따라 매일 운행 중이다.

당시 인디안 원주민과 버팔로들이 주인공이었던 드넓은 황야에 모험심과 개척정신으로 똘똘 뭉친 철도사업자와 노동자들에 의해 건설된 이래 올해로 엠파이어빌더의 역사만 어느새 78년. 과거엔 모피무역상, 금빛 꿈을 찾아 떠난 광부들, 벌목꾼들, 신개발 상품들을 들고 다니던 상인들과 농부들이 이 기차를 왕성하게 애용했지만, 오늘날은 비행기와 대중교통의 발달로 이 긴 노선을 타고 가는 이들이 줄어들어 노선의 존폐마저 위협받고 있다.

은 장애인과 노약자 전용칸, 큰 가방을 올려놓는 선반, 남과 여로 구분된 화장실 따위로 구성된다. 특히 여성전용 라운지가 눈에 띄는데, 장거리 여행객들이 옷을 갈아입거나 간단히 씻을 수 있도록 배려한 공간이다. 그 안에는 두 개의 세면대와 작은 소파 그리고 별도의 화장실까지 갖춰져 있다. 화장실마다 비누와 일회용 타월, 컵, 변기덮개 그리고 화장실용 휴지와 티슈 등이 말쑥하고 풍부하게 놓여 있다.

2층은 일반 좌석인 코치다. 좌석은 비수기여서인지 2인용 시트에 한 사람씩 앉을 만큼 여유롭다. 장거리 여행에 몸을 편히 누일 수 있게 되었으니, 얼마나 고마운 여유인지!

전망차의 창문은 열차 천정 절반쯤까지 높이 뻗어 올라가 있고, 의자는 편리하게 방향을 돌릴 수 있도록 되어 있다. 달리는 열차 안에서 대자연을 파노라마 그 자체로 조망할 수 있도록 만든 것이다. 그레이트노던 철도회사는 왕성한 로비활동 끝에 1910년 몬태나 주의 로키산맥 빙하지대가 글레이셔국립공원으로 지정되도록 하는 데 성공했는데, 이 지역으로 관광객을 유치해 철도망의 수익성을 높이고자 한 것이다. 그 철길을 달리는 오늘날의 엠파이어빌더도 더 현대화된 차량을 동원해 승객들이 로키산맥의 장관을 즐길 수 있도록 안간힘을 쓰고 있다. 동쪽으로 가든 서쪽으로 가든 늘 로키산맥 일대를 낮 시간에 통과할 수 있도록 시간표를 짜는 것도 같은 이유에서다.

전망차에는 텔레비전이 있어 영화를 볼 수도 있다. 한쪽에는 작은 바도 있었지만, 별다른 호응이 없는지 여행 내내 아예 오픈도 하지 않았다. 전망차의 1층 카페에서는 음료와 스낵을 판다.

식당차는 물론 식사하는 곳, 그 아래층은 분명 부엌일 것. 식당차는 예약을 해야 하며, 몇 시에서 몇 시까지 어떤 음식을 제공한다는 안내방송이 나왔다. 방송을 마친 식당차 승무원이 객실을 돌며 예약을 받으러 다닌다.

전망차 1층의 카페에서 커피와 암트랙 기념엽서를 사는 것으로 차량 탐색을 마쳤다. 이제 2박 3일 동안 엠파이어빌더의 곳곳을 즐겁게 이용할 일만 남았다.

지도 위에서도 달린다

자리에 앉아 테이블을 펴고 그 위에 세 개의 지도를 펼친다. 서울에서 준비해온 미국 상세지도, 전미열차시간표에 붙은 미국전도, 그리고 엠파이어빌더 노선도. 더불어 여행정보 팸플릿과 엠파이어빌더호의 시간표, 그리고 오페라용 작은 망원경도 내놓는다. 뉴욕에서 시카고로 올 때도 이렇게 펼쳐놓고서는 내가 지나는 곳의 위치를 짚어가며 달렸다. 여기가 어디쯤인지, 저기 보이는 게 뭔지를 따져가며, 지도 위를 달리는 일은 철도 위를 달리는 기차의 전율과 한데 버무려져 여행의 흥미를 더해 준다.

지도 위의 시카고 주변에서는 단연 오대호가 눈길을 끈다. 그 거대한 물통에서 발원한 강들이 이쪽저쪽으로 얼기설기 길게 늘어져 흐른다. 시카고의 서쪽으로는 중앙평원, 바로 이어서 프레리스라는 대초원, 나아가 그레이트플레인스라는 대평원이 펼쳐진다. 몬태나 주로 접어들면서부터는 로키산맥이 북에서 남으로 길게 뻗어 있다. 지도 위의 그런 산맥들은 끝없는 평원의 한편에 우뚝 솟아 태평양의 바람이 아메리카 평원을 넘보지 못하도록 버텨선 듯 기세등등해 보인다.

이런 상세한 지도와 시간표를 짚어가며 역을 지날 때마다 내 현재 위치를 파악하고, 가이드 맵의 정보를 통해 지역의 특성도 대략 가늠하고, 가끔 오페라 망원경으로 먼 곳을 보기도 하노라면, 어느새 엠파이어빌더는 참으로 즐길 만한 기차가 된다.

이번 여행은 두루 느리게 보내리라 작정했다. 꼭꼭 씹으며 밥 먹고 신중하게 생각하고 느리게 걷고 천천히 구경하고, 그렇게 나무늘보처럼 느럭느럭 시간을 보내다가, 시계를 보고서야 시간이 훌쩍 흘렀음을 깨닫곤 한다.

모두들 내게 혼자서 무슨 재미로 여행을 하남, 동행도 없이 지루하게 장거리 기차여행이라니, 그런 지청구를 늘어놓았으나 느리게 가는 나로서야 시간이 너무 빨리 내빼는 게 야속할 따름이다. 물론 불편함이야 있지만 그것도 느리게 받아서 즐기기로 하니까 불편함도 눈 녹듯 편안히 사라진다. 마음의 고삐를 느슨하게 풀어 주니까 늘어터진 게 하나도 답답하지 않고 오히려 편안하다. 이건 정말 서울에서는, 뉴욕에서는, 상상도 못하던 일 아닌가.

짐승도 조상을 잘 만나야

지금 창밖으로는 기름진 경작지가 하염없이 펼쳐진다. 농부 한 사람 보이지 않지만 누군가의 손길로 무엇인가 경작되고 있음에 틀림없는 그 땅은 그 방대한 규모로 이미 풍요로움의 바다를 이룬다. 이렇게 가없이 넓은 경작지 위로, 다닥다닥 다랑이 논을 일구는 우리네 부지런한 농부들 모습이 안타깝게 겹쳐지곤 한다. 경작물 넘실대는 저 무지막지한 대지가 복 받은 '농업자본가'인 미국 농부들에게는 뿌듯한 풍요의 터전일 터이나 우리 농부들 같은 3세계 농민들에게는 지레 질리게 만드는 경악의 대상이리라. 동전엔 늘 이렇게 뒷면이 있다.

끝없이 펼쳐진 대지의 느낌은 곳에 따라 달라진다. 시베리아의 끝없는 대지를 보았을 땐 그저 막막하게 황량했다. 하늘과 땅의 끝자락이 만난 듯한 터키의 너른 대지를 보면서는 왠지 도시로 몰려들어 일거리 없이 방황하는 가난한 이들의 불쌍한 얼굴이 큼지막하고 선명하게 떠올랐었다. 키 작은 나무와 그 아래 잘 가꾸어진 초지에서 말과 소, 양들이 노니는 스페인의 드넓은 땅덩이를 보면서는 "축복 받은 가축들이 여기 있구나" 싶었다.

기차가 초원을 가르며 달린다. 풀보다 두세 배 크기의 나무가 어쩌다 한 두 그루 있을 뿐, 풀밭은 진정 하염없다. 거기, 그 풀밭 속에, 말들이 있었다. 탁 트인 곳 여기저기에 두셋 혹은 혼자서 흩어져 있던 그 말들….

작은 우리에 갇혀서 그 큰 눈이 더욱 애처로워 보이거나, 앞만 보도록 눈 옆으로 가리개를 한 채 마차 가득 관광객을 태우고 다리를 휘청이며 아스팔트 위를 걷던, 혹은 산더미 같은 짐을 실은 수레를 끌며 마부의 매서운 채찍을 받아내던 내 기억 속의 말들에 견주어, 저 초원의 말들은 그 얼마나 여유로운가. 초연한 몸짓은 그 얼마나 헛헛한가. 대자연을 고스란히 누리는 자들의 한가로움 같은 게 절로 느껴지는 몸사위들….

영국인인 역사학자 아놀드 토인비가 뉴질랜드에 가서 그곳의 양을 보고 이렇게 말했다. "영국의 양들은 불안하고 슬프기 때문에 시끄럽게 메에 메에 운다. 그러나 뉴질랜드의 양은 지극히 웅변적이다. 이곳의 양들은 목소리에 감정을 실어 내보일 일이 없기 때문이다." 1년 12달, 하루 24시간, 신선하고 맛난 녹초를 먹는 덕분에 만족스럽기 짝이 없음을 '몸짓'으로 보여주기에 '웅변적'이라는 것. 지금 창밖의 저 여유로운 말들의 모습도 그처럼 웅변적인 것일까? "난 조상 잘 만나 이 넓은 목초지를 꿰차고 편안히 잘 산다우"라는 몸짓 아닌가! 아, 내 머릿속에 저 평원을 담고 싶다. 내 가슴에 저 말의 여유를 품고 싶다. 저 태평스런 말들이 또 나를 가르치는구나.

모두 친구가 될 수 있다

아무리 창밖의 대자연이 시선을 뺏아도, 사람만큼 재미난 게 또 있으랴. 열차 안의 사람들은 모두 서로를 관찰한다. 내게도 사람 구경이 기차여행의 진미이다. 아직까지 전망차와 식당차, 스낵카페 등 열차 안 그 어디서도 동양인은 물론 유색인종이 보이지 않는 게 백인전용열차인가 싶을 지경이다.

낯선 이들의 행동과 옷차림을 곰곰 뜯어보자니 사람 사는 게 대동소이하다 싶다. 모양새가 다르고 말이 다르지만, 서로 문화적인 차이를 양해해줄 아량만 갖춘다면 별 오해 없이 예의 차리며 함께 잘 지낼 수 있을 것 같다.

열차 안의 분위기는 고즈넉하다. 승객들은 작은 친절에도 서로 감사한다. 조그만 실례에도 예로 답하는 사람들, 좁은 통로에서 마주치면 웃어주고 눈이 마주치면 밝게 인사를 나누는 사람들, 우리 모두는 어떻게 여행을 즐길지 잘 아는 이들이다.

서부로 가는 기차는 미시시피 강을 따라 해가 지는 쪽으로 달린다. 검고 깊게 흐르는 미시시피는 때로 아주 넓고 길디길다. 강가를 드문드문 수놓은 목조주택들은 아담하고 예쁘다. 어떤 집은 베란다를 강 위로 내놓았는데, 하얀 의자와 테이블, 빨간 파라솔의 색감이 눈부시다. 그 강렬한 대비는 푸른 숲과 영롱한 강물을 배경으로 더욱 도드라진다. 깊은 시골에서 만나는 꿈같은 장면이다.

같이 여행 중인 영국 남자는 일본여행을 하며 서울도 사흘쯤 다녀왔다고 한다. 그도 나처럼 30일짜리 비수기 내셔널 패스를 이용해 미국을 여행 중이다. 우리의 대화는 제법 재미있게 이어졌는데 옆에서 뜨개질 하던 아줌마도 간간이 우리 얘기를 거들었다.

전망차에서는 모두가 친구가 될 수 있다. 말만 붙이면 친구처럼 이야기를 나눈다. 내 영어 실력은 변변찮지만 난 그들과의 얘기를 두려워하지 않았다. 그들도 잘 들어 주며 나의 서투른 접근을 매정하게 외면하지 않았다. 정말이지, 얘기는 할수록 는다.

기차는 기적을 울리며 해넘이에 물드는 미시시피 강을 따라 달린다. 빛바랜 사진의 빈티지룩을 연상시키면서도 말할 수 없이 감각적인 그 장관에 우리는 감탄과 찬사를 쏟아내기 바빴고 사진 찍기 바빴다.

해가 떨어지자 몇몇은 예약된 저녁을 들기 위해 식당차로 향했고 나머지도 자기 자리나 스낵 바로 내려갔다. 나도 내 자리로 돌아와 시카고에서 사온 빵이랑 포도에 대경 씨가 삶아 준 계란을 곁들여 저녁을 먹었다. 푸짐하고 맛난 식사였다. 뉴욕에서 시카고로 올 때 남들 먹는 걸 부럽게 바라보기만 하던 내 모습이 떠올라 빙긋 웃음이 났다. 다른 이들에게 나도 먹을거리 준비했다고 자랑이라도 하고픈 마음이었는데, 장거리 열차에 익숙한 이들은 아주 커다란 비닐 가방에 먹을거리를 잔뜩 준비하고 탔다. 피크닉 가방 가득 음식을 챙겨든 이들, 커다란 베개와 담요까지 챙긴 이들도 있다. 아, 또 부럽구나!

난 이 열차를 내 전용차처럼 쓰고 있다. 레이디 라운지는 내가 쓸 때마다 아무도 쓰지 않은 듯 깨끗했다. 그곳에서 양치도 하고 더운 물로 세수도 하고 타월용 티슈로 적셔서 발도 닦으니 어찌나 개운한지 모른다. 내가 쓴 뒷마무리를 하는데 할머니 한 분이 휴대폰 배터리를 충전하러 오셨다. 내게 어디서 왔냐고 묻더니, 코리아란 말에 노스 코리아냐고 되묻는다. "그들은 이곳에 저처럼 자유롭게 올 수 없어요. 전 사우스 코리아에서 왔어요."

화장실 라운지에 앉아 우리는 여행과 가족 얘기를 했다. 일흔다섯이란 그분은 조그만 성경에다 자신의 이름을 써서 내게 건넸다. 1층 경로석에 있다며 자기 자리로 놀러 오라고 하더니 나를 안아 봐도 되겠냐며 손을 벌리신다. 우린 정겹게 안고 헤어졌다. 내게 행운과 여행의 안전을 빌어주신 진심 어린 마음이 마치 엄마 같아서, 불쑥 돌아가신 엄마 생각에 젖었다. 마음이 찡했다.

맑은 밤하늘에 유난히 빛나는 별 하나를 스치듯 비행기가 반짝거리며 날아간다. 기차는 익숙하고 정겨운 곳을 향해 가듯 기적을 울리며 깊은 밤을 달린다. 책을 펴든다. 이제 기적소리를 자장가 삼아 까무룩 잠이 들어 그리운 곳을 찾아가듯 꿈길을 갈 것이다. 내일은 로키산맥을 오르는 기차 안에서 밤을 맞겠구나…. 내 사랑하는 이들이여, 오늘도 감사의 맘을 전하니 모두들 편안하시라….

토인비보다 행복하게

흠칫흠칫, 추위에 뒤척이다 눈을 뜬다. 넓은 창으로 황금빛 둥근 달이 큼지막이 웃으며 나를 내려다본다. 기쁜 마음에 벌떡 일어나 창밖을 내다보았다. 작은 나무 하나 없는 넓디넓은 초원 위로 그림처럼 달이 빛나고 있다. 정말, 휘영청 달님 꽃이 활짝 피었다. 멋지다는 말이 차마 부족한 광경이다. 오페라용 망원경으로 달을 당겨 보는 순간 숨이 막히는 것 같았다.

내 눈에 이토록 선명한 달의 모습을 담은 적이 있었던가. 돋을새김으로 대륙과 산맥을 표시한 녹색의 지구본처럼 달의 윤곽과 질감이 금세 손바닥 가득 느껴질 듯했다. 지구는 초록별, 달은 황금별이라는 것만 달랐다. 달에도 대륙이 있고 대양이 있고 산맥이 있는 것 같았다. 우주인들이 지구로 돌아오며 우주공간에서 지구의 모습을 촬영한 사진을 본 적이 있다. 푸른빛 감도는 지구가 무한한 공간에 둥실 떠 있는 게 환상적이었는데, 지금 바로 저 황금빛 둥근 달이 딱 그와 같은 환상의 우주쇼를 펼치고 있지 않은가.

넋을 잃고 보다가 허둥지둥 카메라를 꺼냈다. 아무리 찍어도 달리고 흔들리는 열차 안에서 찍힌 달의 모습은, 쥐불놀이 깡통이 원을 그리듯, 네온사인 불빛이 휘어지듯, 문드러진 잔영으로만 찍힐 뿐. 안타깝고 아쉽다. 다시 누워 달을 하염없이 바라보다, 불에 덴 듯 다시 일어나 턱을 고정대 삼아 카메라의 흔들림을 줄이고 망원렌즈를 최대로 하여 숨도 쉬지 않고 찍어 보았다. 어머나! 세상에! 내 눈을 의심하고 또 의심하며 보고 또 보다가 와락 카메라를 끌어안았다. 왈칵 눈물이 났다. 너무도 멋진 달을 너무도 탐스럽게 내가 찍어낸 거다! 누군가에게 빨리 이것을 보여주고 싶은 마음에 주위를 둘러보았다. 그러나 모두 잠들어 있다. 혹시나 하는 마음에 다시 스무 번도 넘게 더 찍어 보았지만, 탐스런 달은 "이제 됐다"며 내 카메라에 들기를 거부했다.

토인비가 호주에서 기차여행을 할 때다. 그는 끝없이 펼쳐진 평야 위로 빛나는 보름달을 보며 가기를 원했다. 그렇게 고대하며 밤을 기다렸는데 기대에 찬 눈으로 바라볼 때마다 잡목이 우거진 숲 사이로 슬몃 어리는 달빛만이 고작이어서, 실망하여 잠들었다고 했다. 그런데 난 두 시간 가까이 대평원 위로 빛나는 달과 함께 달렸다. 그야말로 하늘을 걷는 듯한 황홀경이었다. 그 두 시간은 대체 어쩜 그리도 빨리 흐르던지.

기차는 이런 내 기쁨을 아는지 모르는지, 끝없이 펼쳐진 바다 같은 미네소타의 평원을 검은 바다사자처럼 미끄러지듯 나아간다. 꿈속 같은 길을 기적 울리며, 아름다운 달빛의 인도를 받으며 우주로 떠오르듯….

백인 부부의 흑인 아들

엠파이어빌더 둘째 날, 여행 떠난 지 닷새째.

아침 일찍 눈을 떴다. 짧은 잠이었으나 아주 개운하다. 아직은 거의 모두 잠들어 있다. 시트를 젖히고 눕거나 웅크리고 구부린 채, 아니면 앉은 자세 그대로 다들 불편한 잠을 잔다. 태양이 대지를 붉게 물들이며 떠오르고 있다. 일출을 보려고 열차 끄트머리의 전망차로 갔다. 노부부가 다정히 앉아 일출을 보고 있다. 코끝이 찡하다. 시리도록 아름답다. 행복해하며 사진을 찍는데 배터리가 다 떨어졌다는 메시지가 뜨며 사진이 느릿느릿 저장된다. 카메라도 주인을 닮아 느리게 시간을 보내기로 한 걸까? 이 아름다운 풍경은 그저 마음에 담아 두어야 하나 보다.

이제 노스다코타를 지난다. 미국의 북쪽 끝자락. 아주 낮고 완만한 구릉지대가 겹겹 포개어진 바깥 경치는 예쁘고 귀엽다. 연푸른 초록의 설익은 나무들이 간간이 모여 있을 뿐, 너른 초원의 연속이다. 그 사이로 차 한 대 겨우 지날 폭의 뽀오얀 길이 지평선을 향해 고불고불 끊어질 듯 뻗어 있다. 문득 맘속에 유혹이 인다. 길이 나를 꼬드긴다.

"훌쩍 뛰어내려라. 이 길을 달려가면 파랑새를 잡을지니…."

그런 동화 같은 길이다. 낮은 구릉 사이로는 자잘한 호수들이 올망졸망하다. 작은 오리와 물새들이 떼를 지어 오르내리는 새벽의 장관, 기차여행은 그런 색다른 아침을 선사한다.

사람들은 한밤중과 새벽에도 바톤 터치를 하듯 내리고 탔다. 바로 옆자리의 침묵하는 할아버지와 두 자리 뒤쪽의 수다쟁이 중년 아저씨가 나처럼 시애틀까지 간다. 다른 자리의 사람들은 어디에선가 모두 바뀌었다.

레이디 라운지에서 아침 단장을 하고 베이글과 커피로 아침을 먹고 전망차로 충전기를 가지고 갔다. 아무도 없는 전망차에 앉았는데 처음 보는 흑인 소년이 들어왔다. 눈이 마주치자 하얀 이를 드러내고 웃으며 인사를 한다.

머리카락을 여러 겹 모아 꼬듯이 묶은 레게 머리가 마치 성게의 가시 같다. 잘 어울린다. 눈이 맑고 총명해 보이는 소년이다. 소년은 인사를 한 후 의젓한 자세로 빠져들듯이 창밖을 내다본다. 말을 건네면 사뭇 방해가 될 듯해 그 풍경도 물끄러미 내 눈에만, 맘에만 담았다. '맑은 소년의 응시'라는 제목으로.

자리로 돌아오니 비어 있던 뒷자리에 중년의 백인 부부가 두어 살 정도의 흑인 여자아이를 데리고 앉았다. 내가 전망차에 있던 시간에 럭비라는 곳에서 탔다고 한다. 자리에 앉아 가이드 맵을 보니 시간대가 바뀌는 지역이었다. 동부로 가면 한 시간 빠르게, 서부로 가면 한 시간 느리게 바꿔야 한다. 지금쯤 뉴욕이 오전 9시 40분, 시카고가 8시 40분일 테고, 현재 내가 지나는 곳은 7시 40분이다. 미국땅에는 동부, 중부, 중서부, 서부, 이렇게 시간대만도 넷이다. 그런 대륙적 스케일을 자랑하듯 창밖에서는 지평선과 하늘이 서로 제 몸집이 크다며 겨루는 듯 길고 길게 맞붙어 있다.

뒷자리의 흑인 소녀가 나에게 자꾸 장난을 걸어 애 엄마와 얘기가 시작되었다. 그 아이는 백인 중년부부의 손녀다. 막내아들과 함께 딸이 사는 시애틀로 가는 중이라는데, 막내아들은 보이지 않았다.

내 여행일정을 듣고 놀란 그녀는 대단하다며 부럽다고 한다. 얘기 도

중 전망차에서 본 흑인 소년이 왔다. 그 총명해 보이는 소년이 막내아들이었다.

그녀는 딸 하나, 아들 둘을 입양했는데 모두 흑인 아이들이다. 데리고 가는 손녀는 큰아들 자식이고, 딸한테 가는 것이다. 작은 아들이 똑똑해 보인다고 하자, 정말 똑똑하다며 후끈 자랑이다. 모든 부모들이 그렇듯 아이를 칭찬해 주니 얼굴 가득 대뜸 행복한 미소가 번진다.

지나치면 모자람만 못하다

피곤이 몰려와 잠깐 눈을 붙였다 일어나니, 기차는 노스다코타를 지나 몬태나를 달린다. 노스다코타와 몬태나를 지나는 이 철도는 1883년에 만들어졌다. 그레이트플레인스! '그레이트'의 뜻이 가늠할 수 없다는 뜻이던가. 참으로 엄청난 대평원이다. 이 광활한 평지에 이따금씩 조그만 기중기 크기의 수레바퀴 같은 것이 느릿느릿 돌면서 땅바닥에다 망치질을 하고 있다. 혹시 기름밭이 아닐까? 때마침 아무것도 없는 들판 위로 솟은 올림픽 성화봉 크기의 파이프 하나가 검붉은 불길을 내뿜는다. 무척 인상적이다. 카메라를 꺼내는 사이 안타까운 장면이 지나고 말았다. 이렇게 놓치고 만 장면들이 얼마나 많은지…. 누가 암트랙은 느리게 달린다고 했던가? 내게 암트랙은 너무 빠르다.

얼른 지도로 확인해 보니 역시 '오일 필드'다. 끝없는 사막 아래에도 오일, 넓은 초원 아래에도 오일! 경작지도 가없이 드넓고, 영원토록 마르지 않을 것 같은 강물이 흐르고, 깊은 갱도를 만들지 않아도 석탄과 금, 철광석과 우라늄 등을 양껏 캐낼 수 있는 땅! 부럽다, 부러워….

허나, '과유불급'이라 했다. 풍성한 자원 탓에 괜히 지나치게 소비하는 건 아닐까. 암트랙 카페에서 커피 하나를 사면 튼튼한 박스에 수건 크기

의 냅킨 두세 장이 딸려온다. 일회용 액상 크림과 설탕이 놓여진 쪽으로 가면, 소금, 케첩, 마요네즈, 드레싱 소스, 겨자, 후추, 플라스틱 나이프, 포크, 숟가락 등 일회용품 전시장이나 다름없는 풍경이 펼쳐진다! '취향대로 가져가시라'는 배려라기보다는 '맘껏 낭비하라'는 고약한 주문 같다. 화장실에서도 온갖 일회용품들이 차고 넘쳐서 쓰지도 않은 채 버려지곤 한다. 마음이 편치를 않다.

러시아 여행이 생각났다. 그곳에서는 호텔 식당에서도 귀퉁이가 깨진 접시와 바닥에 금이 간 유리잔도 아무렇지 않게 쓴다. 처음엔 놀랐지만 "쓸 수 있으면 써야지", 그런 좋은 마음으로 바꿔먹었다. 일회용품이 넘치도록 비치된 암트랙에서도 나는 그것들을 알뜰하게 썼다. 신음하는 열대우림을 떠올리며….

어제는 위스콘신과 미네소타를 지나는 동안 미시시피 강줄기를 따라 아름다운 일몰을 뒤쫓는 여행을 했다. 미시시피는 미네소타의 북부에 위치한 이레스카 호에서 발원하여 남쪽으로 흘러 멕시코 만으로 흘러 들어간다. 한반도 길이의 장장 여섯 배가 넘는 6,270킬로미터의 길이다. 오늘 지나는 노스다코타와 몬태나 지역에서도 크고 긴 강이 나타났다 사라졌다를 거듭한다. 아름답고도 비옥한 이 지역에 사람이 거의 살지 않는 '고스트 타운'도 많다. 두어 시간을 달리는데도 작고 초라한 마을 역 하나가 나왔을 따름이다.

책을 읽다 깜빡 졸고 나니 기차는 (스코틀랜드가 아닌) 글래스고와 (지중해가 아닌) 몰타를 지나 연초록 머금은 벌판을 달린다. 몬태나 북서쪽이니, 이제 곧 캐나다에서 멕시코까지 길게 뻗은 로키산맥을 마주하게 될 것이고, 내일 오전이면 시애틀에 도착해 태평양을 보게 될 것이다.

캐나다에 바싹 붙은 해버 역에서 잠시 정차하여 녹색제복을 입은 사나이가 오르더니 신분증을 검사한다. 누군가에게 물어보니 미국 국경수비대라고 했다. 캐나다 접경지역이기 때문인가? 우리 차량에 와서는 내게만 패스포트를 보자고 했다. '그래, 이 열차 안에서 낯선 외지인은 나뿐이다 이거지?' 그 틈을 놓칠세라, 애연가들은 플랫폼에 내려 담배를 꺼내물고, 나도 스트레칭 하는 무리들에 묻어 로키 쪽에서 불어오는 바람을 크게 들이마시며, 으랏싸싸, 기지개를 켰다. 꿀맛 같은 틈새가 끝났음을 승무원이 힘차게 외친다. "올 어보드! 올 어보드!"◆

All aboard! 기차가 곧 출발하니 모두 탑승하라는 외침이다.

느닷없이 나타난 로키산맥

해버를 지나자 지형이 돌변했다. 낮은 평원은 홀연 사라지고, 굽이굽이 만리장성 같은 산길이 이어지다 갑자기 뚝 끊어지고서는 거침없는 평원이 한참동안 펼쳐지는 등 변화무쌍하다. 이렇게 조금만 더 가면 로키산맥이? 두근두근….

오늘 저녁은 식당차에서 먹기로 하고 미리 예약을 했다. 예약쪽지에는 좌석그룹 번호와 예약시간이 적혀 있다. 1번 그룹, 5시 30분. 아침과 점심을 제대로 먹지 못해 비교적 이른 시간으로 예약했다. 5시 25분, 식당차 지배인의 명랑한 안내방송이 울린다.

"여러분, 테이블을 차려 놓고 즐거운 마음으로 기다리니, 어서 오세요."

컷뱅크 지역을 지나며 홀연히 나타난 기름밭 사진을 찍고 있을 무렵 드디어 식사가 나왔다. 기대 가득 수저를 들었으나 맛은 별무신통이다. 그래도 배가 고프니 천천히 느긋하게 먹으리라. 그런데, 또 홀연히, 창밖 멀리 우뚝 솟은 산맥이 보이기 시작했다. 로키산맥은 그렇게 넓게 펼쳐진 들판을 느닷없이 뚫고 솟구치듯 나타났다. 커피도 다 마시지 못한 채 부랴부랴 계산을 마치고 허둥지둥 전망차로 갔다.

좀 더 넓은 창에서 준비된 마음으로 보고 싶었다. 얼마나 고대하며 기다린 로키산맥인가. 어린 시절 수업시간에 외울 때부터 너무나 익숙하던 그 이름, 로키! 내 설레임이 컸던 만큼 로키산맥은 더욱 장대해 보였다.

산의 정상은 눈으로 덮였고 겹겹 산골짜기는 깊어 계곡물은 콸콸 우당탕탕 격렬하게 흐른다. 산자락에도 잔설이 희끗희끗하다. 산은 'Pine Fir'라 부르는 전나무 숲으로 빼곡하다. 기차는 이 전나무를 스치듯 달린다. 창문이 개폐식이면 모두들 창문을 열어 나무를 향해 손을 내밀었으리라. 가끔 진녹빛 호수가 보석처럼 살짝 보이다 이내 숲속으로 사라졌다.

내가 처음 만난 로키산맥의 모습은 이러했다. 산세가 화려하지도 않고 기암괴석이 늘어선 것도 아니면서 울연한 숲으로 덮인 채 장대하게 솟아 있는 산이다. 어느 곳에서는 산자락의 골프장에서 골퍼들이 게임을 즐기고 있다. 기차가 역도 아닌 곳에서 멈춘다. 산맥의 중간쯤일까? 로키산맥의 품속에 포옥 안겨보라는 배려이다. 모두들 밖으로 나와 산을 바라보며 숲의 습기를 머금은 신선한 공기를 들이마시느라, 기념사진을 찍고, 담배를 피우느라 부산하다. 로키 한 자락이 약 십여 분 떠들썩하다 싶었더니, 다시 들려오는 외침. "올 어보드! 올 어보드!"

반토막 난 기차로, 태평양으로, 시애틀로

큰 산을 넘더니 다시 기차가 섰다. 웨스트글레이셔 역이다. 글레이셔Glacier 국립공원을 가기 위한 역이기도 하다. 역사가 스위스 샬레 풍이다. 지나온 역들이 시골간이역처럼 상대적으로 초라했기 때문에 더 돋보이는 걸까. 멋지다. 샌드포인트란 역에서 밤 12시 좀 넘어 열차에서 사귄 데이지와 존 할아버지가 내렸다. 아이다호 주에서 엠파이어빌더가 정차하는 유일한 역이다.

엠파이어빌더의 마지막 밤이다. 늦은 밤은 역시 추워서 옷을 있는 대로 껴입고 잠을 청했다. 추워서 연신 뒤척이던 잠자리를 새벽 일찍 접고 일어났다. 엠파이어빌더 셋째 날, 여행 출발 엿새째. 어제 로키산맥을 넘었으니 아마도 콜럼비아 분지와 캐스케이드Cascade 산맥을 지날 즈음이었을 게다. 산은 여전히 깊고 높다. 계곡의 물살은 그만큼 세차다.

뒤쪽 전망차로 갔는데, 어럽쇼, 전망차가 사라졌다. 내가 타고 있는 객차의 한 칸 건너에 전망차가 있었고, 그게 열차 전체의 중간쯤이었는데. 다시 말해, 밤새 열차 길이가 반토막 난 것이다. 새벽 2시쯤 통과한 스포

캔Spokane에서 기차 선로가 시애틀과 포틀랜드로 갈라지는데 아마도 그곳에서 싹둑 반토막이 나서 짤막한 기차가 되었나 보다. 그제야 승객의 목적지에 따라 차량을 지정해 주었던 이유를 알 수 있었다. 승무원들도 바뀌었다.

전망차가 떨어져나간 자리, 그러니까 객차의 맨 뒤 연결 통로를 유리로 막아두어서 그리로 막 지나온 길을 내다볼 수 있다. 반토막 난 기차가 선사하는 또 다른 볼거리도 아주 빼어나다. 그렇게 내다보노라면 마치 안개 자욱한 계곡과 산길을 거니는 듯한 기분에 젖는다. 멀어져 가는 철길 옆으로 노란 꽃들은 안개 속에서 더욱 아름다운 채도의 빛깔로 하늘거린다. 철로를 이어 주는 나무다리와 아치도 아름다웠다. 캐스케이드 산맥의 계곡들 사이로 달리는 기차. 높은 산 꼭대기에는 눈부시게 흰 눈. 한참 뒤에 나타난 누군가에게 기꺼이 그 전망창 자리를 내줄 때까지 나는 그 열차 후미에서의 산맥 산보(?)를 한껏 만끽했다.

아침 단장을 하고 시카고에서 들고 온 바나나랑 호도에 커피를 곁들여 푸짐한 아침을 먹었다. 아주 긴 터널을 지나간다. 케스케이드 터널이다. 엠파이어 가이드맵을 보니 7.79마일, 12킬로미터가 넘는다. 1929년에 완공된 서부에서 제일 긴 터널이다.

이제 2시간 정도면 이 열차는 시애틀에 도착한다. 엠파이어빌더는 거의 연착 없이 달리기 때문에 특별한 일이 없는 한 정시에 도착할 것이다.

기차는 전나무 가지를 스치며 달리고 있다. 곧 비가 쏟아질 것 같은 날씨다. 시애틀은 비의 도시라더니, 아무래도 이름값 제대로 하려나 보다. 전나무 숲 사이로 스카이코미시Skykomish 강이 흐르고, 짙은 구름 사이를 관통한 한줄기 햇빛 광선이 무대 조명처럼 하늘을 크게 가르며 강 위로 내리꽂힌다. 높은 산들은 흰 물감 묻은 붓을 횡으로 획 그은 듯 회화적인 구름을 걸치고 있다.

산 아래에서는 이름 모를 들풀과 들꽃들이 가는 실비에 젖어 더욱 생기 있게 빛나며 제 색을 한결 진하게 뿜어낸다. 이제 계곡의 물은 잔물결 찰랑이며 흐른다. 야속하여라. 기차는 너무 빠르게 간다. 안타까워라. 나 혼자 이 아름다운 장면을 봐야 한다니. 아쉬워라. 다시는 되돌아와 이런 모습들을 볼 수 없다니. 이 느려터진 기차의 속도마저 이렇게 원망스럽다니. 언젠가 이 영상들이 꿈속에라도 나타나 주길 바라는 마음으로 간절하게 눈에 담고 또 담는다.

시애틀의 킹 역을 한 시간 정도 앞두고서 오른쪽 창문으로 바다가 나타났다. 태평양이다. 계곡 사이로의 산보가 어느새 바다 위를 미끄러지는 기분으로 바뀐다. 내가 앉은 왼쪽 창밖으로는 오렌지색 불빛으로 물든 창문의 멋진 저택들이 늘어서 있다. 기차는 어느 집 앞마당을 지나기도 했다. 아니, 그 집이 자기 앞마당의 끝을 기찻길로 내주었고, 그 너머는 곧장 태평양이다, 라고 해야 옳겠다. 빗속에 보여진 그 모습들은 정말 꿈결 같았다. 짐을 꾸릴 때 넣을까 말까 망설였던 우산을 손에 꼬옥 쥔다. 이제 난 시애틀에 내릴 준비가 되었다. "헬로우, 시애틀! 기쁘고 설레는 마음으로 내가 간다!"

비 에 젖

4

은 시애틀

시애틀, 바로 이곳에서 누군가는 자기파괴를 하여 길거리에 잠들고 누군가는 자기창조를 하여 세계적인 부호가 되어 안락한 침실에 잠든다.

판매가 곧 공연이 되고

시카고에서 수요일 2시에 출발, 엠파이어빌더 안에서 이틀 밤을 지낸 뒤, 금요일 오전 11시 시애틀 킹 역에 도착했다. 인디언 추장의 이름에서 유래되었다는 시애틀. 비에 젖은 도시라는 별칭답게 부슬부슬 비가 흩뿌린다. 1년에 평균 226일이 구름 낀 우울한 날씨인 곳. 역 중앙의 시계를 보고 다시 한 번 내 시계를 확인했다. 정확한 현지 시간 확인은 여행자의 의무 같은 거다.

길에서 흑인 여성 둘이 얘기를 나누고 있기에 웨스트 레이크 센터를 물었다. 한 여자가 지금 자기가 가는 곳이라 하며 내게 함께 가자고 했다. 그녀는 버스가 공짜이며, 만일 되돌아와 기차를 탈 계획이면 잘 보아두라며 몇 가지 주요 건물까지 하나하나 짚어가며 일러 주었다. 그녀의 인도로 수월하게 YH 근처의 웨스트 레이크 센터에 내릴 수 있었다. 근처의 큰길가에 자리한 그린 토토이스Green Tortoise 백패커 하우스도 단번에 찾을 수 있었다. 1층 잡화점들을 지나 2층의 데스크로 올라가니 마침 들고 나는 사람들이 겹쳐져 어런더런하다.

배도 좀 고프고 해서 일층 잡화점으로 들어가 먹을 만한 것을 찾는데 한국 컵라면이 있다. 얼마나 반갑던지 서울에선 거들떠보지도 않던 컵라면을 들고 카운터로 가니 한국사람인 듯한 분이 서 있다. "한국 분이세요?" 문득 꾀를 부리고 싶었던 걸까? 그의 대답이 가관이다. "나는 차이니스야." 한국사람 아니라고 대답한다는 게, 겨우 '차이니스'만 영어로 말한 꼴. 우린 서로 웃고 말았다.

전자렌지에 컵라면을 끓이는 사이 그분이 햇반 하나를 건넸지만 사양했다. 굳이 중국인 행세를 할 정도로 한국인을 기피하고 싶었던 이유는 뭘까? 모르긴 몰라도, 내 경우로 미루어 짐작컨대, 공짜로 '햇반 하나' 얻어먹는 만큼의 그런 부담스런 호의가 싫었던 탓도 있을 터. 물론 무뚝뚝한 가운데 정이 있음을 느낄 수 있었다.

체크인을 한 뒤 얼른 밖으로 나왔다. 낮 시간을 활용하고 저녁에 쉬고 싶었다. 시애틀의 다운타운과 업타운은 걸어 다니기에 충분하다. 안내지도가 아주 잘 되어 있어서 그 지도를 따라 시내 탐험을 했다. 시애틀의 랜드마크 중 하나인 파이크 플레이스 마켓이 근처에 있다. 이곳은 재미난 세일즈로 인기를 끈 생선가게로서, 이들의 사업수완은 책으로도 나왔고 텔레비전에도 방영된 적이 있다.

소리를 지르며 손님이 고른 생선을 릴레이로 던져 손질하고 포장해서 손님에게 주었다. 모두들 구경하며 사진을 찍었고 릴레이 도중에 생선을 떨어뜨리길 바랐다. 정말 도중에 생선을 떨어뜨리는 일이 있는데, 그럴 때 청중들이 일제히 내지르는 "오우, 맨!"이라는 탄성이 내게는 더 웃겼다. 그런 볼거리를 곁들인 판매 전략으로 일약 관광지가 될 수도 있구나 싶었다. 판매가 하나의 공연이 되는 셈이니.

종이봉투에 든 저것은?

이곳 시장도 시카고처럼 시식 인심이 후했다. 시장 안을 돌며 시식용 과일과 견과류, 잼, 꿀, 육포 등을 실컷 맛보았다. 솜씨 좋은 장인이 귀걸이를 만드는 곳에서는 120불이나 하는 지구본 귀걸이가 너무 너무 너무 탐이 나 – 둥근 지구에 산맥과 대륙을 그려 넣은 귀걸이였다 – 마음을 접느라 혼이 났다. 앙증맞은 지구본에 가없는 미련을 남기고서, 발길을 부두 쪽으로 돌렸다.

가는 길은 한적했는데 여기저기 드문드문 사람들이 서 있다. 버스를 기다리는 부두 노동자들인가? 그런데 가까이서 보니 행색이 아주 남루했고 다들 종이봉투를 들었다. 술 봉투였다. 길에서 술을 마실 수 없기 때문에 술을 그렇게 종이봉투에 싸서 마시는 것이다. 덜컥 겁이 났다. 후다닥 발걸음이 빨라졌고 급기야 숨차게 뛰어 그 길을 빠져나왔다. 나중에 알고 보니 그 길은 알코올에 중독된 부랑자들이 많아 낮에도 아주 위험한 곳이라는 것.

시애틀은 장대한 산맥을 둘씩이나 끼고 있어 임업으로도 큰돈을 벌었던 곳이다. 또 태평양연안에 자리 잡았으니 항만을 이용한 운송업도 발달했다. 2차대전 후에는 보잉사가 도시의 경제를 기름지게 했다. 도시경제의 여건이 나쁘지 않을 텐데도 거리의 거지 숫자는 다른 도시보다 더 많아 보인다. 그들은 길거리 곳곳의 벽에 기대거나 주저앉아 있어 어렵지 않게 눈에 띈다. 우울한 모습이 아닐 수 없다.

페리가 정박한 부두로 가서 빅토리아 클리퍼 출발 시간과 가격을 알아 보고◆ 스페이스 니들을 향해 걷자니 보슬비가 흩뿌리기 시작한다. 냉큼 우산을 꺼내 썼지만 이곳 사람들은 이 정도의 비는 완전 무시한다. 나 혼자

◆ 부차드 가든 입장료까지 총 150불, 현지 한국여행사에서 판매하는 400불짜리 투어는 가든 입장료 별도

만 우산을 든 어색한 꼴. 쭈뼛쭈뼛.

시애틀의 또 다른 랜드마크인, 바늘처럼 뾰족한 끝에 전망대가 있는 스페이스 니들에 올랐다. 184미터 높이의 이 전망탑은 1962년 국제박람회 때 세워졌다. 전망대에 오르니 시내 경관은 물론이고 올림피아와 캐스케이드 두 산맥과 레이니 산, 그리고 드넓은 태평양까지 전경이 한눈에 들어온다. 장대한 자연의 보금자리에 소복이 자리한 시애틀 시가지의 모습이 오히려 초라하다. 탄성도 잠깐, 높은 전망대에 오르면 금세 무서워져서 얼른 내려가야겠다는 생각뿐이다. 아쉽지만 후딱 내려왔다.

잡화점에서의 노력봉사

느긋한 시애틀 산보를 마치고 저녁이 되어서야 숙소로 돌아왔다. 컵라면 생각에 1층 잡화점으로 내려갔더니 마침 아침에 본 주인아저씨가 물건을 잔뜩 안고 들어왔다. 인사를 하고 돌아서니 큰 소리로 나를 부른다. "이리 들어와. 머핀 좀 싸." 뭐야, 이건 숫제 명령이다. 그 말이 오히려 우스워 난 싱긋 웃으며 냉큼 카운터 안으로 들어갔다. 선반 위에 한 상자만 보였기에 "까짓 그 정도야"했는데 12개 들이 다섯 상자 가운데 아저씨가 하나를 시범 삼아 하고 나머지를 죄다 내게 떠민다.

다른 아저씨가 고개를 설레설레 흔들며, 시키는 사람이나 하는 사람이나 똑같다며 웃는다. '이왕 하는 일, 재미있게 마쳐야지.' 포장하는 곳은 가게로 들어오는 사람들을 아래로 내려다 볼 수 있는 카운터 옆이다. 내가 밝게 웃으며 손님들에게 인사를 건네니 그들의 얼굴에도 밝은 웃음꽃이 피어난다. 아저씨 두 분은 아예 내가 주인 같다며 싱글벙글이고, 단골 손님들은 내가 젊은 아저씨의 부인인지, 새로 일하게 될 사람인지, 연신 캐묻는다.

단골 중 보석 세공을 했다는 밥이란 할아버지는 내게 반갑다고 피자를 사준다고 하셨지만 사양했다. 연금으로 혼자 사는데 마음씨가 좋아 인근의 거지들에게 가끔 먹을 것을 사준다고. 지팡이를 짚고 다니는 밥 할아버지는 내가 있는 동안에만 세 번을 다녀갔는데, 그때마다 "하이, 킴!"을 외치고 밝게 웃으며 손을 흔들고 들어오셨다. 그 모습이 그렇게 외로워 보일 수가 없다.

시애틀에는 술에 취한 거지가 많다. 그들은 구걸한 돈으로 다시 술을 사러 온다. 카드를 소지한 거지들도 있었는데, 연금이 들어오는 그 카드 계좌도 1주일이면 다 바닥이 난다고. 인디언 거지도 술을 사러 들어왔다. 인디언은 정부의 특별 배려로 다른 사람의 20퍼센트만 노력해도 잘 살 수 있는데 저렇게 거지가 되어 돌아다닌다. 아무래도 이 도시에 인디언은 안 어울리고, 거지는 더더욱 안 어울린다. 한 많은 사람들 같다, 도시의 인디언들은.

거지들은 가끔 전자제품을 훔쳐와서 팔려고 하는데 노트북, 디지털 카메라며 비싼 시계 등을 가져와 판다면서 아저씨는 내게 늘 조심하란다. 순간, 낮에 잘못 들어섰던 길이 생각났다. 어휴! 또 가슴 쓸어내린다.

재미있는 경험을 하고 이층 숙소로 올라왔다. 여섯 침대에 일본인과 미국인이

각각 둘, 그리고 영국인 하나와 나였다. 그 중 누군가가 짐을 있는 대로 풀어놓았다. 지금껏 YH에서 지켜본 바에 따르면 특히 유럽의 젊은 애들이 짐도 많고 온통 늘어놓고 썼다.

지금 우리 방의 단정한 일본 여자들은 정리정돈을 잘 해놓았고, 중년의 미국 아줌마도, 콜로라도 주 어딘가 아주 시골에서 산다는 아가씨도 아침 일찍 투어를 간다며 떠날 준비를 깔끔히 했다.

방 안 가득 발 디딜 곳이 없도록 짐을 풀어헤쳐둔 아이는 예쁘장한 얼굴에 온갖 모양새를 부린 영국 아가씨다. 나도 내 물건들이 혹시 그 칠칠맞은 예쁜이의 짐과 섞일까 염려되어 꼼꼼히 챙겨 가방에 락커에 꼭꼭 집어넣었다.

밴쿠버 섬의 빅토리아로

시애틀에서 이틀째인 토요일. 다섯 시 반에 일어나 조용히 준비하고 식당으로 내려와 차려진 아침을 먹고 69번 부두로 부지런히 걸었다. 일곱 시 5분 전에 도착하여 7시 30분에 출발하는 배의 티켓을 샀다. 배는 정시에 출발했다. 고속 페리인 빅토리아 클리퍼는 하루에 한 번 운행한다. 물론 여름 성수기엔 몇 번 더 다닌다. 미국의 시애틀에서 캐나다의 빅토리아까지 고속으로 2시간 30분 정도 걸리는 뱃길. 배는 크지 않지만 국제선이어서 면세점까지 갖췄다.

부두를 미끄러져 나올 때 시애틀 도심의 빌딩을 바라보며 사진을 몇 장 찍었다. 뉴욕에서 자유의 여신상 보러 가는 기분이었다. 살짝 멀미 기운이 이는 듯, 약간의 울렁거림과 하품이 쉴 새 없이 나왔다. 피로 탓일까? 커피를 마시고 음악을 들으며 마음을 살살 주물렀다.

국경 근처에는 언제나 재미난 역사가 있다. 지금 가는 캐나다의 빅토리아도 그런 역사의 현장이다. 밴쿠버에서 아주 가까이에 밴쿠버 아일랜드라는 작은 섬이 있다. 사실 대륙에 비해 작다는 것이지 우리나라의 3분의 1 크기인 어마어마한 섬이다.

이 밴쿠버 섬의 남동쪽 끝에 빅토리아가 있다. 내가 막 출발한 시애틀과도 아주 가깝다. 1600년대 영국의 어느 모피회사가 이 섬에 교역사무소를 세운 이래 영국인들은 200년이 넘도록 이 지역에 활기를 불어넣었다. 그래서 지금도 이 지역은 영국 문화가 지배적이다.

당시는 빅토리아 주변이 확실하게 영토 분할이 되어 있지 않았던 혼란기였는데, 미국 쪽에서 일확천금의 꿈을 안고 많은 사람들이 빅토리아로 이주하기 시작하면서, 자연스레 미국 세력이 커지기 시작했다.

이런 미국의 영향력 증대를 원천봉쇄하기 위해 먼저 자리를 잡고 뿌리내린 영국 세력들이 정치적 노력을 기울여 1871년 여왕의 이름으로 도시명을 짓고 브리티시 컬럼비아의 주도로 지정되기에 이르렀다. 도시의 크기나 국제적인 지위 면에서도 월등한 밴쿠버를 제치고 말이다. 캐나다의 영토로 확실하게 '찜'하기 위한 전략적인 조치였던 것이다.

아줌마들은 어디든 똑같아

캐나다의 빅토리아에 도착했다. 국경을 넘는 것이니만치 입국신고서를 작성하여 제출하고 이미그레이션을 통과하여 나가니, 부차드 가든을 순회하는 2층 버스가 주차장에 기다리고 있다. 버스는 빅토리아의 올드타운을 통과해 부차드 가든으로 가는데, 올드타운의 예쁜 목조주택들이 마음을 끈다. 이곳 올드타운에도 차이나타운이 있다. 1시간이 걸려 부차드 가든에 도착하면 약 2시간의 개인 시간이 주어진다. 하늘에 정원이 있다면 바로 이렇게 꾸며 놓았으리라. 수천수만의 꽃들로 아름답게 수놓아진 정원. 이 아름다운 정원이 1900년대 초까지는 시멘트 공장의 석회암 채굴장이었다. 이곳을 꽃의 낙원으로 가꾼 사람들이 바로 부차드 부부였다. 부부는 전세계의 꽃과 나무를 모아서 선큰가든, 로즈가든, 제패니스가든, 이탈리언가든 등 테마별 정원을 만들었다. 그 중 선큰가든이 제일 화려하고 멋있었다. 아닌 게 아니라 그곳은 부차드 가든의 하이라이트라 불린다고.

마침 내가 찾은 때가 꽃의 계절 5월이라 부차드 가든은 그야말로 활짝 만개해 있었다. 정원은 꽃들의 아름다움과 향기에 흠뻑 취한 사람들로 가득하고, 모두들 사진 찍느라 바쁘다. 화창하던 하늘에 비가 오락가락하기 시작한다. 들고 다니던 우산을 자랑스레 펼쳐들고 흐뭇한 표정으로 주위를 둘러보니 다들 하나같이 투명비닐 우산을 쓰고 있다. 정원 입구 및 곳곳에 비치된 우산인 것. 내 흐뭇함은 사라졌고, 우산 든 내 꼴은 또 어색해졌다. '그것 참, 우산만 쓰면….' 그래도 꽃밭 가득 넘실대는 그 행복한 기운을 함께 만끽하는 데는 아무 문제 없다.

내가 구매한 투어 티켓의 이름은 '빅토리아 클리퍼 콤보'. 버스에서는 운전사가 가이드였는데, 단체 손님인 중년의 백인 아줌마들이 분위기를 쥐락펴락했다. 어디를 가나 아줌마는 똑같은 것 같다. 마음껏 크게 웃고

왁자하게 얘기하며 가이드의 말에 요란하게 대꾸를 곁들이기 일쑤다. 2층에서는 와당탕 발을 구름으로써 대답을 대신한다. 투어의 재미를 더해 준다 싶다가도, 너무한다 싶을 정도다.

돌아올 때는 해안가 절경이 눈부시게 아름다운 해변도로를 따라 달린다. 오밀조밀하게 꾸민 예스런 목조주택과 현대식의 별장들 그리고 바닷가의 그림 같은 골프코스를 지난다.

해변의 공원에는 사람보다 개가 더 많았다. 어느 별장 바로 앞으로 버스가 지날 때였다. 별장 앞뜰에서 삼각 수영팬티와 선글라스를 쓴, 검게 그을린 근육질의 한 남자가 한껏 폼을 잡고 호스를 들고 마당에 물을 뿌리고 있었다. 버스 안의 아줌마들 모두가 일제히 환호성을 지르며 그를 향해 손을 흔들고 키스를 날리고, 그야말로 야단이 났다. 그는 멋진 몸을 자랑하듯 어깨를 으쓱대며 계속 물을 뿌렸다. 한바탕 웃음꽃이 피어오른 버스 안은 마냥 즐거웠다.

한 시간 반 남짓 걸려 다시 돌아온 항구. 시애틀로 출발할 시간까지 여유가 있어서 빅토리아 주변을 돌아다녔다. 빅토리아는 브리티시컬럼비아 주의 주도이다. 주의사당 앞에 기념탑이 서 있는데 한국전쟁에 참가했던 전사자들을 위한 것이다. 고마운 마음에 바람에 흩어진 조화들을 추슬러 단정히 놓고

사진을 찍었다. 거리의 악사들과 집시들이 제각기 이벤트를 펼치는 선착장 공원 한쪽에서는 선생님의 지도 아래 아이들이 마린바 연주 준비를 하였다. 들으려 서 있으니 한 개구쟁이가 다가와 일본에서 왔냐고 묻는다.

일본인 친구가 한 명 있고 아직 한국 친구는 없다는 그 개구쟁이는 중앙에 있는 가장 큰 악기를 연주했다. 내가 사진을 찍으니까 입을 앞으로 쭉 내밀며 쑥스러워 했다. 귀여운 아이다.

재미난 시간은 후딱 흐르는 법

5시 30분, 배가 빅토리아를 출발해 시애틀로 돌아간다. 돌아갈 때는 올 때보다 배도 크고 승객도 많다. 주말을 시애틀에서 보내려는 빅토리아의 젊은이들도 많이 눈에 띈다. 창가에 테이블을 펼치고 느긋이 앉았다. 올 때보다 피곤했지만 울렁거림과 하품은 싹 가셨다.

키도 크고 덩치도 만만찮은 새침데기 백인 아가씨가 내 옆에 앉았다. 그녀는 무거워 보이는 악기 가방과 간단한 배낭을 들었다. 잠시 뒤, 친근한 인상의 일본 아가씨가 올망졸망한 가방을 여럿 들고 와 마주보는 자리에 앉는다.

우리 셋은 말없이 각자의 가방을 정리했다. 일본 아가씨는 여러 장의 엽서와 편지를 썼고 나도 음악을 들으며 엽서를 써내렸다. 내 예측대로 음악을 하는 것 같은 캐나다 아가씨는 악보를 꺼내 묵상에 잠긴 눈빛으로 몰입하며 혼자만의 연주에 빠진 눈치다.

무슨 악기일까 궁금했지만 악보 묵상에 한창인 그녀를 차마 방해할 수 없었다. 그때 마침 눈물겹도록 반가운 전화가, 그것도 태평양 바다 위의 내게 걸려왔다. 내가 좀 심하게 감격해 하는 바람에 우리 셋 사이 침묵의 카르텔이 깨졌고, 일본 아가씨가 기다렸다는 듯 잽싸게 캐나다 아가씨에게 말을 걸었다. 빅토리아 주변의 아파트 임대료를 물어본 것. 그래서 그 악보녀가 캐나다 사람이며 빅토리아에 사는 것을 알았다.

일본 아가씨는 취업비자로 캐나다에서 1년 있을 예정인데 지금 있는 숙소가 너무 비싸 옮기고 싶어 했다. 새침데기에 깍쟁이 같던 그 캐나다 아가씨는 놀랍게도 명랑하고 친절하게 대답하기 시작했다. 배에 있는 잡지에서 빅토리아 지도를 한 장 뜯어선 테이블에 펼쳐 놓고 군데군데 동그라미를 그려가며 여기는 시끄럽지만 교통이 편리하고 차도 필요 없고, 저기는 조용하고 싸지만 차가 없음 불편하고, 등등 마치 부동산 아줌마처럼 낱낱이 설명한다.

어느덧 나도 유심히 듣게 되었고, 우린 뉴욕, 동경, 서울의 아파트 값 얘기부터 여행에 관한 얘기까지 나누게 되었다. 두 아가씨는 내 여행 일정을 듣고 "놀랍다", "질투 나게 부럽다"를 연발한다. 우리 셋의 수다는 뉴욕 얘기며 서울의 한증막과 때 미는 목욕 얘기까지 이어졌는데 일본 아가씨는 때 미는 목욕을 너무 좋아한다면서 경험이 없는 캐나다 아가씨에게 적극 추천했다. 한번 해보면 좋아할 것이라면서. 암, 그렇고 말고, 나는 옆에서 맞장구를 쳤다.

캐나다 아가씨는 빅토리아 심포니 오케스트라의 바순 연주자인데 줄리어드 음대를 나왔다고. 클래식을 거의 듣지 않으며 바순이 뭔지도 모른다는 일본 아가씨에게 그녀는 그림까지 그려가며 설명했다. 우린 서로 좋아하는 음악과 교향악단 얘기를 나눴는데, 배가 어느새 시애틀 부두에 도착했음을 알린다. 우리 셋은 깜짝 놀랐다. "아니 벌써?" 재미난 시간은 이처럼 후딱 흐르는 법. 캐나다 아가씨는 동생이 차를 갖고 나온다며 나를 숙소까지 데려다 주는 친절을 베풀었다.

그녀의 동생은 시애틀에 있고 자기는 그곳에서 사흘 머물다 뉴욕으로 갈 것이라 했다. 일본 아가씨와 부두에서 헤어지고 캐나다 아가씨의 동생을 만났다. 그녀의 동생 또한 누나 못지않은 체구였다. 호들갑스럽고도 정감어린 인사를 나누는 남매의 모습은, 그녀가 새침데기가 아니라 덜렁이이고 유쾌한 아가씨임을 확실히 보여주었다.

그녀가 나를 "한국에서 온 킴"이라고 소개하자, 그는 한국말로 "안녕하세요"라며 "한국사람, 킴 참 많다"고 너스레다. "그래 맞다. 하하!" 피곤을 다 잊을 만큼 정말 신나게 웃었다. 호스텔까지 정겨운 남매의 모습을 내게 실컷 보여준 그들 덕분에 내 여행의 소중한 또 하루가 더더욱 유쾌하게 저물었다.

아메리칸 원주민 전통의 유혹

시애틀에서의 셋째 날은 이른 아침의 부둣가 산책으로 시작한다. 일요일의 대기는 기분 좋게 촉촉한 게 신선하다. 마침 어디론가 떠나는 배가 있어서 입끝에 저절로 노래가 흐른다.

"저 푸른 물결 외치는 / 거친 바다로 떠나는 배 / 내 영원히 잊지 못할 / 임 실은 저 배는 야속하리 / …." 연이어 정태춘의 '떠나가는 배'까지 흥얼대며 부둣가를 산책하노라니 노래말 한 줄 한 줄이 마음에 오롯이 새겨지며 기분을 처연하게 만든다. 아침부터….

멀리 바다를 향해 홀로 열정적인 웅변을 토하는 이가 있다. 나이 든 흑인 남자인데, 옷이며 운동화, 모자도 낡았지만 깨끗하다. 크게 16이라고 쓰여진 카키색의 낡은 배낭 역시 더럽지는 않다. 부두 인근에는 더러운 행색에 알코올에 절어 지내는 거지들이 많다. 하지만 그 흑인의 차림새는 후줄근해도 더럽지는 않다. 만일 그가 괴이한 행동 없이, 바다를 향해 사자후를 토하지 않고 서 있었다면 그의 아우라에서 지적인 매력이 풍겼을 정도니까. 그의 웅변을 알아들을 수는 없었으나, 그 열정과 말의 높낮이는 꽤 설득력이 있을 것 같았다. 난 그의 뒤에 서서 듣는 단 한 사람의 청중이었지만, 그는 눈으로 헤아릴 수 없이 많은 바다생물들을 청중으로 거느렸을지도 몰랐다. 끝없이 이어지는 그의 연설을 마음으로 이해하자니 내 맘은 물 먹은 솜처럼 무거워졌고, 돌아서 오려니 괜시리 미안해져서 자꾸만 뒤돌아 보았다.

여유 있게 아침을 먹고 아침에 산책한 부두로 다시 나섰다. 틸리컴 빌리지 투어◆를 하기 위해 55번 부두로 가는 길. 오늘은 이곳의 어머니의 날이다. 부두에는 꽃을 꽂은 어머니들이 보였고,

◆ 아메리카 원주민의 문화와 전통을 보존하는 장소인 틸리컴 빌리지에서 전통 민속공연을 즐기고 음식을 맛볼 기회. 투어 값은 식사와 민속공연 포함 69달러.

광화문 씨네큐브 앞에도 서 있어서 아주 익숙한 조형물인 조너선 보로프스키의 〈망치질하는 사람〉Hammering Man을 시애틀 예술 박물관에서도 만났다.

장성한 자녀들이 어머니의 날 선물로 함께 투어를 하려고 부두에서 만나는 모습도 보였다.

배 타는 줄에서 내 뒤에 선 백인의 중년여자가 나와 같은 스타일로 앞머리를 커트한 게 눈에 띄었다. 좀 튀는 앞머리 스타일이라서, 우린 묘한 동질감을 느끼며 서로 사진도 찍어 주고 잠시 편한 시간을 나눴다. 투어 내내 함께 다닌 노아 가족도 내 뒷자리에 앉은 인연으로 거기서 만났다. 노아가 태권도를 배운다며 서울에서 왔다는 나를 반가워했다. 그들은 노아가 한국말을 할 줄 안다며 해 보라고 했지만 노아는 부끄럼에 고개만 숙인다.

아빠가 대신 하나에서 열까지, 또 사부님 등 몇 단어를 말했다. 노아는 일곱 살에 부끄럼 많은 개구쟁이다. 아빠 마이크와 엄마 샌디는 제법 나이가 들어 보였지만 자녀는 노아뿐이란다. 이름 외기가 늘 힘들었던 나는 눈치껏 즉시 가이드 책에 메모를 했다. 둔한 메모가 내 총명함을 이긴다!

틸리컴 빌리지에 도착하자마자 조개와 버터로 만든 따듯한 조개탕을 나눠 준다. 나도 줄을 서서 한 그릇을 받아먹었는데 아주 일품이다. 조개를 먹고 나서 발로 밟아 깨는 게 특히 재미났다. 바닥은 그렇게 깨뜨린 조개껍질로 포장이 되다시피 했다.

노아네와 함께 목조주택으로 들어가는 줄을 서는데 마이크와 샌디가 내게 조용히 얘기하며 가리키는 사람이 있었다. 나와 같은 앞머리 때문에 이야기를 나누었던 중년의 그 백인 여자다. 그녀가 노스웨스트에서 유명한 텔레비전 배우이자 무슨 프로그램 진행자라며 "베스트 원"하고 엄지손가락을 치켜세운다. 내가 만일 그 프로그램을 봤다 해도 그 사람이 그 사람 같아 몰랐을 것이다. 자기의 유명세도 모르고 다가온 동양 여자와 스스럼없이 얘기를 나눈 그녀. 그녀의 유명함을 알고 나니 수수한 그 마음이 더욱 돋보인다.

목조 주택 안에는 뷔페처럼 갖가지 음식이 가득 차려져 있다. 접시에 이것저것 담아 가면 원주민 복장의 인디언들이 주요리인 원주민 스타일 훈제연어를 담아준다. 음식을 다 받아 홀 안으로 들어가면 미리 세팅된 테이블이 기다린다. 민속공연을 보며 먹는 자리이다. 노아 가족과 함께 어머니의 날 기념 특별 샴페인까지 곁들인 식사를 즐겼다.

식사가 끝날 무렵 민속공연이 시작된다. 다 알 수는 없지만 시

애틀 인디언 추장의 탄생과 부족의 마스크에 얽힌 이야기인 듯하다. 무엇보다 화려한 전통의상이 압도적이다. 특히 스카프처럼 걸치면 참 좋겠다 싶은 옷은 너무 탐났다.

공연이 끝나고 각자에게 시간을 주는데 노아의 아빠가 볼거리가 많다며 같이 바닷가로 가자고 권한다. 난 야생사슴을 만날 수 있다는 숲길을 걸어 보고 싶었다. 수공예품점에서 공연 의상 같은 멋진 숄도 보고 싶었고…. 하고 싶은 게 많지만 같이 밥을 먹은 의리로 노아의 가족을 따르기로 했다.

물 빠진 바닷가에는 미역이며 파래 따위의 해초와 대합조개가 지천이다. 사람 발자국 소리에 놀랐는지 녀석들이 요란스레 물을 뿜어대는 바람에 옷이 젖을 정도다. 구멍 위로 솟은 조개의 부드러운 부분을 잡아당겨 보았지만 어림도 없다. 땅을 파 보았으나 그 단단함은 내 손을 거부한다. 으흐흐, 맛있는 대합구이가 눈에 아른거리는데, 숨구멍만 보고 가다니…. 인내심 완전 극한이다!

마이크가 작은 돌을 주워 선물이라며 주는데, 누가 하얀 사인펜으로 쓴 것 같은 알파벳 co가 쓰여 있다. "누가 썼죠?"라고 물으니 그저 웃는다. 나중에 보니 돌에 붙은 따개비들이 떨어져 나가고 남은 자국인 거다. 재미있는 발견과 노아의 바다생물 현장학습에 시간 가는 줄 모르고 있는데, 벌써 출발을 알리는 뱃고동 소리가 들린다. 노아 가족과 나는 멀리 떨어져 있어서 허둥지둥 대합 밭을 밟으며 선착장으로 나왔다.

너무나 짧은 시간이었다. 돌아오는 길에 노아와 장난을 쳤다. 노아에게 영어를 가르쳐 달라며 이것저것 물으니 부끄러운 표정으로 가르쳐 주었다. 내가 일부러 자꾸 틀리게 말하면 입을 쑥 내밀고 돌아서서 고개를 숙이곤 했는데, 노아 부모가 더 재미있어 했다. 내가 한국말을 곁들여 "my 사부님"이라고 부르자 노아는 무척 좋아했다. 한국에 가 보고 싶다고 처음으로 말했다. 태권도의 매력이 대단한가 보다.

빗속에 만나고, 빗속에 헤어지고

5시간 정도의 투어를 마치고 시애틀 부두에 도착했다. 돌아오는 길에 파이크 플레이스 마켓에 다시 들렀다. 내일 기차에서 먹을거리를 사야 한다는 명분이었지만, 실은 너무 비싸 돌아서야 했던 지구본 모양의 귀걸이 생각이 간절하기도 했다. '아, 너무 맘에 드는데….' '아냐, 너무 비싸!' 그렇게 망설이다 다시 돌아섰다.

숙소로 돌아오는 길에 편의점에서 뵈었던 밥 할아버지를 만났다. 얘기를 나누다 밥 할아버지의 금 목걸이가 눈에 띄었다. 읽기 어려운 글자와 1953이란 글자가 새겨져 있다. 글자는 헝가리 말로 친구란 뜻이고, 1953년에 미국으로 이민 온 것을 기념해 자신이 만든 것이라고 한다. "전 태어나지도 않았던 시절이네요." "참으로 젊은 시절이었지…." 회상의 미소를 머금은 할아버지가 말꼬리를 흐린다.

행복한 하루가 너무나 빨리 지나버렸다. 아, 그런데 왜, 잠자리에 누워 바라본 천정에는 지구본 귀걸이가 허공 가득 달랑거리는 걸까?

*

시애틀에서 넷째 날 월요일 아침, 7시 30분에 문을 여는 우체국으로 가서 시애틀에서 쓴 엽서를 보내고 그린 토토이스 백패커 하우스를 체크아웃하고 나왔다.

세컨드스트리트를 걸어서 킹 역으로 향했다. 버스로 역까지 가는 게 공짜지만, 여유 있게 천천히 길을 따라 가며 동네 구경을 하고

SALMON COOKER
PIER 57
SEATTLE

싶어 그냥 걸었다. 홈리스가 길에 늘어서 있다. 우울증에 자살율도 높은 곳이지만, 기발한 아이디어 뱅크들 또한 모여드는 혁신적인 도시. 세계적으로 유명한 회사들의 본사가 이곳 시애틀에 자리 잡고 있으며, 전 세계에 체인점을 갖고 있는 커피회사도 여럿이다. 지금 걷는 이 세컨드스트리트에도 있는 스타벅스, 툴리스, 시애틀스 베스트 등이 그런 회사들이다.

종일 오락가락하는 부슬비 속에 누군가는 봉투에 싼 알코올로 우울함을 달래고, 거리의 차가운 벽에 기대어 지나는 이에게 혐오감을 주고, 누군가는 잘 볶은 신선한 콩에서 흘러나오는 검은 커피를 달콤 쌉쌀한 향기와 함께 마시며 음악이 흐르는 창가에 앉아서 지나는 이들을 바라본다. 양쪽 모두 우울해 보인다. 하지만 우울함을 극복하는 방법에서 살짝 다르다. 꼭 그 차이만은 아니겠지만, 같은 환경에서 누군가는 자기파괴를 하여 길거리에 잠들고 누군가는 자기창조를 하여 세계적인 부호가 되어 안락한 침실에 잠든다.

처음으로 스타벅스의 로고를 봤을 때를 기억한다. 나는 대뜸 뉴욕 메트로폴리탄 박물관에 있는 사이렌 상을 떠올렸다. 딱 그 모습이었기 때문이다. 사이렌은 그리스 신화에 나오는 반인반수의 바다 요정이다. 황홀한 목소리로 노래를 불러 지나는 배들을 난파시키고 선원들을 섬에 가둬 노역을 시키는 난폭한 요정. 세계의 어느 도시에 가나 사이렌의 모습이 새겨진 커피 컵을 들고 다니는 이들을 볼 수 있다. 바로 이곳에 그 사이렌의 본부가 있다. 사이렌의 황홀한 목소리가 울려퍼지듯 달콤 쌉싸름한 커피향이 피어오르는 길을 걷는다. 부슬부슬 내리는 빗속을 걸어 이 도시로 들어왔고 다시 부슬부슬 흩뿌리는 빗속을 걸어 떠나고 있다. 기차를 타고 왔던 도시를 다시 기차에 몸을 싣고 떠난다. 미국의 서부 태평양 해안을 따라 북에서 남으로 달리는 기차 코스트스타라이트를 타고,

이제 샌프란시스코로 가는 거다.

비에 젖은시애틀

별 빛 해 안 선 은 샌

5

시스코로 달린다

사진을 몇 장 찍는데, 왠지 중죄를 저지르는 기분이다. 아마도 시베리아 횡단 열차 때의 경험 때문이리라.
"아차, 여긴 미국이지." 괜시리 졸인 마음을 쓸어내린다.

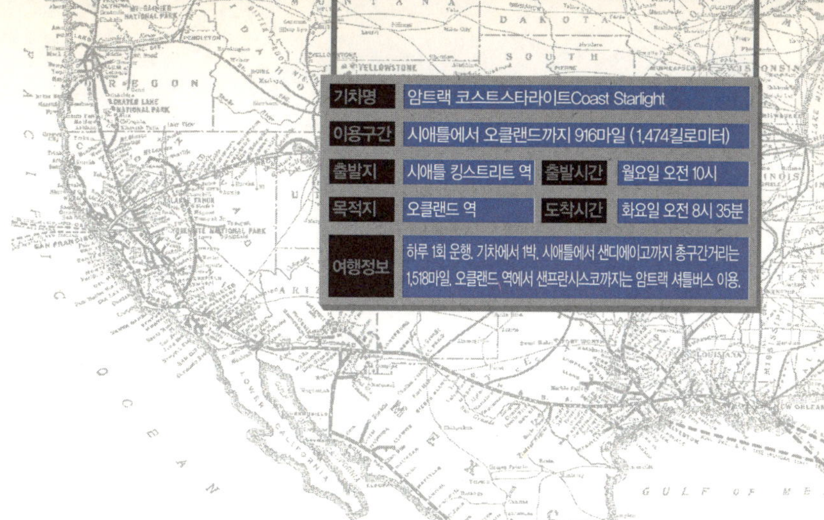

기차명	암트랙 코스트스타라이트Coast Starlight		
이용구간	시애틀에서 오클랜드까지 916마일 (1,474킬로미터)		
출발지	시애틀 킹스트리트 역	출발시간	월요일 오전 10시
목적지	오클랜드 역	도착시간	화요일 오전 8시 35분
여행정보	하루 1회 운행. 기차에서 1박. 시애틀에서 샌디에이고까지 총구간거리는 1,518마일. 오클랜드 역에서 샌프란시스코까지는 암트랙 셔틀버스 이용.		

"타실 기차는 별빛해안, 별빛해안~"

킹스트리트역 대합실. 기차를 기다리는 승객들은 오늘도 많지 않다. 어느 순간 시애틀 매리너스 야구팀 얘기가 화제에 오르더니 역 안의 남녀노소가 금세 친구가 되어 삽시간에 왁자그르하다. 선로에서는 코스트스타라이트가 울끈불끈 한창 준비 중이다. 이 맵시 좋은 열차를 타고 북미대륙의 서해안을 따라 태평양변 북쪽에서 남쪽으로 종단하게 된다.

미국 철도는 서부개척 시절부터 민간이 선로를 깔기 시작한 사철私鐵이었고, 열차 노선 개통 및 운행 편수 등 거의 모든 운영을 민간철도회사가 도맡았다. 여객열차의 전성기엔 샌디에이고까지 가는 이 노선에 하루 두 번, 코스트데이라이트Coast Daylight와 코스트스타라이트라는 이름으로 낮과 밤 따로 운행되었다. '햇빛해안선'과 '별빛해안선'이라는 낭만적인 이름으로 승객들을 실어나른 것인데, 항공기와 자동차의 발달로 철도사

별빛해안선은 샌프란시스코로 달린다

업 전반이 침체기에 접어들면서 이 두 여객열차 노선도 직격탄을 맞게 된다. 1971년 다행히 쾅고QUANGO◆인 암트랙이 설립되어 적자투성이의 여객열차사업을 사철로부터 인수했고, 이 구간에서도 사철 노선을 빌려 하루 한 번 밤기차인 스타라이트 편만 운행하게 된 것.

◆ 준정부 기능을 맡아 공공서비스를 공급하는 비영리 NGO를 가리킨다.

이로써 사철 철도 사업자는 화물 수송에만 더욱 전념하였고, 여객서비스는 계속해서 적자가 났다. 이러한 적자는 국가예산으로 보충되기 때문에 매년 정부의 예산 위원회에서는 암트랙 폐지 방침이 거론된다. 2005년에도 이런 폐지 논란 속에 많은 철도 애호가들이 암트랙을 지지하며 보란 듯이 기차를 타 기차여행의 로망을 지켜내는 데 성공했다.

시베리아 횡단 열차의 기억

시애틀 역의 탑승 방법은 유난히 번거롭다. 겨우 자리를 배정받아 앉으려니 내 옆자리에 큰 가방이 놓여 있다. "어떻게 둘이서 이 자리에서 하룻밤을 보내나…." 걱정스런 맘으로 자리를 잡고 앉았더니 잠시 후 한 할머니가 나타나 자기는 노약자석으로 옮긴다며 가방을 들고 1층으로 가셨다. 워낙 장거리 열차라 늘 누군가는 타고 내린다. 언제 누구와 자리를 합석하게 될지 모르니까 사실 불안하고 불편하다. 늘 마음을 열고 사람들을 대하려 하지만, 간혹 누구의 방해도 받지 않고 혼자 느긋하게 여유를 부리고 싶을 때가 어찌 없겠는가. 객차 안이 여전히 야구 얘기로 뜨거운 사이 어느새 한 시간이 지나 기차는 타코마에 이르고 있다.

타코마Tacoma는 북미에서 6번째로 큰 컨테이너 항구도시다. 화물집산지답게 대륙횡단철도의 개통과 더불어 성장한 도시로 널리 알려진 곳이다. 항구의 풍경은 길게 줄지어 늘어선 화물차량들이 수놓고 있다. 화물트럭은 기껏해야 컨테이너 하나를 싣는 게 고작이지만, 열차는 컨테이너를 100여 개씩 줄줄이 엮어 달리는 장관을 연출한다. 미국 내 화물수송 담당 비율은 철도가 가장 높다고 한다.

온몸이 무겁고 피곤하다. 잠시 눈을 감았다고 생각했는데 벌써 3시간이나 흘렀다. 승무원의 안내방송에 겨우 눈을 떠보니 포틀랜드다. 100년 전통의 장미축제로 유명한 장미도시 포틀랜드. 축제기간이었다면 잠시 들러 장미꽃과 그 향에 흠뻑 취해보았을 텐데, 패스~!

옆 선로에는 이라크 전쟁 뉴스에서나 보았을 법한 탱크들이 수십 대가량 화물열차에 실려 있다. 사진을 몇 장 찍는데, 왠지 중죄를 저지르는 기분이다. 아마도 시베리아 횡단 열차 때의 경험 때문이리라. 2003년 무렵이었다. 러시아 경찰들은 걸핏하면 내 카메라를 가로막았다. 사진 찍으면 안 된다고 으름장 놓는 기세가, 어휴, 정말 대단했었다. "아차, 여긴 미국이지." 괜시리 졸인 마음을 쓸어내린다.

여행이야말로 끊임없는 이야기의 연속

커피를 사서 전망용 차에 앉았다. 코스트스타라이트란 이름과 해안선에 바싹 붙여 그려진 노선도를 보고는 바다만 보고 달릴 줄 알았는데, 웬걸, 대부분 캐스케이드 산맥과 코스트 산맥의 기슭을 따라 빽빽한 침엽수림 지역을 통과하는 시간이 많았다. 어쩌다 멀뚱멀뚱 서서 열차를 쳐다보는 야생사슴 정도가 눈길을 끌뿐, 코스트스타라이트의 창밖 풍경은 분명 지루했다. 그래서 승객들도 대부분 개인 베개와 담요에 몸을 묻고 책이나 음악을 즐기거나 잠에 빠져 있다.

물론 기차 안엔 다른 풍경도 있다. 체격이 큰 승무원은 비좁은 통로를 삐질삐질 땀 흘리며 지나다닌다. 큰 덩치로 시트 두 자리를 꽉 채운 한 남자는 자기 손가락보다 작은 크레파스를 야무지게 쥐고 아이들이 하는 색칠용 그림책을 진지하게 색칠하고 있다. 돋보기안경 너머로 게임보이 오락기에 몰두한 할머니의 천진난만한 모습에 이르면, 창밖보다 기차 안 풍경이 차라리 점입가경이다.

내 뒷자리의 동양인이 내 옆에 앉아도 되겠냐고 묻는다. 아까 시애틀 역에서 영자 신문을 읽고 있던 멋진 노신사다. '중국인일까, 아니 일본인인가?' 알고 보니 그는 괌에서 사는 필리핀계 미국인이다. 나는 한국인이라고 소개하니 그가 반색한다. 한국전에도 참전했었으며 최근 서울을 여러 번 다녀왔다는 것. 전직 안과의사인 그는 은퇴한 뒤 여행과 골프를 즐기고, 가끔 자녀들을 찾아 시애틀, 샌프란시스코, 포틀랜드로 여행한다. 부인은 쇼핑하며 친구와 얘기 나누며 지내기를 좋아하지 긴 여행은 싫어한다며, 이번 여행에도 오지 않았단다. '아니, 이런 멋진 여행을 마다하다니, 나는 매번 다니고 싶은데….' 여행길이야말로 늘 얘기할 친구들과 갖가지 얘깃거리로 넘치고, 그 어느 화려한 쇼핑센터보다 더 흥미진진하고 신나는 경험들로 가득하다는 걸 그녀는 잘 모르나 보다. 여행의 매력에 빠지지 못한 그녀가 안타까울 정도다.

왈카당절카당 요란하게 바퀴가 굴러도 사각사각 책장 넘기는 소리들이 여기저기서 또렷하게 들려온다. 내가 읽고 있는 책은 『토인비의 역사기행』. 역사학자 토인비는 은퇴 후 세계를 돌아다니며 역사기행을 했다.

그게 지금으로부터 30년 전쯤이다. 난 그의 넘치는 지적 능력으로 자유롭게 누빈 역사 여행을 동경해왔다. 꼬박 하루 가까이를 달리는 이번 기차여행 내내 나는 이 67세 노학자의 여정도 함께 따라가고 있다. 학문적인 지식의 폭을 따지는 대목에서는 지루해 하다가, 위트 있는 표현이 나오면 까르르 웃기도 하다가, 글자 위로 상상의 나래가 펼쳐진다.

폭설 속에 멈춰선 기차

저녁을 먹는데 갑자기 함박눈이 내린다. 캐스케이드 산맥 깊은 곳, 세상에서 제일 멋진 5월의 크리스마스 트리들이 바로 눈앞에서 속속 라이브로 생겨나고 있다. 모두들 이 절경을 놓치지 않으려고 우르르 전망차로 이동하는데, 때마침 기차도 한 숨 돌리고 가려는 듯 철커덩 멈춰선다. 서서 보니 전나무 숲은 더욱 울울창창하다. 단색의 눈발도 현란하다 싶을 만큼 춤을 추며 흩뿌린다.

그런데 이상하다. 십 분, 이십 분, 그렇게 폭설 속에서 기차가 멈춰선 지 1시간이 가까워지는데도, 안내방송 한 자락 없이 기차가 떠날 생각을 안 한다. 그래도 항의하는 승객은 없다. 모두 깊은 산맥의 울창한 숲속에 멋진 눈이 자아내는 풍경을 즐기는 데 푹 빠져 있다. 이 장거리 기차 안에는 다급하게 일정에 쫓기는 사람이 아무도 없다는 말인가?

모두들 함박눈을 즐기는데 유독 내 옆자리의 젊은 남자만 종내 무표정이다. 눈을 지겹도록 봐서 아무 흥미가 없다는 그에게 어디서 왔냐고 물었더니 "말해도 잘 모를 거"라며 시큰둥한 얼굴이다. 다시 캐물어 얻어낸 대답 속의 지명이 뜻밖에 귀에 익은 이름이다. 캐나다 노바스코샤 주의 핼리팩스.

"어, 나 거기 알아!" 아는 체를 하니, 만사 귀찮다던 그의 표정이 대번에 환해진다.

"어떻게 핼리팩스를 알아?"

"난 세계지도를 베개 밑에 놓고 잠을 자. 잠들기 전 세계지도를 펼쳐 놓고서 물소리 바람소리 사람소리를 떠올리고, 옛날 옛적의 오랜 역사를 들춰내보곤 하지. 그게 나의 취미야." 사실 핼리팩스는 이번 기차여행을 준비하며 캐나다 횡단 루트의 출발지로 삼은 데라 지도 위에서 몇 번이고 방문했던 곳이다.

그의 이름은 럽. 내가 L 발음으로 자기 이름을 말하니까 R 발음으로 바로잡아준다. 병원에 근무하며 응급치료사로 교육도 맡고 있다는 럽. 그와 나의 여정은 공통점이 많다. 같은 인터넷 사이트를 통해 정보를 찾은 데다 일정까지 거의 비슷하다. 가 보려는 곳도, 즐기려는 것도 비슷하고, 뉴올리언스가 위험해 호텔에서 묵으려는 계획도 같았다. 인터넷을 통해 지구 반대편의 사람과 같은 정보를 검색해, 같은 시기, 같은 장소에서 같은 기차를 탄다는 것, 게다가 옆자리에 앉아 대화를 나눈다는 게, 충분히 가능한 일이란 건 이해가 되지만 그래도 막상 내 경우로 벌어지니 너무 신기하다. 마치 얇은 실로 미리부터 엮여 있다가 그 인연의 끈을 따라 더듬어가다가 기어이 마주하게 된 굉장한 만남처럼 느껴졌다.

럽은 시애틀에서도 나와 같은 일정이었는데, 그는 유스호스텔에 머물렀고 난 '그린 토토이스'란 이름이 재미있어 그 백패커 하우스를 선택했더랬다. 럽의 얘기로는, 시애틀 YH는 내가 머문 곳과 달리 아침 식사가 맛있고 푸짐했단다. 그는 특히 팬케이크가 무지 맛있었다며 엄지손가락을 치켜세운다. 아, 토토이스는 마른 빵에 과일뿐이었는데…. 샌프란시스코의 숙소 또한 그와 나는 선택을 달리했다. 난 시내 한복판인 유니언 스퀘어 부근을 선택했는데 그는 편리함보다는 전망이 좋을 듯한 부두 쪽을 선택했다고.

그는 테이블에 늘어놓은 나의 여행스케줄 표와 지도 등을 유심히 보더니 아주 대단한 짜임새라며 한번 자세히 보고 싶다고 했다. 우린 각자가 준비한 스케줄 표와 책들을 서로 보여주며 이야기를 했다. 그런데 그는 나더러 자기보다 훨씬 조직적이지만, 한 가지는 자기보다 못하다고 한다. 바로 담요와 베개를 준비하지 못했다는 것. "그래 맞아, 밤이면 얼마나 고생했는데….”

그렇게 럽과 얘기 나누는 사이 시간이 훌쩍 지나 기차는 깜깜밤중을 달린다. 밤새 럽의 담요를 부러워하며 고달프게 잠을 잤다. 우리 기차 코스트스타라이트는 내 목적지인 오클랜드에 두 시간 늦게 연착했다. 어제 폭설로 정차해 있었던 탓이다. 우리는 여기서 내리지만 기차는 별빛해안을 따라 샌디에이고까지 내리 달린다.

오클랜드에서 샌프란시스코 도심까지는 암트랙이 운행하는 셔틀버스를 타고 13킬로미터의 기나긴 샌프란시스코 베이 브리지를 건너가야 한다. 거기 태평양과 샌프란시스코 만 사이 비탈진 구릉에 골드러시가 만들어낸 도시 샌프란시스코가 있다. 한 시간 정도 달렸을까. 럽은 피셔맨스워프에서, 난 유니온스퀘어에서 내렸다. 우리는 서로의 여행에 행운이 함께 하길 진심으로 빌며 헤어졌다. '비슷한 일정이니 우린 다시 만날 수도 있을 거야….' 둘 다 맘속으로 그런 기대를 품었으리라 믿는다. 기차에서 만난 친구를 보내면서 난 샌프란시스코와 만났다.

머리에 꽃을
RESTAURANT
1057

6

달고 샌프란시스코로

FISHERMANS WHARF OF SAN FRANCISCO
RIGHT LANE MUST TURN RIGHT
ANY TIME

1989년 샌프란시스코 대지진 때 케이블카의 노선이 크게 훼손된 이래, 현재는 세 코스만 남아 있어 샌프란시스코의 마스코트가 되었다. 차체는 자그마한 골동품 같다.

머리에 꽃을 달고

"샌프란시스코로 가시나요. 그렇다면 잊지 마세요, 머리에 꽃송이를 꽂으세요." 스코트 맥킨지의 노래가 배경음악처럼 귀에서 들려온다. 왠지 기분이 상쾌해지고 발걸음도 들뜬 듯 가벼워지는 곳, 샌프란시스코의 중심 유니온스퀘어다. 노랫말처럼 머리에 꽃 몇 송이 꽂고 걸어야 어울릴 듯한 도시, 자유와 평화를 꿈꾸는 낭만의 도시 샌프란시스코에 들어선 것. 흥분한 마음으로 호스텔로 가는 내내 노래를 흥얼거리게 된다.

샌프란시스코는 샌프란시스코 만과 태평양 사이의 경사진 반도 땅에 약 75만의 인구가 거주하는 비교적 작은 도시. 바다와 언덕이 어우러진 독특하고 아름다운 풍경은 트윈픽스Twin Peaks, 유레카 밸리Eureka Valley, 러시안힐Russian Hill 등 유독 구릉지형에서 유래한 이름을 많이 낳았다.

샌프란시스코는 독특한 자의식과 자유분방한 사고를 가진 주민들이 보듬어 가꾼 다양한 문화가 평화로이 공존하는 곳으로도 이름 높다. 1960년대 히피문화의 중심이었던 헤이트스트리트, 일곱 빛깔 무지개 깃발이 곳곳마다 펄럭이는 '게이들의 천국' 캐스트로스트리트, 중국보다 더 중국 같은 휘황찬란한 차이나타운 등 특색 있는 거리들을 개성 넘치는 사람들이 활보한다. 그 매력에 오늘도 나처럼 수많은 사람들이 이 언덕 위의 도시를 찾는 걸 테고.

유스호스텔은 유니온스퀘어에서 멀지 않았다. 오전 11시에 도착했는데 체크인 시간은 오후 2시. 어쩔 수 없이 로비에 앉아 비치된 자료들을 살펴보는데 뒤에서 영어로 누가 묻는다.

"Are you from Korea?"

언뜻 보면 중국인 같은 남자, 서울에서 온 미스터 박이다. 그는 45일짜리 버스 패스인 그레이하운드 승차권으로 미국 여행을 하고 이곳에서 한국으로 돌아갈 준비를 하고 있다. 여행을 "몸살 나게 좋아한다"는 그는 건설회사에서 일을 하는데, 공사가 끝나고 생기는 두어 달의 여유를 이용해 이렇게 여행을 즐긴다. 동남아시아의 대부분과 중국을 육로로 다니는 고생스러운 여행을, 유럽여행에서도 유레일패스를 이용해 잠은 거의 기차에서 자는 수고를 아끼지 않고 여행을 즐기는 사람이다. 그런 여행을 결혼 전부터 했고 결혼 후에도 힘든 여행을 싫어하는 부인 덕분(?)에 여전히 혼자서 여행한다고. 잠깐 쉬는 와중에도 틈틈이 여행을 다니는 그의 이야기를 들으니 존경심이 폴폴 일어난다. 하지만 배우자와 함께 여행을 즐기지 못하는 아쉬움을 들을 때는 어제 기차에서 만난 노신사의 부인 이야기와 겹쳐져 못내 안타까웠다. 마냥 몸이 편한 여행은 별로 남는 게 없는 법인데….

San Francisco

언덕의 도시라는 별칭을 가진 도시. 작은 골동품 같은 케이블카는 샌프란시스코의 마스코트다. 땅속에서 케이블이 돌면서 여유롭게 파도를 타듯이 크고 작은 언덕을 넘나든다.

푸른 하늘과 바다는 촉촉한 안개와 바람을 만들고, 이들이 고층빌딩 숲과 옛 도시의 흔적들 사이로 자유롭게 춤추듯 떠다니는 곳이 바로 샌프란시스코다.

샌프란시스코는 로스앤젤레스, 샌디에이고와 더불어 1770년대에 스페인 선교사들의 개척 활동이 도시의 이름에 묻어 있다. 지금은 미국인들이 살고 싶은 도시 1위로 손꼽히는 곳이 되었다.

중국보다 더 중국 같은

미스터 박과 점심을 먹기 위해 숙소를 나왔다. 유니온스퀘어는 다운타운의 중심부에 있다. 고급스런 부티크와 백화점이 줄지어 들어선 고급스런 동네로, 여러 갤러리들과 차이나타운, 다양한 쇼핑몰 거리 등이 이 근처에 모여 있다.

샌프란시스코의 차이나타운은 미국에서도 가장 큰 차이나타운으로 유명한데, 뉴욕을 비롯한 다른 곳과는 그 분위기가 확 다르다. 뉴욕의 차이나타운은 서양인이 동양인보다 더 많은데, 이곳은 "내가 지금 중국을 여행하고 있나?" 싶을 만큼 동양인 일색이다. 뉴욕식으로 잘 다져져 세련된 느낌보다는 있는 그대로의 중국식 투박함이 나름대로 매력적인 곳이다. 레스토랑의 접대도 뉴욕보다 거칠고 건성이다. 단 음식만은 아주 일품이다. 중국식 생선죽을 먹었는데, 시원한 국물을 마신 것처럼 개운한 게, '딱 샌프란시스코의 맛'으로 기억될 만했다.

기차 여행 중이니 미국 철도 개발의 역사에서 중국 노동자들의 노고가 차지하는 위치를 얘기하지 않을 수 없다. 중국인 노동자 약 8천 명이 동원되어 그 험한 철로를 뚫는 데 크게 기여했다는 것이다. 그래서 그 후손들이 이곳 샌프란시스코에서도 일찍이 터를 잡고 그 세력을 확장하기 쉬웠을 것이다.

미스터 박과 얘길 나누다 앞으로 내가 들를 여행지인 키웨스트 이야기가 나왔다. 자기도 거기 들렀다며, 그곳 YH에는 한국인을 좋아하고 김치와 고추장을 사모한다는 미국인이 있다는 것. 그와 함께 낚시를 즐겼는데 굉장히 즐거운 시간이었다고. 여행 중 만난 이들 가운데 특히 키웨스트에서 만난 그이는 꼭 다시 보고픈 사람이라고 했다. '나도 키웨스트에 가면 그 사람을 볼 수 있으려나?' 어떤 사람인지 좀 궁금하기도 했지만,

금세 그 생각은 잊어버렸다.

정수 기능이 되는 내 휴대용 브리타 물통이 탐난다는 미스터 박 때문에 쇼핑몰 이곳저곳을 돌아다녔지만 결국 찾지 못했다. 약간 허탈했지만 힘든 건 없다. 길거리를 슬렁슬렁 거니는 것만으로도 샌프란시스코의 다채로움이 느껴질 만큼 재미나니, 목표 달성에 실패하고 헤매었어도 전혀 힘들지는 않은 거다.

오늘 유스호스텔의 방 배정도 잘 받았다. 4인실에 넓은 욕실, 게다가 큰 욕조까지! 룸메이트들이 잠든 사이 뜨끈하게 몸 좀 담글 수 있겠구나 싶어 뿌듯했다. 룸메이트는 영국 여자 셋으로 둘은 친구고 내일 다른 곳으로 옮긴단다. 샌프란시스코에도 그린 토토이스 백패커가 있는데, 그들에 의하면 거기가 이 YH보다 싸고 아침도 주고 인터넷도 공짜라고. 나처럼 그날 체크인한 영국아가씨도 솔깃한 눈치로 그 호스텔 주소를 열심히 받아 적는다. '애개, 럽은 시애틀의 YH가 그린 토토이스보다 더 좋다고 그랬는데? 여기선 또 정반대로군. 어쩐다? 아냐, 그래도 여긴 방도 크고 화장실에 큰 욕조도 있어 좋잖아.'

영국 아가씨들이 욕조에서 따듯하게 몸을 풀고 나온 내게 동양인들만의 독특한 피부 관리 비법을 묻는다. 내 나이를 스무 살이나 젊게 봐주면서 말이다. 간만에 한 목욕 덕분에 몸이 녹녹해졌는데 마음까지 흐뭇하게 풀어 주시는구만, 흐흐. 기분이 뿌듯해져 반신욕 얘기부터 해서 온갖 대화가 술술 이어졌다. 우리 넷은 간만에 만난 동창생들처럼 밤이 늦도록 조잘대며 수다 보따리를 풀었다. 남자 친구 얘기, 여행 중에 만난 별난 사람들 얘기, 희한한 경험 얘기 등등. 얘기가 즐겁다 보니 나도 진짜 이십대 처녀애가 된 기분이다.

케이블카, 제대로 즐기다

샌프란시스코에서의 둘째 날, 아침 일찍 일어나려는데 물에 젖은 솜마냥 몸이 천근만근이다. 꿈에 돌아가신 엄마에게 전화를 했다. 연신 버튼을 누르는데도 결국 연결되지 않는 답답한 꿈…. 겨우 일어나 샤워를 하고 컨디션을 끌어올리려 용을 써보았지만 흔들거리는 팔이 무거울 정도로 힘겹다.

쫓기듯이 서두를 필요는 없다. 느리고 또 느리게 보내기로 하지 않았나…. 나 자신에게 '그냥 쉬자'고 타협의 말을 건네지만, 선뜻 결정을 내리기 쉽지만은 않다. 내가 이토록 급한 마음에 길들여져 살았던가…. 끝내 스스로를 설득하는 데 성공했고, 다시 침대로 돌아가 누워 정신없이 다시 잠을 잤다. 다시 눈을 떴을 때는 이미 열 시가 넘은 시간. 그래도 몸이 좀 회복된 것 같아 다행이다. 기운을 차려 단장을 하고 유니온스퀘어로 내려갔다.

9달러짜리 일일교통권을 사서 둘러보니, 샌프란시스코의 명물인 케이블카를 타려고 관광객들이 길게 줄지어 서 있고, 그 행렬의 겨우 일부만 거둬 태운 케이블카가 경쾌한 소리를 울리며 막 출발한다.

케이블카가 발명되기 전 샌프란시스코 언덕을 달리던 건 마차였다. 구불구불 마치 태평양의 높은 파도가 넘실대듯 이어지는 언덕들이 많은 이곳. 이 언덕들을 사람과 짐을 실은 마차가 힘겹게 오르락내리락거리니 말도 힘들었겠지만 사람들도 많이 다쳤다고 한다.

그래서 19세기말 한 발명가에 의해 언덕위에 레일을 깔고 케이블을 끌어당겨 움직이는 혁신적인 교통수단인 케이블카가 발명되었던 것. 하지만 이제는 공중에 매달린 케이블을 따라 선로를 달리진 않는다. 자체 동력으로 움직이는 전동차들이지만, 이름은 여전히 케이블카로 불린다.

골동품 케이블카 라이딩을 더욱 즐겁게 해 준 샌프란시스코의 사랑스런 2인조

1989년 샌프란시스코 대지진 때 케이블카의 노선이 크게 훼손된 이래, 현재는 세 코스(포웰하이드 라인, 포웰메이슨 라인, 캘리포니아 라인)만 남아 있어 샌프란시스코의 마스코트가 되었다. 차체는 자그마한 골동품 같다. 속도는 시속 15킬로미터로 빠르지 않아 자주 이용하는 이들은 움직이는 케이블카를 따라 조금 뛰다가 껑충 올라타는 묘기를 선보이기도 한다. 그 모습이 마치 영화의 한 장면 같다.

*

난 1873년 이후 120년 동안 이 거리를 누볐다는 포웰하이드 라인을 탔다. 케이블카는 운전사와 차장 두 사람이 한 조로 이끌었다. 케이블카를 타고 감회에 젖은 나는 차 뒤쪽에 무뚝뚝하게 서 있는 흑인 차장에게 대뜸 말을 건넸다.

"난 어릴 적에 영화와 잡지에서 이 케이블카를 보고 무척 타보고 싶었어요. 지금 이렇게 타게 되니 너무 행복해요."

그가 유난히 하얀 이를 드러내 보이며 활짝 웃는다. 그렇게 대화를 나누는데 그가 정지신호용 벨을 울린다. 나는 또 즐겁게 말했다.

"아, 이 벨 소리도 엄청 듣고 싶었죠."

"당신 모습이 정말 즐거워 보여요. 내가 더욱 즐겁고 기념이 되게 해 주겠어요. 잠깐만 기다려요." 그렇게 말한 차장은 케이블카의 운전사에게로 갔다. 그에게 뭔가 얘기를 하더니 잠시 뒤 내게 안으로 들어오라는 손짓을 건넨다. 내게 직접 케이블카의 운전대를 잡아볼 기회를 주고 그 장면을 내 카메라로 찍어준 거다. 어디 그뿐인가. 차장은 다시 뒤로 돌아와 벨도 울려 보도록 해 주었다. 게다가 케이블카가 급경사의 언덕을 오른 뒤에는 차를 세우고 나를 내리게 한 뒤 멋진 전망을 배경으로 내 카메

러시안힐의 롬바드스트리트에는 세계에서 가장 구불구불한 비탈길이 있다. 한 블록 정도 사이에 급경사로 구부러진 비탈길. 그 길을 차가 내려간다. 굽이굽이마다 아름다운 꽃밭이 꾸며져 있다. 이 꽃길 사이로 이어져 내려오는 차를 보기 위해 관광객이 많이 찾는 곳이다. 그들과 품앗이 하듯 굽이진 언덕으로 뛰어 올라가 비탈길을 배경으로 서로 사진을 찍어 주다 보면 시간이 후딱 흐른다.

라로 사진까지 찍어준다. 샌프란시스코의 도시 전경으로 한 컷, 케이블카와 함께 다정한 한 컷.

케이블카는 차이나타운과 놉힐을 지나 종점인 피셔맨스워프까지 경사급한 오르막과 내리막을 스릴 넘치게 달린다. 미처 몰랐다, 이 조그만 골동품이 이렇게 신나는 놀이공원일 줄은! 충만하여라, 이보다 더 즐거울 수는 없는 거다! 내게 케이블카는, '조그만 즐거움이 더 큰 즐거움을 부르는 차', 바로 그거다. 내게 두고두고 샌프란시스코를 기억할 만한 멋진 친절을 베푼 그들과 기념사진을 찍고 돌아서니, 이것으로 샌프란시스코 여행을 마쳐도 좋겠다는 생각에 완전 흐뭇해진다.

낯설지 않은 언덕

샌프란시스코는 안개의 도시라고 불리지만 오늘 날씨는 너무 화창하고, 저 멀리 샌프란시스코의 상징인 붉은 금문교도 정말 또렷하게 두드러져 보인다. 바로 앞바다엔 알카트라즈 섬이 봉긋 떠 있다. 이 섬은 빠른 물살과 차가운 바닷물에 둘러싸여 있어서 1963년까지 흉악범들을 수용했던 교도소로 쓰였다. 특히 암흑가의 대부 알 카포네를 수감했던 곳으로 유명한 이곳에서는, 과거 30년 간 탈옥에 성공한 죄수가 없다고. 폐쇄 후에는 관광지가 되었고, 영화 〈더 록〉의 무대로 더욱 유명해졌다.

부두 입구에서 빵에 담아 파는 뜨거운 클램차우더 수프를 얼른 하나 집어 들었다. 거리의 악사들은 흥겹게 재즈를 연주하고 있다. 마치 생음악이 흐르는 베네치아의 훌륭한 레스토랑에서 근사한 식사를 즐기는 기분이다. 음, 역시 마음먹기 나름인 거다.

그런데 이 기분을 방해하는 이가 있었으니 바로 그곳의 비둘기와 갈매

기들. 이 부두의 무법자들은 내 주변을 맴돌며 호시탐탐 내 빵을 노린다. 그러고 보니 많은 사람들이 수프를 마신 뒤 속을 파낸 빵은 새들에게 던져준다. 그러니 이 녀석들이 내 빵도 언젠가는 자기네 차지라고 굳게 믿고 기다리는 것. 하지만 무슨 소리? 난 맛있는 수프에 젖은 빵이 부드럽고 고소해 한 점 남김없이 몽땅 해치워 버렸다. '헤헤, 약 오르겠지만, 어쩔 수 없단다. 언니가 빵순이거든.'

오감이 즐거운 오후다. 밝은 햇살과 바람이 처지던 내 기운을 다시 북돋워준다. 내친 김에 포웰하이드 노선을 따라 러시안힐로 오르는 급경사의 언덕길에 도전했다. 케이블카가 스릴 만점으로 내려꽂히던 바로 그 길을 되밟아 올라가는 거다. 느릿느릿, 기웃기웃, 쉬엄쉬엄, 정상을 향한다. 음, 이건 정말 제대로 된 등산에 버금가는 걸? 하지만 역시, 힘들게 오른 정상이 더욱 멋있다. 부둣가 너머로 보이는 알카트라즈 섬과 그 왼편의 금문교가 더욱 빛난다, 아래에서 멀뚱멀뚱 쳐다볼 때보다.

마치 전망대로 올라오는 엘리베이터처럼 언덕을 기어오르는 케이블카를 사진에 담기 위해 언덕 정상에 앉아 케이블카를 기다리는데, 갑자기 언덕을 내려가던 케이블카에서 요란스레 벨이 울린다.

"헤이, 킴! 뭐 해요? 재미있게 보내고 있어요?"

아까 그 차장이다. 그와 함께 다른 관광객들도 일제히 내게 손을 흔든다. 화창한 날씨 속에서도 그 케이블카만 유난히 후광이 비치듯 도드라져 보이는 순간. 마치 모두에게 사랑받는 듯한 특별한 느낌. 나를 기억해 불러 주며 손을 흔들어 주는 이가 있는, 이 낯선 도시 샌프란시스코. 이미 샌프란시스코는 내게 더 이상 낯선 곳이 아니다.

금 문 교 의　카 타 르 시 스

골든게이트브리지. 우리말로는 금문교라 불리는 다리다. 사실 예전부터 궁금했다. 왜 금빛의 다리라고 이름 붙이고선 붉게 칠해둔 걸까? 기분도 즐겁고 기운도 회복되는 것 같아 직접 뜯어보고 따져 보러 금문교로 향한다. 금문교는 샌프란시스코 만과 태평양을 잇는 골든게이트 해협 위에 놓인 다리로서, 그 지명을 따라 골든게이트브리지로 불린 거다. 그런 이름 덕분에, 인터내셔널 오렌지라는 벽돌색에 가까운 붉은색인데도, 금문교는 금색이라는 오해를 불렀다. 이유를 알고 나서도 금색의 이미지가 가시질 않고, 오렌지빛 적색의 다리가 어색할 따름이다.

배가 해외여행의 주된 수단이었을 때, 샌프란시스코는 주요 항구로 번

성했다. 이곳에 도착하는 사람들은 모두 안개 속에서 홀연히 나타나는 금문교를 보고 '꿈의 아메리카'를 실감하며 탄성을 터트렸을 터. 그때 그 사람들의 감동 섞인 경험담을 타고 금문교는 세상에서 가장 아름다운 다리로 알려지며 샌프란시스코의 상징이 되었다.

화창한 하늘 아래 늠름한 금문교 다리 위를 걸었다. 피셔맨스워프나 러시안힐 꼭대기 등지에서 볼 때와는 또 완전히 다른 느낌이다. 감동의 탄성이 절로 나오는데, 뭐랄까, 왠지 이 느낌을 잊을 수 없을 것 같다. "다시 돌아오라, 다시 돌아오라." 샌프란시스코가 금문교에서 끊임없이 그런 텔레파시를 나에게 쏘아 보낼 듯한 느낌….

계속되는 여정 속에서 어느 순간 여행은 일상이 되어 버린다. 여행자의 마음은 그렇게 무뎌지는 거다. 너무 무덤덤했던 걸까…. 나는 금문교 위에 서서 세찬 태평양의 바람을 맞으며 간만에 강렬한 흥분에 휩싸여 한참 동안 마음을 다스려야 했다.

막 돌아가려는데 한국 관광객들이 나타났다. 내 또래의 부부들이 단체 관광을 온 것이다. 나는 그들의 도움으로 편하게 재팬타운까지 돌아갈 수 있었다. 금문교로 올 때는 버스를 갈아타느라 제법 고생했는데 말이다. 그들은 차안에서 내 여행 이야기를 들으며 감탄했다. 자기들은 그렇게 혼자 다닐 엄두가 나질 않는다는 것. 여행하면서 그런 이야기를 많이 들었다. 그러나 나는 그들과 다를 것이 전혀 없다. 아무리 일상이 각박해도 나를 찾는 시도를 게을리 하지 말자, 스스로 행복해지자, 떠날 수 있다는 데 우선순위를 두자, 그런 다짐과 믿음만이 다를 뿐이다.

가이드를 동반한 그들의 여행일정을 들으니 수박 겉핥기식의 여행이었고, 비싼 돈과 시간을 들였으면서도 정작 제대로 여행을 즐기지 못하고 일정에만 쫓기는 듯해 안타까웠다. 알랭 드 보통이 여행자와 관광객의 차이를 얘기하던 게 떠오른다. 사진 찍기 바쁜 관광객의 신세를 면하려면 우리는 여행길 위에서 더욱 여유로워져야 한다. 금문교의 흥분이 가이드의 매정한 재촉 때문에 김새버린다? 어휴, 그런 건 정말 생각도 하기 싫은 거다.

금문교 1931년 착공해 1937년 완공한 현수교인 이 다리는 '금색'이 아니라 '인터내셔널 오렌지'라는 벽돌색이다. 약 2.7킬로미터의 이 다리 아래가 바로 골든게이트 해협이고, 그 수심도 깊어서 아무리 큰 배라도 통과할 수 있다. 자동차로는 몇 분 걸리지 않아 건너는 다리지만, 세찬 바람을 뚫고 수면 위 건물 25층 높이를 거닐어 다리를 건너는 데는 왕복 1시간 정도 걸린다.

재팬타운에서 버스를 타고 내려 YH로 들어가려고 유니온 스퀘어 방향으로 걷는데, 막 출발하는 케이블카에서 내 이름을 부르는 소리가 들린다. '설마, 내 이름을 부르는 것?' 어리둥절하여 이리저리로 고개를 돌리니, 세상에나, 아까 그 케이블카 차장이 보인다.

"하이 킴. 오늘 즐거운 하루였어요?"

아직도 나를 기억하고 이렇게 인사를 건네다니, 혼자 여행을 하는 도중이라서 그런가. 낯선 이가 나를 기억하고 건네는 그 아무렇지도 않은 상투적인 인사 한마디와 그의 마음이 더욱 소중하게 다가온다.

"그럼요, 오늘 난 너무 행복했어요."

나는 손을 들어 활짝 웃어 보이며 말했다. 그리고 이렇게 덧붙이고 싶었다. "샌프란시스코는 당신의 친절 때문에 가장 행복한 곳이었어요." 케이블카가 곧 출발하는 바람에 말하지 못했지만 그 말을 몸짓에 담아 차가 완전히 사라질 때까지 힘차게 손을 흔들어 주었다.

오늘 밤은 초등학생들이 단체로 들어왔다. 고단한 몸을 침대에 맡긴 채 누웠는데 아이들이 여기저기 뛰어 다니고 떠들고 야단법석이다. 도저히 잠을 이룰 수 없어 결국 아이들에게 조용히 해달라고 부탁하러 나갔다.

그때, 갑자기 조용해져서 무슨 영문인가 싶어 응접실을 기웃거리니, 한 할아버지가 애들에게 풍선을 나눠 주고 계셨다.

아침에도 만난 인자한 인상의 할아버지께서 "오늘의 이벤트는 풍선 달기"라며 아이들에게 풍선을 불어 예쁘게 묶어 주고 있다. 나를 발견한 그분은 내게도 손짓하시며 무슨 색을 좋아 하냐고 묻는다. 왠지 신나는 기분에 "파란색이요"하고 얼른 말했다. 할아버지는 풍선이 가득 담긴 박스에서 밝은 파란색 풍선을 꺼내어 부시곤 단단하게 매듭지어 주셨다. 그랬더니 다시 풍선상자를 뒤적여 깊은 바다 빛을 찾아들고는 "이것과 함께 들면 어울리겠다, 그치?"하시며 하나 더 불어 주신다.

팔십 정도의 고령이신데도 풍선을 불어 주며 아이들과 즐거운 시간을 보내는 할아버지. 아이들은 마치 친할아버지를 대하듯 할아버지가 하시는 말씀에 귀 기울이고 대답도 하였다. 양손에 예쁜 파랑색의 풍선을 들고 미소를 머금은 채 들어가자니, 까짓거, 잠 좀 적게 자면 뭐 어떠랴 싶었다.

샌프란시스코, 떠나기 힘든 곳

샌프란시스코 셋째 날 아침. 와인투어에 가기 위해 아침 여섯 시에 일어났다. 부랴부랴 샤워를 마치고 나갈 준비를 하는데 어찌나 몸이 무거운지…. 안되겠다 싶어 잠시 눈을 붙이려고 누운 것이 벌써 아홉 시가 넘었다. 투어는 이미 출발. 아까웠지만 어쩔 수 없이 모포를 두툼히 뒤집어쓰고 탈이 난 몸을 뉘었다. 아마도 룸메이트인 보스턴 여대생들의 감기가 옮았나 보다.

점심쯤 일어나 차이나타운으로 가 생선죽을 사 먹고는 다시 돌아와 누웠다. 얼른 먹고 기운을 차려야 했다. 이렇게 샌프란시스코에서의 마지막 날이 저무는 건가. 아쉬움에 뒤척이다 겨우 잠이 들었다. 하늘이 내 아쉬운 한숨을 들었는지 일어나니 몸은 한결 상쾌해졌다.

다행이었다. 감사한 마음과 함께 샌프란시스코를 떠나는 아쉬움을 담아 사랑하는 사람들에게 엽서를 썼다. 나는 더할 나위 없이 씩씩하게 몸 건강히 즐거운 여행을 하고 있다고.

엽서를 부치려고 유니온 광장으로 나오니 바람이 차게 느껴지긴 했지만, 차분해진 몸 때문에 기분은 고요하고 상쾌했다. 케이블카는 여전히 샌프란시스코의 언덕을 오르내리고 있다. 관광객들은 쇼핑센터를 무리지어 들어가고 나오거나 케이블카를 타기 위해 줄을 서 있다.

하나 둘 도시의 불빛이 켜진다. 마치 내가 오래도록 살고 있는 동네를 거니는 듯한 느낌이다. 결코 낯설지 않은 익숙함. 아무래도 내일 아침 쉽사리 발걸음이 떨어지지 않을 것 같다.

캘리포니
다시 로키를

7

아 제 퍼

넘 어 시 카 고 로

캘리포니아제퍼는, 암트랙 노선 중 가장 성공한 루트로 손꼽힌다. 오로지 이 기차를 타기 위해 기차여행을 좋아하는 이들이 세계 곳곳에서 몰려든다. 직접 캘리포니아제퍼를 타 보니 그 진가를 알겠다.

멋진 할머니 두 분

여행을 시작한 지 13일째. 오늘 사흘을 머문 샌프란시스코를 떠나 미대륙의 서부에서 동부로 간다. 이로써 두 번째로 횡단을 하게 되는 것. 처음 서부로 올 때는 시카고에서 시애틀로 엠파이어빌더 호를 타고 갔고, 이번에 동부로 가면서는 샌프란시스코에서 시카고로 캘리포니아제퍼 호를 타고 간다.

일찍 일어나 체크아웃 하며 보니 YH 안내판의 예보는 '흐리거나 비'를 알리고 있지만, 오히려 날씨는 맑았다. 애머빌 역으로 가는 암트랙 연결 버스를 타는 곳은 유니온 광장 근처에 있다. 마켓에 들러 2박 3일 먹을 식량을 샀다. 열차에 오르기 전 이렇게 먹을거리 쇼핑을 한다. 이번 여행을 시작할 때 첫 열차에서 만난 아미쉬 가족의 그 풍성한 먹을거리들이 아직도 잊혀지지 않는다. 또 늘 추웠던 열차에서의 밤을 생각하며 여행용 담요를 살까 망설였다. 오래 고심해보아도 짐이 불어나는 것은 아무래도 싫다. 밤마다 특이한 겹치기 패션을 선보이는 멋진 집시여인이 되기로 하고, 여행 담요를 내려놓고 돌아섰다.

암트랙 연결 버스는 시카고 방면의 기차가 떠나는 애머빌 역으로 가는 것과 로스앤젤리스 방면 행 기차가 떠나는 오클랜드 역으로 가는 것, 두 종류가 있다. 난 애머빌 행 버스에 올랐다. 버스는 샌프란시스코 안에서 세 곳을 돌며 암트랙 승객을 태웠다.

피셔맨스워프의 59번 부두에서 재미있는 백인 할머니 한 분이 탔다. 할머니는 한 손으로 누빈 이불을 끌어안고 다른 한 손으로 중요 소지품인 듯한 가방을 들었다. 또 바퀴 달린 여행용 큰 가방, 그 위에 올려둔 보스턴 백, 화장품 케이스 같은 가방, 큰 종이 쇼핑가방 위로 삐져나온 베개 하나와 작은 가방 두 개, 거기에 먹을거리가 든 쇼핑가방까지! 헤아려 보니 모두 일곱 개의 가방이다. 정말 어마어마한 짐을 거느린 여행자다! 그런데 정작 할머니는 작고 날씬한 체구에 커트머리가 귀여운 인상이다.

짐을 옮겨드리려 버스에서 내리는 운전사를 할머니는 생글생글 천진스런 미소를 머금고 바라본다. 반면 대책 없이 가방을 꾸리고 나온 할머니를 보고 기가 막히다는 표정을 짓는 운전사는 손을 하늘로 들어 올렸다 내렸다를 반복한다. 그는 큰 것은 짐칸에, 나머지는 하나씩 들어 버스 안으로 올렸다.

그러는 동안에 할머니는 밖에 서서 짐이 잘 옮겨지는지를 확인하며 미소 짓고 있을 뿐이다. 할머니는 짐을 다 옮긴 기사가 운전석에 앉자 팁을 건넸다. 그러나 그는 받지 않았다. 할머니는 대신 그에게 고맙다며 칭찬을 아끼지 않았다.

내 앞 자리에 앉은 그 할머니를 유심히 살펴보았다. 로렉스 시계에 비싼 반지와 팔찌. 그녀가 가진 것은 모두 고가의 것들이었다. 배웅 나온 사람도 동행하는 사람도 없었다. 칠순이 넘어 보이는 분이 그 많은 가방과 값 비싼 소지품들을 갖고 혼자 여행을 하다니, 위험한 일이라도 당하면 어쩌려고….

그러나 그분의 표정은 뭐가 문제냐는 듯 느긋하고 당당하다. 귀엽고 예쁜 할머니, 저 작은 체구에서 어떻게 저런 배짱 좋은 표정이 나올까. 아, 나도 저렇게 곱고 배짱 좋게 늙으면 좋으련만.

애머빌 역에 버스가 닿자 오랜만에 기차에 오르는 것처럼 설렌다. 2박 3일 간의 이번 기차여행은 내게 또 어떤 기쁨을 선사할까? 그런 기대에 살짝 몸서리를 치게 된다.

버스에서 내려 곧장 들어선 선로엔 나무로 만들어 예스런 멋을 한껏 뽐내고 있는 차량이 눈길을 사로잡는다. 이 멋진 열차는 두 량의 객차와 하나의 식당차 그리고 카페로 이루어져 있다. 위풍당당 듬직한 은색의 현대식 차량과 나무 객차가 연결되어 있는 게, 부조화스러우면서도 세련미를 풍겨 절묘하게 어울린다.

한껏 모양을 낸 몇몇 노인들의 그룹이 이 멋진 열차를 탔다. 얼마나 부러운지 한참동안 가방 맨 채로 왔다 갔다 하며 구경을 했다.

코치에 오니 작은 키의 흑인 승무원이 반갑게 인사하며 나의 차량을 지정해 주었다. 이층 코치 석에 올라와 승무원석이라고 붙여놓은 곳 옆을 내 자리로 찜했다.

가방을 올려놓고 다시 내려가 그 근사한 나무 열차를 또 구경했다. 열차가 출발할 때 내 자리로 돌아와서야 그 열차를 카메라로 찍지 않았음을 깨달았다. 이런, 구경하는 데만 정신이 팔려서리, 쯧쯧.

열차의 차장은 60이 훌쩍 넘어 보이는 멋쟁이 할머니다. 차장들은 대부분 제복을 똑같이 차려 입었지만 그분은 특이하게 모자에 기념 배지를 모아 달아 더욱 돋보였다. 화사한 화장 덕분에 더욱 산뜻한 분위기를 풍기는 할머니 차장. 무전기를 들고 바쁘게 차량을 지휘하는 모습에선 도도한 카리스마까지 느껴진다. 난 그 멋진 할머니의 자태에 완전 반하고 말았다. 틈을 내어 말도 걸고 함께 기념사진도 찍어야지, 맘먹었다.

그녀를 보며 든 생각은 이렇다. 저 나이에도 밀려나지 않고 카리스마를 내뿜으며 일할 수 있는 환경을 갖춘 나라 미국. 적어도 그런 점에서는 아주 부럽다. 우리나라도 초고령화 사회로 접어든다는데 아직 이런 면에서는 턱없이 부족한 것 같다. 참 안타까운 현실이다.

내 자리를 승무원 옆에 잡았다. 좌석 맨 뒤라서 뒤쪽에 신경 쓸 일이 없어 좋은 자리다. 뒤쪽이 비어 있으니 가끔 스트레칭 하기에도 참 좋다. 시야를 넓게 확보할 수 있는 창이 있는 특권도 주어진다.

차가 출발하자 표 검사가 진행된다. 아까 그 멋진 할머니 차장님이다. 세련된 미소를 지으며 차표를 검사하는데 나는 마치 스타를 바라보는 팬처럼 수줍게 티켓을 내밀었다. 왠지 떨려서 말도 건네지 못하겠다.

차표 검사를 하고 나니 대부분 전망차로 갔다. 나 역시 자리에 짐을 정돈해 놓고 지도, 오페라 망원경, 카메라를 챙겨서 전망차로 갔다. 모두들 그곳에 모였는지 아예 빈자리가 없다. 카페로 내려가 커피를 마시며 지도를 살펴보았다. 기차는 캘리포니아 만을 지나 코스트 산맥을 관통해 달린다. 이어서 기차 양옆으로 한 없이 펼쳐지는 늪지대. 키 작은 수초들이 한들거리는 가운데 물새들이 숨바꼭질을 하듯 날고 있다.

기차는 정겨운 기적소리를 냈다. “이제 너는 나를 마음껏 즐기기만 하면 되는 거야." 고풍스런 캘리포니아제퍼가 내게 듬직하게 일러 주는 것 같다.

마침 구부러진 길을 달리느라 캘리포니아제퍼의 앞머리가 보여 열심히 손을 흔들어 격려해 주었다. "이미 나는 가슴 벅차게 행복해 하며 즐기고 있어. 열심히 달려줘서 고마워, 제퍼야."

1939년 샌프란시스코에서 골든게이트 국제 박람회가 열렸을 때 세 개의 사철회사들이 모여 '아메리카 최고의 풍경 길'이라는 모토 아래 연합해 기차 서비스를 시작한 게 캘리포니아제퍼의 효시였다. 1949년, 지금의 캘리포니아제퍼란 이름을 얻게 되고 열심히 철도 위를 달렸으나 1962년 무렵부터 승객수가 격감하여, 1970년 결국 오랜 기간 적자에 시달리다 운행을 중단한다. 부분적으로 사철에 의해 운영되다가, 1983년 암트랙에 의해 다시 캘리포니아제퍼란 이름으로 전 노선을 달리게 된 것이다.

캘리포니아제퍼는 미국 중부를 가로질러 간다. 북에서 남으로 이어진 로키산맥, 가없이 펼쳐지는 대초지와 평원의 광활한 풍광. 덕분에 캘리포니아제퍼는, 적자로 끊임없이 폐지 논의의 대상이 되는 암트랙 노선 중 가장 성공한 루트로 손꼽힌다. 오로지 이 기차를 타기 위해 기차여행을 좋아하는 이들이 세계 곳곳에서 몰려든다.

직접 캘리포니아제퍼를 타 보니 그 진가를 알겠다. 최고의 장관을 보여주는 곳들을 낮 시간에 지나도록 시간표를 짜 운행한다. 덕분에 나는 유난히 창 넓은 자리를 골라 멋진 노선을 따라가며 콧노래를 흥얼거리고 있다. 아주 작은 파노라마의 순간도 내겐 너무 소중하다.

기차가 어느새 새클라멘토 역에 들어선다. 1860년에 미대륙 중부를 관통하는 포니 익스프레스의, 1863년에는 센트럴 퍼시픽 레일로드의 출발점이 된 이곳은 미 철도역사의 산증인과도 같다. 멋진 캘리포니아 철도역사박물관도 그래서 이곳에 자리하고 있다.

여기서 두 명의 여자가 탔다. 먼저 들어온 여자는 내 앞 빈자리에 앉았다. 남미계 혼혈처럼 보이는 다른 여자는 왠지 심통맞게 구겨진 인상이다. 그녀는 이미 어느 노부부가 자리를 잡은 곳에 허락도 없이 앉았다. 전망차로 간 노부부의 짐도 위에 올려져 있고 시트 위의 목적지와 승객 수를 적어 싸인된 표도 꽂혀 있건만 깡그리 무시했다.

나는 상냥한 얼굴로 선반 위의 싸인표를 가리키며 그 자리는 주인이 있으며 그들은 전망차에 있다고 설명했다. 그리고 앞자리에 좌석이 많이 비어 있다고도 덧붙였다. 그러자 그녀는 무서운 얼굴로 날 쏘아 보더니 선반 위에 꽂힌 싸인표를 빼서 땅으로 휙 던져 버리는 것. 그리곤 "내게 두 번 얘기하면 가만 두지 않을 거야"라고 말하듯 매서운 표정을 짓고 앉았다.

나와 새로 탄 아줌마는 정말 할 말을 잃어버리고 말았다. 참으로 기가 막혔다. 저렇게 예의가 없다니. 옳고 그름을 따지고 싶었지만 괜히 불상사라도 생길지 몰라 참았다. 기분이 불쾌해서 나와 앞의 여자는 전망차로 갔다.

*

시에라네바다 산맥을 달리는 기차가 장대한 자연의 파노라마를 펼쳐 놓는다. 캐니언canyon, 그 방대한 협곡의 넓고 우람찬 모습에 압도되어 나는 말을 잃었다.

북아메리카 열차는 우리를 데리고 높은 산 위도 올라보고, 깊은 계곡도 내려가 본다. 그곳엔 야생 짐승도 있고 힘차게 떨어지는 폭포와 잔잔한 호수도 있다. 마치 유리로 덮은 차를 타고 사파리 투어에 나선 것 같다. 야생짐승들도 "저 차는 늘 저 길만 다니는 애야"라고 생각하는 듯, 기차를 보고도 멀뚱멀뚱 태연하다. 이 장대한 자연 속으로 우리를 보호해 모시고 들어온 기차. 오늘도 기차는 우리의 눈을 즐겁게 하기 위해 충실히 달리고 있다. 느리게 가기로 소문난 이 암트랙 기차가 오늘도 내게는 너무 빠르다.

캘리포니아제퍼는 이따금 안내방송을 통해 설명해 준다. 그 방송이 마치 이층 관광버스를 운행하는 전문 가이드의 유쾌한 설명처럼 재미있어 전망차 안은 승객들의 웃음소리도 왁자해지곤 한다.

어느 작은 역엔 사금을 채취하는 조형물이 있었다. 듣자니 황금이 쏟아지던 시절 그곳엔 많은 사람이 살았다 한다. 말로만 듣던 엘도라도의 흔적인 건가? 엘도라도, 황금의 땅, 골드러시, 금광왕…. 사람들을 눈멀게 하는 그 금붙이의 거센 힘이 서부 개척의 물결을 일으켰고, 그 물결이 대륙의 서쪽에 남긴 수많은 크고 작은 흔적 가운데 하나가 바로 지금 내가 타고 가는 이 기차다.

전망차에 함께 동행한 내 앞자리 여자는 53세의 앤이다. 그녀의 아들 셋은 벌써 모두 결혼해 손자가 자그마치 일곱이라 했다. 지금도 솔트레이크에 사는 아들 집에 손자를 보러 가는 중이다.

그녀는 매우 친절하다. 가이드 방송을 내가 잘 이해하지 못하면 그녀가 천천히 설명해 주었다. 어떻게 그렇게 잘 아냐고 물으니 열차가 지나는 곳곳에 그녀의 사촌들이 흩어져 살기 때문이라고. 새클라멘토에서 솔트레이크까지는 대부분의 사람들이 승용차를 이용한다. 그러나 그녀는 느리게 도착해도 아름다운 경치를 편히 즐기며 갈 수 있는 기차를 더 좋아한다. 나도 그녀의 마음에 십분 공감했다.

리노를 지날 때 앤이 그곳을 카지노의 도시라고 소개한다. 인근 도시에서 많은 사람들이 카지노를 즐기기 위해 모인다고. 앤도 재미로 가끔 그곳을 가는데 적은 돈으로 그저 즐기는 정도라고만 했다. 정선 카지노 앞 산길을 가득 메우고 서 있던 전국 각지의 차량번호판들이 순간 어지럽게 떠오른다.

리노를 지나자 기차는 폭이 좁고 물살이 빠른 강물 곁을 달린다. 세찬 물살을 보고 있자니 내 기차가 그 물 위를 달리는 것만 같았다. 강을 따라 카약과 래프팅을 하는 이들이 보이고 플라이 낚시를 하는 이들도 보인다.

영화 속의 장면 같은 풍경들이 계속 이어진다. 감동의 장면들이 끊임없이 펼쳐져 자리를 뜨는 건 고사하고 눈 돌릴 틈도 허락하질 않는다. 시선을 사로잡는다더니, 딱 그 모양이다.

끝없이 넓은 늪지, 산맥으로 이어진 높은 고원, 그러다 다시 깊은 계곡

으로 이어지는 자연의 파노라마 속으로 하루의 운행을 마친 해가 뉘엿뉘엿 지고 있다. 붉게 물든 하늘에 떠 있는 구름, 석양의 실루엣으로 어우러진 산맥과 고원지대의 평야, 쓸쓸하게 아름다운 일몰이다. 사랑하는 사람들이 물씬 그리워지는, 그런 쓸쓸함의 풍경이다.

캘리포니아제퍼를 타고 달린 지 9시간째. 이 열차가 달리는 거리는 샌프란시스코에서 시카고까지 2,438마일. 지금 내가 있는 곳은 캘리포니아를 지나 네바다 중간 어디쯤, 이제 겨우 500마일 가량 왔을 뿐이다. 출발에서 도착까지의 기본시간이 약 55시간, 아직 솔트레이크 지역도 못 왔지만 멋진 풍경을 이미 넘치도록 보았다. 어둑어둑 창밖이 잘 보이지 않게 되자 하나 둘 사람들이 객실로 돌아간다. 또 하루가 저무는 시간이다. 내일의 풍경을 기대하며….

*

앤과 자리에 돌아와 보니 여전히 그 못된 여자가 앉아 있는데 전망차에서 원래 자리 주인인 노부부가 돌아왔다. 할아버지가 상냥하게 "우리 자리"라며 설명하는데 들은 척도 않고 쳐다보지도 않는다. 그 부부는 옆에 서서 그녀가 옮겨주기를 잠시 기다렸지만 그 여자의 태도는 완강했다. 하는 수 없이 그 노부부가 짐을 챙겨 다른 곳으로 옮겼다. 정말 뻔뻔스러운 여자다. 앤은 내게 그 여자가 못된 짓을 할지도 모르니까 모른 척하라고 이른다.

내가 준비한 빵과 과일로 앤과 함께 즐거운 저녁 식사를 했다. 잠자리 준비를 하고 편안하게 기대어 책을 꺼냈다. 앤도 책읽기를 좋아한다. 내가 읽고 있는 카프카의 『변신』도 읽었다며 어느 날 자신도 딱정벌레가 되는 상상을 한 적이 있다고 했다. 그렇게 말할 때 나는 생각했다. '앤, 당신은 참 특별한 영혼의 사람이군요.' 우린 나란히 책을 읽다가 스르르 잠이 들었다.

놓치고 후회하지 말지어다

제퍼에서의 둘째 날, 토요일 아침이 밝았다. 눈을 뜨자마자 창밖부터 내다본다. "안녕히 주무셨어요, 주인님. 저 열심히 달리고 있어요." 제퍼는 여전히 날 실망시키지 않으려 멋진 풍경 속을 힘차게 달린다. 앤이 일어나 내릴 준비를 한다. 벌써 솔트레이크 시티인가 보다.

밤새도록 추위에 떠는 내가 안타까웠는지 앤은 솔트레이크에서 내릴 준비를 하는 사람에게 가서 일회용 부직포 담요를 얻어 주려고 했으나 잘 되지 않았다. 고마운 앤…. 짧은 시간 함께 한 앤인데 헤어지는 게 이토록 서운하다니. 앤은 그만큼 특별하고 따뜻한 마음을 가진 사람이었다. 또 한번 작별의 포옹을 나눈다.

역에는 앤의 아들이 마중을 나와 그녀를 반갑게 맞았다. 그 따뜻한 풍경을 내다보며 난 또 어김없이 사랑하는 내 딸들이 기차에서 내리는 나를 반겨 맞이하는 모습을 떠올렸다. 내가 손을 흔들자 앤도 아들과 함께 내게 손을 흔든다. '안녕 앤, 우리 언제 다시 볼 수 있을까….'

잠시 졸다 눈을 뜨니 해가 높이 떠서 들판을 훤하게 비춘다. 그 휑한 햇살에 이유 없이 눈물이 핑 돌며 쓸쓸한 기분에 젖어든다. 눈물 너머로 손 흔드는 딸들의 모습이 어른거린다. 한번의 상상이 길게 이어지고 있다.

*

이미 네바다 주를 건넌 기차는 유타도 지나 콜로라도로 접어든다. 이곳은 워새치와 로키 두 산맥이 갈라지는 지점이며 그린 리버가 흐르는 곳이다.

밤새 차장이 바뀌었다. 원래 암트랙에서 차장과 승무원은 하루에도 몇 번이나 바뀐다. 그런데 캘리포니아제퍼의 승무원은 바뀌지 않기에 차장도 바뀌지 않나 했는데, 오직 차장만 여러 번 바뀌었던 것. 게다가 너무 빨리 바뀌는 바람에 그 카리스마 할머니 차장과 함께 사진 한 장 못 찍었다. 놓치고 후회하다니, 나는 아직 여행자의 기본기에 투철하질 못하구나. 아, 내 정신을 온통 창밖으로 쏠리게 한 멋진 풍광이 잠시 원망스러울 정도다.

아침을 먹은 뒤 커피 한 잔을 들고서 전망차로 오르는데 샌프란시스코에서 많은 짐을 들고 버스에 오르던 그 할머니를 카페 칸에서 다시 보았다. 같은 또래의 노인들과 함께 즐거운 표정으로 차를 마시며 대화를 나누는 할머니. 긍정적이고 낙천적인 모습이다. 아마 다들 그녀에게서 그 영혼의 아우라를 느끼리라.

그녀를 제외하고도 암트랙에는 노인분들이 유난히 많다. 일반석 밑에 있는 노약자 장애인 칸에는 어떻게 저런 몸으로 장거리 여행을 할 수 있을까 싶은 노인들이 즐겁게 기차를 타고 간다.

한번은 곧 돌아가실 것 같은 할아버지가 코에 호흡기 같은 것을 끼고 쓰러진 듯 앉아 여행하는 것을 보았다. 그 주변으로 또래의 할아버지 할머니들이 무릎을 꿇고 모여 앉아 기도를 하는 듯한 자세를 하고 있었다. 혹시 돌아가신 걸까, 정말 깜짝 놀랐다. 그러나 할아버지는 살아계셨고 다들 그 할아버지가 얘기하는 걸 주의 깊게 듣느라고 그런 자세를 취한 거였다. 그래도 나는 계속 불안한 마음이었는데, 오히려 그분들은 웃으며 서로 재밌게 얘기를 나누며 여행을 즐기고 계셨다.

이곳의 노인들은 은퇴 후 연금으로 생활을 하면서 여유로운 분들도 많아 — 그래서 아예 연금생활자rentiers를 겨냥한 마케팅도 왕성하다 — 열차를 타고 자녀를 방문하거나 여기저기 유람 다니며 사는 이들이 많다. 그런 노인들은 모두 깔끔하게 단장하여 좋은 향수 내음을 풍긴다. 그리고 거의 부부가 함께 다녔는데, 서로 살피며 챙기는 모습이 나홀로 여행자인 나로서는 어지간히 부러웠다.

어느 나라를 가든 노인들은 얘기 동무를 잘 해 준다. 암트랙의 어르신들도 내게 질문을 자주 했다. 어디서 왔는지, 어디로 가는지, 여행은 어떤지, 또 나의 가족 이야기와 한국에 대해서도 듣고 싶어 하셨다. 그리고 미국의 여기도 가봐라 저기도 가봐라 하며 숨어 있는 비경, 유명한 레스토랑, 맛있는 메뉴까지, 숨가쁘게 설명하신다. 그럴 때면 알찬 내용들을 이리저리 메모하느라 내 손도 바빠진다.

*

내 테이블에 정돈해 놓은 지도랑 망원경 등을 보신 노인 한 분이 좀 자세히 봐도 되겠냐며 내 자리에 앉았다. 내게 이런저런 것들을 물어보며 유심히 살피더니, 자기 부인에게도 보여주고 싶은데 괜찮겠냐고 묻는다. 흔쾌히 "Sure"라고 대답했다. 조금 뒤에 내 자리로 할머니도 함께 오셨다.

우리는 지도를 펼쳐놓고 손으로 짚어가며 그분들이 다녔던 여행지와 내가 돌아다녔던 곳들, 그리고 앞으로의 여행계획 등 많은 얘기를 나누었다. 두 분은 캐나다 열차 여행 중 퀘벡에서 알래스카까지 가는 열차가 최고의 비경을 자랑한다며 루트를 설명해 주시고는 꼭 가 보라며 추천했다. 두 분은 부부작가이며 잡지에 여행기도 쓴다.

할아버지는 지금 여행기를 쓰는데 아마 내 얘기도 쓰게 될 것 같다고 한다. 현지의 여행전문가로부터 여행을 잘 하고 있다는 칭찬을 들으니, 절로 신이 났다. 또 잠시 동안의 흥미로운 만남으로 내 여행이 이름 모를 잡지에 소개된다니, 더더욱 흥분된다.

덴버를 지나 시카고로

와이오밍과 콜로라도의 사막 지대를 벗어나니 풀보다 두세 배 큰 잡목 숲이 이어진다. 낮은 언덕 위에서는 사슴들이 달리는 기차를 지긋이 응시하며 꼼짝 않고 서 있는 게, 마치 박제된 사슴 같아 보인다. 장난꾸러기처럼 보이는 두 마리 사슴만 기차를 곁눈질해 가며 경주하듯 달린다.

사슴도 그렇고 버팔로, 여우, 산토끼 등, 사진을 찍고 싶은데 쉽지를 않다. 카메라를 들면 이미 기차는 앞서 가 버리고 번번이 기회를 놓친다. 누가 암트랙이 느리게 간다 했던가.

안내 방송을 할 때면 모두를 쫑긋 귀를 기울인다. 그 안내에 따라 사람들은 일제히 오른쪽 또는 왼쪽 같은 방향으로 시선을 돌리며 동물 무리들을 구경한다. 그 모습이 정말 사파리를 여행 온 것 같다는 착각이 들게 할 정도다.

덴버 도착을 한 시간 반 정도 남겨두고부터 마을이 나타나기 시작한다. 폐차장, 낡은 주택들, 공장들. 각박한 삶에 찌든 무거운 공기들. 오랜만에 보는 지루한 도시 풍경들이다. 덕분에 다시 책을 꺼내 들었다. 네 권의 책을 들고 왔지만, 아직 두 권도 못 읽었다. 그만큼 창밖의 풍경에 매료된 탓. 밝은 햇살이 따듯하게 덥힌 시트에 몸을 깊이 묻으니, 오랜만에 책장이 잘도 넘어간다.

저녁 무렵, 덴버에 도착했다. 인구 200만에 가까운 대도시권이라서 그런지 많은 사람이 내리고 탄다. 콜로라도의 주도인 덴버까지가 캘리포니아제퍼 구간의 절반쯤 된다. 여기서 시카고까지 나머지 절반을 가야 하는 것이다. 백인 이외에 거의 찾아 볼 수 없었던 열차에 흑인들과 남미계 사람들이 많이 탄다. 단체 여행을 가는 듯한 학생들도 떠들썩하게 열차에 오른다.

대책 없는 짐 꾸러미를 갖고 탔던 귀여운 할머니가 내리는 게 보였다. 승무원의 도움으로 가방을 늘어놓고 허리춤에 손을 얹은 채 차분히 가방 수를 헤아리고 있다. '저러다 소매치기가 와서 들고 달아나는 거 아냐?' 내가 다 조마조마해지는데, 할머니의 밝고 느긋한 표정은 변함이 없다. 하여튼 참 재미있는 분이다.

정차시간이 길어져 잠시 내려 역사 안을 산책했다. 그리 크지 않은 역사 안은 사람들로 북적댄다. 기차에서 잠시 내린 승객들은 그곳에서 담배도 피우고 열차엔 없는 것들을 사느라 분주하다.

넓은 대지 위로 어슴푸레 어두워지는 하늘빛은 아늑한 등불이 켜진 집을 생각나게 했다. 문득, 돌아가고 싶었다. '그래, 내겐 돌아갈 곳이 있어. 이 긴 여행 끝에 돌아갈 집이 없는 처량한 방랑자라면 저 노을에 왈칵 눈물을 쏟았을 텐데…' 기차의 기적소리가 정겹게 느껴지는 것도 언젠가는 저 소리를 들으며 집으로 돌아갈 것을 기대하기 때문이다.

그런 생각에 한참 빠져 있는데 아침에 내가 바나나 한 개를 주었던 승무원이 내게 생수 한 병을 건네준다. 오전 근무를 하느라 피곤해보이던 그의 모습에 위로와 감사의 마음을 담아 아끼던 간식을 준 것인데, 이번엔 내 맘이 스산해지려는 찰나에 그의 따뜻한 배려를 받았다. 역시 마음은 자연스레 전해지나 보다. 가까운 이와 함께 하지 않아도, 길 위에서 여행자들은 서로가 서로를 위로하며 함께 간다. 이런 '길 맛'에 중독되어 나는 계속해서 여행을 떠나는 것인지도 모른다.

덴버를 지나며 한 시간이 빨라졌다. 시계 바늘을 돌려 시간을 맞췄다. 이른 새벽, 아이오와주에 이르러서야 밖을 볼 수 있을 테니, 콜로라도, 네브라스카, 캔사스 지역은 내가 잠든 사이 통과하고 말 것이다.

내일은 일요일, 깨끗하고 아름다운 도시 시카고에 도착해 잠시 머물렀다, 다시 뉴올리언스로 갈 것이다. 책장을 뒤적이다 늦게 잠이 들었나 보다. 아침 햇살에 눈이 부셔 게슴츠레 눈을 뜨는데, '이런, 일출을 놓쳤군.' 해가 벌써 중천이다. 예상대로 밖의 풍경은 대초원이다.

영화배우 모건 프리먼처럼 생긴 식당차 승무원이 아침이 준비되었음을 알린다. 여승무원 신디도 질세라 명랑한 음성으로 스낵바의 오픈을 알린다.

차장은 애연가들을 위해 가끔 이런 안내를 한다. "이번 역은 담배를 피울 수 있어요. 모두들 나가서 신선한 공기를 즐기세요." 나도 내려 바람을 쐬며 기지개를 켜는데, 할아버지 한 분이 다가와 어디서 왔냐고 묻는다. 한국에서 왔다고 하니 반색한다. 한국전 참전용사라는 것. 실은 같이 여행하는 아내가 동양 여자 한 명이 밖에 있다고 알려줘서 혹시 한국 사람이려나 싶어 일부러 말을 걸었다는 거다.

할아버지의 생애 첫 해외여행지가 바로 전쟁으로 참여한 한국 땅이었다. 그래서 한국과 한국 사람에 대한 관심이 많다고. 한국에 관한 좋은 소식이 들리면 자기도 반갑다는 거다. 진정으로 고맙다는 인사말을 드렸다. 할아버지는 이렇게 기차로 여행하는 동양인은 흔치 않다며 내 여행에도 관심을 보이셨다.

할아버지의 말씀처럼 이 먼 길을 기차로 동서남북을 종횡으로 누비며 여행하는 동양인은 흔치 않다. 특히 백인이 주로 사는 내륙의 소도시에서 이방인인 나는 더욱 눈에 띌 것이다. YH에서 만나는 여행객 대부분은 장거리 버스인 그레이하운드를 이용했다. 그래서 기차에서는 더더욱 동양인을 볼 수 없는 것이리라. 그런 생각이 떠오르는 사이 차장의 외침이 들려온다. "올 어보드, 올 어보드! 자 타세요, 모두 타세요!"

니콜라스 케이지를 만나다

책을 읽고 있는 동안 기차는 거의 정시에 시카고의 유니언 역에 도착했다. 오후 3시 반. 뉴올리언스로 나를 데려다 줄 시티오브뉴올리언스 호가 8시 출발이니까, 네 시간 정도 다시 시카고를 만날 수 있는 것.

유니언 역을 나와 2주 만에 다시 시카고에 발을 디뎠다. 처음 이곳에 왔을 때와는 사뭇 다른 느낌이다. 다시 그곳으로 돌아온 셈이지만 내 여행은 그때보다 훨씬 멀리 와 있다. 나는 더 많은 것을 경험했고, 내 생각은 분명히 더 깊고 넓어졌으며, 날마다 펼쳐지는 새로운 것에 대한 도전을 더 기쁘게 즐기게 되었다.

시카고의 날씨는 여전히 쌀쌀하다. 버킹엄 분수를 구경하려고 그랜드

시카고에서 니콜라스 케이지 주연의 영화 〈웨더 맨〉 촬영이 한창이다. 내가 열심히 손을 흔들자 니콜라스 케이지가 날 보고 웃으며 손을 흔들어 주었다. 틀림없이….

파크로 가는데 거리에서 영화 촬영이 한창이다. 거리의 여러 블록을 촬영 차량들이 독차지했다. 관계자를 위한 간이 스낵차와 음료대까지 갖추고서, 여러 대의 카메라와 모니터들이 분위기를 고조시키고 있다. 물론 길 양옆으로는 구경꾼들도 붐볐다.

잠시 구경을 하다 얼마 동안 촬영하느냐고 물으니 약 세 시간 정도 걸린다 한다. 돌아오는 길에 보기로 하고 버킹엄 분수대로 갔다. 아름답기로 유명한 분수대인데, 쌀쌀한 날씨 때문인지 여전히 분수는 개점휴업 상태였다.

카페에 앉아 엽서를 쓰고 돌아오는데 아직도 그 영화가 촬영 중이다. 어느 스탭이 내가 섞인 무리로 오더니 밝은 색 옷이나 반팔을 입은 이는 좀 비켜달라고 했다. "겨울영화를 찍는 중이거든요." 마침 내가 선 곳이 엑스트라들 자리였던 것. 나는 또 마침 겨울 옷 비슷한 청재킷 차림이었다. 스탭에게 여행 기념으로 꼭 하고 싶으니 그대로 서서 구경하게 해달라고 부탁했다. 흔쾌히 허락을 받고 엑스트라들과 함께 있었다. '오호, 묘하게 흥분되는데, 이거?'

옆 사람에게 주연 배우가 누구냐 물으니 니콜라스 케이지란다. 와우! 게다가 내가 좋아하는 배우잖아! 그러나 아무리 둘러봐도 배우는 보이지 않는다. 다시 옆에 있는 엑스트라한테 물으니 손으로 한쪽을 가리킨다.

검은 외투를 입고 있는 훤칠한 사내, 흐미, 진짜 니콜라스 케이지다. 그가 한 여자와 얘기를 나누고 있는데, 아까 촬영장을 기웃거리다 내가 본 그 동양인 아가씨다. 처음엔 그녀를 보고 영화 스탭 중에 한국사람도 있구나 생각했다. 하지만 알고 보니 이 어린 아가씨가 바로 그의 파트너인 앨리스 킴이었다.

카메라를 꺼내들자 스탭이 와서 절대로 플래시를 사용하면 안 된다고 한다. 그의 비위를 건드렸다가 괜히 좋은 구경거리를 놓치고 싶지 않아 사진 찍기를 그만두었다. '헤헤, 그래도 몇 장 찍었다구.'

영화는 소방관들이 나오는 것인가 보다. 소방관 복장의 배우들이 앞서가는 고적대 행렬을 뒤따른다. 그 뒤로 퍼레이드 카가 지나가는데, 그 차에 니콜라스 케이지와 여주인공, 그리고 그들의 아들딸 배역인 소년 소녀가 함께 타고 손을 흔들며 행진하는 장면이다.

나는 "레디, 액션"이라는 감독의 말이 울리면 지나는 퍼레이드 행렬에다 대고 함성을

지르며 손을 흔드는, 아주 중차대한 역할을 맡았다. 하하하! 맨 뒤로 니콜라스 케이지가 탄 차량이 지나갈 때다. 세상에! 니콜라스 케이지가 틀림없이 나를 보고 웃으며 손을 흔드는 거다. 열렬히 손을 흔들며 소리 지른 보람이 있다. 그의 얼굴은 영화에서보다 더 작아 보였고 키는 더 커 보였다. 진짜 멋있다! 그는 실물이 훨씬 멋진 남자다.

촬영은 그렇게 여러 번 반복되었다. 누군가 플래시를 터트리며 사진을 찍다가 스탭에게 된통 혼이 난다. 잠깐 촬영을 쉴 때는 팝콘과 프레즐, 커피까지 나눠준다. 물론 내게도! 나도 어엿한 엑스트라니까, 하하하!

그렇게 한 시간 반 동안 영화 촬영을 함께했다. 진짜 엑스트라들은 많이 지겨워했지만 나야 끝까지 신나게 즐겼다. 촬영이 다 끝나자 니콜라스 케이지는 대기해 있던 밴에 올랐고, 곧 이어 스탭처럼 멀찍이 떨어져 있던 그 동양 여자도 찰랑찰랑 뛰어와 차 안으로 들어갔다. 내가 센스가 있음, 그때 사진을 찍었어야 하는데…. 파파라치처럼!

영화 제목은 아직 정해지지 않았다 했다. 그나저나 내가 조금이라도 나오려나, 편집 당하려나? 어쨌든 좋다. 기다리는 시간을 이용해 이렇게 즐겁고 특별한 경험을 했으니까. (이 영화는 고어 버빈스키 감독의 2005년 작품으로 〈웨더 맨〉The Weather Man이라는 제목으로 개봉되었다.)

시티오브뉴올리언스

재즈의 고향으로 가는

8
MYSTIC CURIO
831
ETHEL KIDD
RENT
524-6809

프렌치쿼터도 거리마다 분위기가 바뀐다. 각 블록마다, 아니 집집마다 색깔을 달리하는 재즈 라이브 공연이 펼쳐진다. 문 앞 호객꾼은 아침부터 손님들 부르느라 바쁘다.

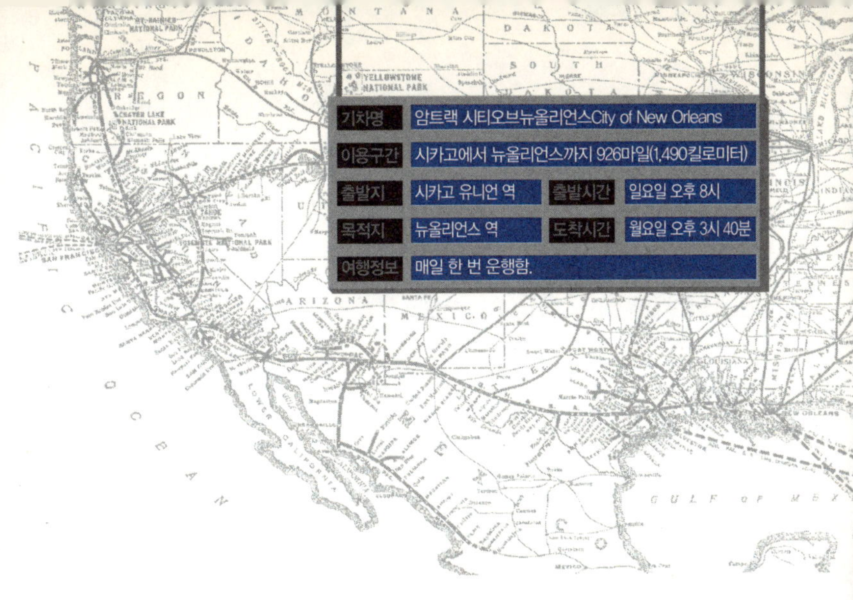

기차명	암트랙 시티오브뉴올리언스City of New Orleans		
이용구간	시카고에서 뉴올리언스까지 926마일(1,490킬로미터)		
출발지	시카고 유니언 역	출발시간	일요일 오후 8시
목적지	뉴올리언스 역	도착시간	월요일 오후 3시 40분
여행정보	매일 한 번 운행함.		

암트랙에서 침대차 즐기기

그 유명한 노래 '시티오브뉴올리언스'를 들으며 뉴올리언스로 달릴 기차의 탑승을 기다리고 있다. "Good morning America, how are you? Don't you know me…" 1972년 무명의 싱어송라이터인 스티브 굿맨이 처갓집으로 가는 열차 안에서 만들었다는 노래.

이 노래는 여러 나라에 번안되는 등 세계적으로 인기를 얻었고 최고의 컨트리 송으로 인정받아 그래미상을 수상하기도 했다. 알로 거스리, 윌리 넬슨, 존 덴버, 자니 캐시, 주디 콜린스 등 많은 가수들이 앞 다투어 이 노랠 불렀다. 난 그 중 윌리 넬슨의 노래를 듣고 있는 중. 달콤한 향수를 일으키는 노래다. 달리는 열차 안과 지나는 창밖의 풍경을 그림처럼 묘사한 노랫말을 차분히 새기며 듣는다. 내가 앞으로 만나게 될 풍경. 그 당시 스티브 굿맨은 시카고에서 뉴올리언스로 향하는 아침기차를 타고 갔나 보지만 이제는 저녁기차뿐이다.

밤 8시. 탑승시간이 되었다. 미국의 북부에서 미시시피 강을 따라 남쪽으로 종단하는 여정이다. 보름 전에 침대차를 예약하였기에 뉴올리언스에서는 처음으로 침대차량을 이용하게 된다. 승무원이 확인하니 내 이름이 적혀 있는 룸은 5번이다.

내가 예약한 것은 스탠다드 룸. 작은 방에 의자 두 개가 양쪽으로 나뉘어져 있고 위로는 접어 올린 침대가 있다. 잡지가 놓여 있고 혼자서 들을 수 있는 라디오도 있다. 특히 침대 옆에 놓인 독서등이 마음에 든다. 작지만 깔끔하고 아늑한 분위기. 이 방은 원래 2인용이지만, 굳이 동행과 함께 이용하는 경우가 아니라면 보통 한 사람이 쓰게 해 준다.

암트랙의 침대차는 미리 보름 정도의 여유를 두고 예약을 해야 자리를 구할 수 있다. 노선에 따라서는 한 달 정도 일찍 예약을 해야 하는 구간도 있다. 침대차를 쓸 때는 암트랙 내셔널 패스 값 외에 추가비용을 좀 더 치러야 하지만 그리 나쁘지 않은 조건이다. 세팅된 음료대에서 따끈하고 맛있는 커피를 마음껏 마실 수 있으며 열차 안에서 파는 비싼 요리를 에피타이저와 디저트까지 곁들여 세 끼 모두 먹을 수 있으니 말이다.*

* 이 모든 서비스를 다 포함해 스탠다드 룸은 1박에 75불을 더 지불한다.

짐을 내려놓고 침대차 안을 둘러보았다. 히치콕의 옛 영화 〈북북서로 돌려라〉가 생각났다. 여주인공이 탄 암트랙 침대칸은 룸 안에 화장실과 샤워실까지 갖춘 게 참 멋있었다. 알고 보니 그곳은 디럭스 베드룸으로, 혹시나 했으나 역시나 볼 수 없었다.

일층은 세 개의 화장실과 코치에서 보았던 레이디 라운지, 공용 샤워실 등을 갖추고 있다. 마침 문 열린 곳이 있어 들여다보니 4인용 방도 있다.

워낙 넓은 땅덩어리다 보니 며칠씩 기차를 타고 여행하는 사람들을 위해 샤워실까지 갖춘 방이 마련되었으리라. 언젠가 북한을 통해 중국, 유럽까지 연결되는 열차가 생긴다면 모를까, 우리나라에서는 가능하지 않을 문화의 단면이라 나는 마냥 신기하게 바라보았다.

*

침대차 승무원이 룸을 다니며 저녁식사 시간임을 알린다. 그는 영화배우 에디 머피처럼 생겼고 말도 머피 스타일로 해서 웃음을 자아낸다. 식당차로 가려고 나오니 각 방마다 일제히 밖으로 나오는 중이다. 한 미국인 커플을 제외하고는 모두 혼자 방을 쓰는 이들이다. 흔들리는 기차의 통로를 소풍 가는 애들처럼 아장아장 줄 지어 걷는다. 역시 식사시간은 즐겁다.

한 남자는 긴 머리를 질끈 묶은 헤어스타일에 구멍이 송송 뚫린 마스크를 했다. 밤에도 새까만 선글라스를 벗지 않는 이상한 남자다. 그 마스크 맨이 어떻게 생겼는지 궁금해, 밥을 먹을 땐 마스크를 벗겠지 싶어 흘깃흘깃 보았다. 그런데 음식이 들어갈 때도 마스크를 살짝 들어올리고 먹고, 음식을 씹을 때는 다시 마스크를 내린다. 아, 대체 무엇 때문일까? 미치도록 궁금한데 차마 물어볼 수는 없고….

식사가 끝나고 방에 돌아오니 좌석 두 개를 합쳐 침대로 꾸민 뒤 이불과 베개도 단정하게 펴 놓았다. 승무원의 손길인 것을 알지만 기분이 매우 좋았다. 누가 펴준 잠자리에 눕는 게 얼마 만이던가? 잠자리를 늘 살펴주시던 어머니…. 세상에서 제일 편한 내 집의 침대…. 아, 그리워라.

우르르 피로가 몰려왔다. 모처럼의 안락함 때문이려니. 제퍼에서 2박 3일을 뒤척이며 못 다 이룬 잠을 한번에 다 만회하자는 심정으로 깊은 잠을 청했다. "우와! 드디어 암트랙 침대차 한번 써 본다." 눈을 감고 졸린 목소리로 그렇게 혼잣말을 하면서 신난 기분으로 까무룩 잠이 들었다.

물새들의 낙원을 바라보며 식사를

아침 햇살에 잠시 눈을 떴다. 여행길에 오른지 오늘로 딱 보름째. 길게 뻗은 중앙평원으로 길게 내달리는 기차 안에서 맞는 아침. 이제는 왠지 보지 않아도 알 것만 같은 익숙한 풍경. 침대 속이 너무 아늑해서 그런지 풍경을 즐길 생각이 들지 않는다. 풍경 뿐만이 아니다. 문틈으로 신문이 삐죽 들여져 있었고 승무원이 아침 식사를 알리는 소리도 들렸지만, 일어나고 싶지 않았다. 게으름에 뒤척이다 어느새 다시 잠에 취했나 보다. 뒤늦게 달려간 식당차에서는 아침 제공 시간이 끝났다 했고, 75불 본전 생각에 있는 대로 음료수를 마셨다. 역시 게으름을 피우면 금세 후회한다. 얻는 것보단 잃는 게 더 많으니.

아침 단장 겸, 열차 안에서 한번 샤워를 해보리라 맘먹었던 것도 실천에 옮길 겸, 1층으로 내려갔다. 마침 샤워실이 비어 있다. 커다란 샤워 타월 여러 장과 비누, 샴푸가 잘 갖춰져 있다. 부스에서 커튼을 치고 샤워를 시작하는데, 어랏, 물은 샤워 꼭지를 탁 칠 때마다 약 30~40초만 나왔다. 무지하게 절약형인 셈. 열차 안이라 물을 펑펑 쓸 수 없는 상황이 이해는 가지만, 물이 나오는 동안 잽싸게 진도를 나가느라 정신이 하나도 없다. 신기한 경험이니 좋기는 하다만, 이런 정신없는 경험은 한번으로 그만!

제대로 아침을 먹지 못한 탓에 배에서 꼬르륵 소리가 날 지경이다. 점심시간 무렵, 창밖엔 한반도 길이의 6배에 이르는 미시시피 강의 강가에 끝없이 펼쳐진 늪지가 나타났다. 이곳의 늪지에는 키가 큰 나무들이 많이 자란다. 수많은 새들이 앉았다 크게 날아가는 모습은 언제나 아름답다. 음, 물새들의 낙원을 내다보며 점심을 먹겠구나.

에디 머피 승무원의 안내를 받아 식당으로 갔다. 시끌벅적, 사람들의 정겨운 말소리가 들려온다. 배정된 식탁에는 나까지 넷이 함께 밥을 먹게 되어 있다. 포틀랜드에 살며 뉴올리언스로 놀러간다는 할아버지, 어제 저녁 함께 밥을 먹었던 남자, 나와 동갑내기인 까칠한 시카고대학 경제학 교수 아저씨 등이다.

처음 만나 어색하기 짝이 없던 식탁 분위기는 포틀랜드 할아버지께서 유쾌한 농담으로 이야기를 꺼내자 아연 즐거워진다. 서로 자기소개를 하기 시작한 것도 다 할아버지 덕분이다.

점심 메뉴는 뉴올리언스의 명물 요리라는 잠발라야. 다양한 향료가 들어갔을 뿐 우리나라에서 먹는 해물 죽과 대동소이한 요리인데, 그 위에 또 다른 뉴올리언스 명물인 케이준Cajun 소스를 곁들여 먹는다. 접시 한쪽에 조금 뿌려서 맛을 보니 너무 맵다. 한참 호들갑을 떨다 소스 없이 그냥 먹기로 했다. 그 모습을 보고 시카고 교수님 왈, "한국사람 맞느냐?" 모두들 웃는다. 그러고 보니 세 남자는 그 매운 소스로 맛있게도 먹는다.

에디 머피는 우리가 먹을 후식을 맞춰 보겠다며 재미있게 후식을 안내했는데, 내겐 치즈 케이크를 권했다. 차를 마시고 잠깐 얘기를 나눈 뒤 일어섰다. 각자의 방으로 돌아갔다. 아무 일 없었다는 듯…. 침대칸은 다 좋은데 열차 안의 사람들을 관찰하는 재미도, 새로운 친구를 사귀며 이야기 나눌 기회도 적다. 시끌벅적 떠들썩한 사람들의 말소리가 그렇게 정겹게 느껴졌던 이유를 이제 알 것 같다.

재즈의 고향, 혹은 위험한 도시?

미시시피 강의 하구이자 멕시코 만에 위치한 루이지애나 주의 뉴올리언스. 이곳은 1718년 프랑스의 식민지 지배와 이주민 정착을 계기로 탄생한 도시이다. 루이14세의 이름을 따서 주 이름은 루이지애나라고 불렀고, 주도는 프랑스 총독 오를레앙 공작의 이름을 따서 뉴올리언스라고 했다. 이곳 음식 이름에 아직도 남아 있는 케이준Cajun이라는 명칭 또한 이곳이 프랑스 혈통임을 보여준다. '케이준'은 캐나다의 노바스코샤 주 출신 프랑스인(즉 '아카디언'◆)의 자손으로서 루이지애나 지역에 정착한 사람들을 가리킨다.

◆ '아카디언'에 대해서는 이 책 251~252쪽을 보라.

이후 스페인, 다시 프랑스, 마지막으로 1803년 토마스 제퍼슨 대통령 시절 미국에 팔리는 등 우여곡절 끝에, 1840년대에 이르러서는 면화와 노예무역으로 미국 내 인구밀도 3위의 가장 부유한 대도시가 되었다. 흑인 인구가 많았던 탓에 재즈 음악이 발생한 본거지가 되었고, 그런 낭만적인 도시의 이미지는 여전히 남아 있다. 그러나 남북전쟁에서의 패배 후 그 영화를 점차 잃어버려, 이제는 '여행자들에게 아주 위험한 도시'라는 꼬리표를 늘 달고 다니는 신세가 되었다.

뉴올리언스에 간다고 하니 다들 "대단히 위험하다"며 "절대 조심하라"는 경고를 누누이 날렸다. 아닌 게 아니라 이곳은 미국에서 범죄율이 가장 높은 5대도시 중 하나이다. 덕분에 나는 여행을 준비하면서 고민에 빠졌다. 단지 안전을 위해 하루에 200달러짜리 호텔에서 머물 것인가, 아니면 늘 그랬듯이 25달러의 유스호스텔에 머물 것인가? 범죄가 난무하는 거리와 갱들이 머릿속을 훑고 지나갔다. 몰래 총을 겨누고 있는 그들의 주머니 속까지 보이는 듯했다. 그러나 나는 여행자인 내 처지를 생각해 결국 YH를 선택했다. 긴장 또 긴장 속에 하룻밤 머무는 것도 여행의 매력 가운데 하나가 아닐까 자위하면서….

*

뉴올리언스 역은 1950년대에 지어진 유니언 패신저 터미널로서, 암트랙과 그레이하운드 버스가 함께 쓰고 있다. 숙소인 YH로 가려면 역을 나와서 15분 정도 걸어 전차노선인 세인트 찰스St Charles 선을 타야 한다. 깨끗한 역사를 빠져나오니 거리엔 오가는 사람도 별로 많지 않다. '아무리 내가 용감해도 말이지, 이 위험한 곳에서 택시를 타야 하지 않을까?' 아, 거듭된 경고 속에 난 완전 새가슴이 되었구나. 자꾸 고민에 빠진다. 그래도 역시 걷는 것을 택했다.

걷기 전에 전차를 탈 수 있는 곳을 물으니 다들 잘 모르겠다고 그런다. 그래서 큰길을 살핀 뒤 방향을 대충 가늠하고 걸었다. 어쨌든 낮 시간이고 큰길이라는 것을 위안 삼을 수밖에. 전차역이 있는 거리는 내가 생각한 방향과 딱 맞아 떨어지는 곳에 있었다. '음, 난 역시 본능적으로 훌륭한 네비게이션을 가졌어.'

갑자기 소나기가 퍼붓는다. 비를 긋고 갈 수 있는 사정도 못 되어서 우산을 꺼내 쓰고 계속 걸었다. 전차 정류장은 길 한가운데, 전차 선로가 양쪽을 싸고도는 중간에 있었다. 전차선로 사이에, 비바람을 전혀 피할 수 없는 허허벌판 같은 곳인 것. 이름 하여 리 서클Lee Circle 광장. 남북전쟁 당시 남부연방군 사령관이었던 로버트 E. 리 장군의 동상이 지금도 북쪽을 응시하며 높이 서 있는 곳이다.

비 맞으며 좀 기다리니 전차가 도착한다. 잔돈이 하나도 없어서 5달러짜리를 꺼내니, 차장은 거스름

돈이 없단다. 차비는 1달러 25센트. 당황스러워 허둥대고 있는데 한 백인 남자가 내 차비를 내주었다. 그에게 5달러 지폐를 내밀었더니 괜찮다며 거절한다. 부담스러워 재차 이야기를 해도 웃으며 괜찮단다. 이를 어쩌나. 미안해라. 고맙기도 하고…. 그는 내가 내릴 잭슨애비뉴까지도 친절하게 알려주었다. 다들 뉴올리언스가 위험하다고 야단법석이었는데, 나는 인심 좋은 사람부터 먼저 만났다.

잭슨애비뉴에 내리니 비가 그쳐 있다. 세 사람에게 길을 묻고서야 찾아간 YH는, 알고 보니 아주 찾기 쉬운 곳이다. 처음 가르쳐 준 사람이 반대쪽으로 일러 주면서 일이 꼬인 것이다. 그 이야기를 체크인할 때 하니 안내인은 지도에 아예 X 표시를 그으며 "그곳은 대낮에도 절대 가지 말라"고 경고한다. 정말 큰일 날 뻔한 것인가? 어리벙벙하기도 해라. 숙소 찾아오는 길에 푸짐한 인심과 아찔한 경험을 모두 겪었다. 어찌되었든 위험하다는 도시에서 방심은 절대금물이다.

황홀한 음악, 더 황홀한 만찬

배정 받은 방에 앉아 잠시 숨을 돌리는데, 한국 아가씨가 한 명 들어온다. 오싹해진 마음이 놀라울 만큼 금세 편안해진다. 미시간에 산다는 지현 씨는 중학교 때 이민을 온 1.5세 교포다. 이제는 대학까지 졸업하여 어엿하게 직장에 다니는데, 이렇게 혼자 여행하는 건 처음이라고 한다.

이곳이 위험하다고 익히 들어온 지현 씨와, 아까의 경험으로 저녁 외출은 꿈도 꾸지 못할 정도로 맘이 오그라들었던 나는, "둘이 다니면 괜찮지 않을까?"하는 생각에 용기를 내보기로 했다. 우리는 비교적 안전한 프렌치쿼터를 중심으로 한 바퀴 돌며 이곳의 명물 요리를 맛보기로 했다.

막상 맘을 먹고 나니 외출할 생각에 신이 나서 부지런을 떨며 밖으로 나왔다.

어둑어둑 해가 지는 뉴올리언스를 배경으로 해서, 이렇게 설레는 마음으로 전차에 오르니, 이 도시를 무대로 만들어진 영화 〈욕망이라는 이름의 전차〉가 불현듯 떠오른다. 여주인공 블랑쉬 역할엔 〈바람과 함께 사라지다〉의 히로인이었던 비비안 리, 그리고 남자 주인공 스탠리 역할엔 말론 브란도가 나왔다. 극중 여주인공 블랑쉬는 '욕망이라는 이름의 전차'를 탄다. 특이하고 재미있는 설정이라고 생각했는데, 실은 진짜 전차 터미널의 이름이라고 한다. 프렌치쿼터로 가는 우리가 탄 전차는 틀림없이 세인트 찰스 스트리트카이지만, 내 설정 속에서는 이게 바로 '욕망이라는 이름의 전차'다.

작은 골목 같은 스트리트에 들어서자 라이브 재즈 음악이 집집마다 흘러 나왔다. 좁은 길 가득 관광객들로 북적댄다. 그들을 손짓하며 호객하는 이들이 바의 입구마다 서 있다. 길거리의 사람들 모두 재즈의 선율에 맞춰 몸을 흔들며 걷는다. 나도 그렇게 되었다. 이 길에서는 음악 따라 걷지 않는 게 오히려 이상할 지경이다. 평범하지 않은 길이다.

프렌치쿼터는 그리 크지 않기 때문에 어렵지 않게 찾았다. 우린 제일 먼저 지현 씨가 비행기에서 현지인에게 소개받았다는 유명한 식당을 찾아갔다. 백 년이 넘게 대를 이어 운영한다는 그 레스토랑은 투자게스 Tujagues. 레스토랑 벽 양쪽으로 주인장이 과거 흑백영화 시절의 유명 스타들과 함께 찍은 사진이 빼곡하게 채워져 있다. 또한 헐리웃 스타들, 유명 정치인, 달을 탐사했던 우주인, 뮤지컬 스타, 농구선수, 전직 대통령 등 오늘날의 유명인들도 많다.

지현 씨가 제안하길 풀코스로 한 사람 분만 시켜서 먹자는 것. 물론 대찬성이지만 두 사람이 앉아서 그래도 되는 걸까? 그녀는 비행기에서 정보를 준 사람이 그렇게 하라고 가르쳐 주었다며 웨이터를 불렀다. "우린 이 지방의 여러 종류의 명물요리를 먹어 보고 싶어요. 우리 두 사람 다 시키면 그렇게 즐길 수 없을 것 같아서 한 사람 분만 주문하길 원해요." 유창한 영어로 지현 씨가 그렇게 물었다. "걱정 마세요. 메인 요리는 나눠서 갖다 드릴게요." 웨이터도 단번에 친절하게 주문을 받는다.

지현 씨는 특히 음식 측면에서, 여행을 어떻게 해야 하는지 잘 아는 길동무였다.

우린 검보 스프◆와 오이스터 록커펠러★그리고 포보이*를 먹고 담백한 맛의 케이크를 후식으로 먹었다. 이 모두가 35달러. 정말 최고의 만찬이었다.

그 여행지가 아니면 맛볼 수 없는 요리를 먹어 보는 것도 여행의 쏠쏠한 재미 중 하나이다. 지현 씨와 나는 그러한 재미를 이곳에서 맘껏 즐겼다. 그녀는 다른 곳에서 같은 또래의 여행자들을 만난 적이 있는데, 그들은 돈을 아끼려 하면서도 술은 지나치게 마셨고, 정작 즐겨야 할 곳에서 돈을 쓰지 못하는 것 같아 안타까웠다고 했다.

그런 점도 있긴 하다. 귀국 길에 명품이라는 소지품을 사기 위해 돈을 아끼려는 바람에 정작 봐야 할 곳에선 문밖만 서성이다 돌아서기도 하고 말이다. 좋게 보자면 개인의 취향이지만, 나는 그

◆Gumbo soup 마늘, 고추, 토마토로 만든 스프. 새우, 굴, 닭고기는 선택할 수 있다.

★Oyster rockefeller 굴 위에 시금치 소스를 얹어 오븐에 구운 요리.

*Po-boy's 야채에 새우, 굴, 소시지를 기호에 따라 첨가하여 빵 사이에 끼우고 그 위에 타바스코를 얹어 먹는 샌드위치.

여행을 '참 안타까운 여행'이라고 이름 붙일 수밖에 없다.

이 만찬을 통해 우리는 의기투합했고, 서로 적어놓았던 명물요리 메뉴를 이틀 동안 죄다 먹어 보기로 했다. 우리는 레스토랑 투자게스를 나와 잭슨광장 근처에 있는 또 하나의 명물 카페 드몽드로 갔다. 거기서는 베니에라는 파우더처럼 고운 설탕이 뿌려진 도넛에 카페오레를 마셨다. 도넛을 먹으며 우린 탄성을 연발하며 엄지손가락을 치켜세웠다. 도넛과 카페오레의 궁합이 이토록 완벽하다는 걸 새삼 실감했다.

버번 스트리트의 밤은 돌아서기에 너무 아쉬운 거리다. 조금만 더 거닐어볼까 했지만 역시 늦은 시간까지 시간을 보낼 만큼의 용기는 없다. 배짱이 두둑하지 못해 못내 아쉬운 밤이다.

재즈의 거리 버번스트리트

따져 보니 여행 떠난 뒤 세 번째 화요일이다. 짧은 뉴올리언스 일정을 마치고 다시 길을 나서야 한다. 위험하다는 얘기를 워낙 많이 들었거니와 일주일에 세 번 운행하는 암트랙 일정에 맞추는 터라 이렇게 짧은 일정이 되었다. 그렇지만 어제 너무 즐거운 저녁을 보내서 그런지 오늘 이 도시를 떠난다는 게 참 아쉽다. 아직 못 먹은 음식도 많은데 말이다.

지현 씨도 오후 1시 비행기로 보스턴으로 간다. 내 암트랙 기차는 그보다 늦은 밤 10시 30분 출발이다. 이른 아침 체크아웃을 하고 YH의 락커에 짐을 맡긴 뒤 우리는 서둘러 프렌치쿼터로 나갔다. 짧은 시간이라도 더 눈에 담고 싶었다. 물론 리스트에 남겨진 음식을 하나라도 더 맛보고 싶기도 하고.

잭슨광장 부근에 있는 베이커리 앤 카페에서 크로아상과 커피로 아침을 먹으며 지나는 사람들을 보았다. 이렇게 낯선 곳의 테라스에 앉아 길거리의 행인들을 바라보는 건 언제나 흐뭇한 일이다. 게다가 지현 씨와 즐겁게 이야기도 나누고 있으니 금상첨화다. 이런 여행자의 행복이 있어, 두 여자가 함께 맞는 이 뉴올리언스의 아침은 너무 풍성하다.

지현 씨 친구들은 뉴올리언스에 가면 악어 육포를 기념으로 사오라고 했단다. 그래서 미시시피 강변에 있는 마켓으로 갔다. 이곳에는 악어 턱뼈와 악어로 만든 다양한 종류의 햄과 육포를 진열하고 있다. 관광객들이 많이 보였는데 그들에게 이것이 베스트셀러라고. 악어 육포가 있다는 게 신기해서 나도 두 개나 샀다.

우린 밤에 차마 보지 못한 곳들을 잰 걸음으로 찾아다녔다. 뉴올리언스의 거리에는 아마도 24시간 내내 라이브 재즈가 흐르나 보다. 뉴올리언스에서는 장례 행진을 할 때도 재즈음악을 연주하는 게 전통이라고 하니, 종일 재즈가 흐르는 거리는 어쩌면 당연한 건지도 모른다.

프렌치쿼터도 거리마다 분위기가 바뀐다. 각 블록마다, 아니 집집마다 색깔을 달리하는 재즈 라이브 공연이 펼쳐진다. 문 앞 호객꾼은 아침부터 손님들 부르느라 바쁘다. 프렌치쿼터라는 이름에서 대부분 프랑스풍의 거리 모습을 상상하겠지만, 이 건물들은 거의 모두 스페인 사람들이 지은 주택이다. 프랑스식 목조건물은 1788년과 1794년 두 차례의 대형 화재로 인해 모두 불타버렸다. 그 후 스페인 사람들에 의해 스페인 양식의 2층 발코니와 철 세공 울타리를 특징으로 하는 집들이 지어졌는데, 오늘 우리가 보는 건 바로 그 주택들이다.

집집마다 베란다의 멋진 철 난간 사이로 아름다운 꽃바구니를 걸어 놓아 작은 골목은 꽃길이나 다름없다. 그 길을 가득 메우고서 재즈 라이브가 흥건하게 흐른다. 버번스트리트는 재즈 뮤지션과 카페와 레스토랑의

거리기도 하지만, 노골적인 성기노출 사진을 버젓이 걸어놓고 손님을 유혹하는 성인용품점도 있다. 꼭 한번쯤 세심히 살펴보고 싶었지만, 막상 그런 가게 앞에 가면 어쩔 수 없는 민망함에 절로 고개를 돌린 채 지나가게 된다.

로얄스트리트는 골동품과 아티스트들의 거리로 유명한데, 여기서는 프랑스풍을 느껴볼 수 있다. 골동품 구경이 취미인 나는 로얄스트리트가 더 좋았다. 발을 떼기가 너무 아쉬워 시간이 한없이 부족할 정도다.

우리가 못 먹어 본 또 하나의 필수 아이템인 굴 요리를 맛보고자 또 하나의 유명 맛집을 찾았다. 생굴로도 먹고, 오이스터 록펠러라는 시금치가 들어있는 것, 오이스터 비엔빌이라는 치즈를 얹어 구운 것도 좋다.

맛은 다 수준급이었지만 내게는 생굴에 레몬을 뿌려 고추냉이에 찍어 먹는 게 제일이었다. 물론 초고추장이 있었다면 더 좋았을 게다.

지현 씨와는 이른 점심을 먹고 헤어졌다. 야무진 지현 씨는 앞으로도 여행을 잘 할 것이다. 길에서 많은 것들을 배우며 더욱 듬직한 사람으로 성장해 갈 것이라 생각하니 내 맘이 괜히 뿌듯해진다. 전차로 떠나는 지현 씨를 배웅하고, 미시시피 강 투어를 하기 위해 돌아오는데 비가 내리기 시작했다. 처음엔 분무기로 뿌리는 듯한 보슬비였다. 재즈가 흐르는 좁은 골목길 산보를 더욱 낭만적이게 하는 정도였는데, 웬걸, 점점 거칠어진 빗줄기는 장대비로 휘몰아치는 지경에 이르렀다. 운동화와 바지가 금세 홀딱 젖었다. 나는 그야말로 "에잇, 모르겠다"라는 심정으로 미시시피 투어를 포기하고 잭슨광장 앞 카페에 들어가 앉아 카푸치노를 주문했다.

내리는 빗속에서도 밴드는 재즈 연주를 멈추지 않는다. 따끈한 커피 한 잔을 들고 눈으로 라이브 무대를 즐기고 귀로는 비에 젖은 재즈를 음미한다. 노란 비닐 우의를 입은 여행객들은 재즈 리듬에 맞춰 비 내리는 프렌치쿼터로 끊임없이 걸어들어간다. 여기, 뉴올리언스의 길거리에서, 우리 모두의 오감은 행복하다.

뉴올리언스는 아직도 회복 중

2005년 8월 29일, 초대형 허리케인 카트리나가 뉴올리언스를 강타했다. 암트랙 기차여행을 마치고 돌아와 느긋이 쉬고 있을 때다. 연일 피해가 커져가는 뉴올리언스의 재난 소식을 불안과 안타까움 가득한 맘으로 바라봐야만 했다. 루이지애나 주정부와 미 연방정부, 그밖에도 다양한 곳으로부터 복구 지원을 받고 있다지만, 아직도 카트리나의 상처는 곳곳에 남아 있다. 복구를 위해 애를 쓰는 뉴올리언스 사람들을 진심으로 격려하며, 1,800여 명의 희생자들을 추모한다. 수십 만의 이재민들도 자신들의 삶터로 하루 속히 다시 돌아가 새로운 뉴올리언스의 부흥에 함께 하기를 고대한다.

해 넘 이 기 차 를

9

타고 마이애미로

암트랙 중 선셋리미티드가 유독 연착이 심하다고 한다. 서너 시간은 보통이라는 것. 게다가 이번엔 인근 지역의 폭발사고도 있었던 탓에 더 늦어졌던 것.

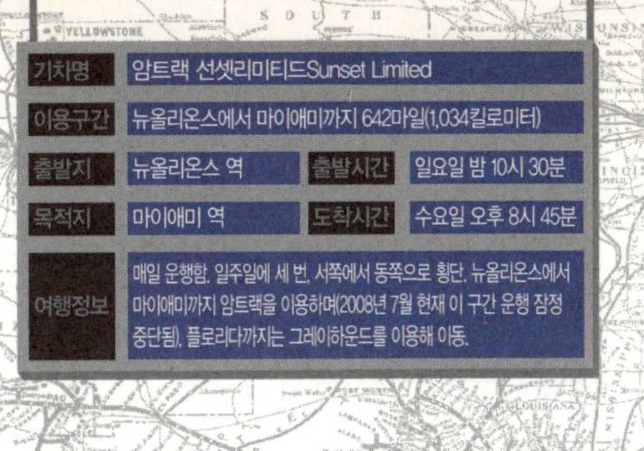

기차명	암트랙 선셋리미티드Sunset Limited		
이용구간	뉴올리온스에서 마이애미까지 642마일(1,034킬로미터)		
출발지	뉴올리온스 역	출발시간	일요일 밤 10시 30분
목적지	마이애미 역	도착시간	수요일 오후 8시 45분
여행정보	매일 운행함. 일주일에 세 번, 서쪽에서 동쪽으로 횡단. 뉴올리온스에서 마이애미까지 암트랙을 이용하며(2008년 7월 현재 이 구간 운행 잠정 중단됨), 플로리다까지는 그레이하운드를 이용해 이동.		

7시간, 최악의 연착

선셋리미티드는 내게 제일 힘든 구간이다. 로스앤젤리스에서 올랜도까지 총 3박 4일이 걸리는 긴 구간의 열차인데, 나는 그 중 2박째인 뉴올리언스에서 타고, 기차에서 하루를 머문 뒤 잭슨빌에 내려 8시간을 또 머문다. 거기서 뉴욕에서 내려오는 팔메토로 바꿔 타고 마이애미로 간다. 이 복잡한 과정 때문에 마음의 여유도 없고, 늦은 시간 뉴올리언스 거리를 이동하는 걸 피하기 위해, 3시간이나 일찍 기차역에 도착했다.

대합실 안은 썰렁하다. 비를 맞고 돌아다녀 그런가? 몸에도 한기가 느껴진다. 나보다 더 일찍 온 사람들도 몇 보인다. 샌드위치로 저녁을 먹고 책을 보며 열차를 기다렸다.

LA에서 오는 선셋리미티드 열차가 늦어지고 있다. 역무원에게 가서 언제 도착하는지 물었더니 자기네도 모른다며 선셋리미티드가 늦는 건

일상적이라고 무뚝뚝하게 덧붙인다. 다른 승객들도 저마다 데스크의 역무원을 찾아가 물었다. 역무원은 그 모두에게 불친절한 말투로 언제 올지 모른다는 말만 되뇐다.

시계 바늘은 이제 12를 넘어 벌써 다음날이 온 것을 알린다. 출발예정 시간으로부터 한 시간 반, 기차가 어느 아름다운 평원 즈음을 신나게 달리고 있어야 할 시간인데…. 그런 생각을 하니 도무지 참을 수 없어 다시 역무원을 다그치니, 그제야 내일 아침에나 올 것 같다고 말끝을 흐린다. 예상을 하고 있었으면서도 그들은 단 한 마디 안내방송도 하지 않았다. 그 역무원조차도 퇴근을 했는지 나중엔 아예 빈자리였다. 불편하고 춥기까지 한 역의 싸늘한 철제의자에 앉아 밤새 열차를 기다리라니, 답답함에 화가 치밀어 오른다. 그런데 다른 사람들은 모두 무덤덤해 보인다. 이거 정말 일상적으로 일어나는 일인가 보다.

기다리는 사이 주변의 다른 여행객들이랑 이야기를 나누게 되었다. 그들은 대개 올랜도와 마이애미로 여행 가는 미국인들이다. 대합실 한 구석에 단발머리의 어려보이는 동양인 여학생이 혼자 앉아 있는 게 눈에 띈다. 그 학생에게도 말을 걸어 보고 싶었지만, 어쩐지 "난 혼자 있고 싶다"는 완강함이 느껴져 가끔 바라만 보았다.

1시가 넘자 수다쟁이 호주 아줌마와 중년의 미국 여자들이 한참 떠들다 자기들끼리 일등객차 이용객 전용 라운지로 들어갔다. 춥고 불편해도 거의가 일반석 승객이라 그곳에는 관심도 두지 않고 있었다. 그런데 한참 후 한 여자가 나와 다른 한 여자 승객에게 소곤거리듯 얘기를 하더니 그 여자도 짐을 들고 슬그머니 안으로 들어간다. 또 다른 남자 승객 중 하나도 슬쩍 그 서비스 룸으로 들어가더니 그 옆의 다른 남자 승객도 끌고 들어간다. 아니, 오밤중에 도대체 이게 무슨 소곤소곤 릴레이래? 잠시 뒤엔 끝에 들어간 남자 승객이 나오더니 내 옆자리에 있던 청년을 데리고 들어갔다. 왠지 불쾌한 생각이 들어 계속 그쪽을 쏘아 보았다. 드디어 그 청년이 다시 나와 내게 재촉하듯 말을 건넨다.

"서비스 룸에 의자도 안락하고 따듯한 커피와 TV도 나와요. 덜 추우니 얼른 들어오세요."

먼저 들어간 사람들이 편안한 의자들을 차지하고 긴 소파에 눕거나 따듯한 차를 마시고 있다. 카펫이 깔린 바닥 덕분에 훨씬 포근하다. 그들이 편안한 의자를 모두 골라 앉고 일인용 의자 두 개만 남아 있다. 말하자면 나도 운 좋게 그 방에 들어올 수 있었다는 것인데, 화가 났다. 안내 방송도 없이 모두 고생하며 기다리고들 있는데 몇몇이 끼리끼리 찾아 들어가 앉아 있는 꼴이 얄밉다.

나를 데리고 온 청년이 의자 두 개를 겹쳐서 편히 앉으라고 권했다. 그런데 자꾸 마음에 걸리는 게 있어 불편하다. 대합실 구석에 앉아 있던 앳된 동양 학생의 안전 때문이다. 경찰도 왔다 갔다 하지만 거지들도 들락거리며 구걸하기 때문에 역은 결코 안전하지 않다.

대합실로 그녀를 찾아갔는데 보이질 않는다. 깜짝 놀란 나는 이리저리 재빠르게 고개를 돌려 그녀를 찾았다. 다행히 그녀가 화장실에서 커다란 배낭을 메고 나온다. 얼른 다가가 밖에 혼자 있는 건 위험하니 안으로 들어가자고 했다. 그 학생은 고맙다며 냉큼 따라 들어 왔다. 이제 그 작은 서비스 룸은 만원이다. 내가 그녀를 데리고 들어서자 소파에 누워 자던 백인 남자는 고개를 살래살래 흔들며 못마땅한 표정을 짓는다. 그 학생과는 인사도 나누지 않은 상태에서 의자를 조용히 빼주고 마주 보고 앉았다.

따듯했지만 그곳은 도무지 불편했다. 우리 다음으로 몇 사람이 더 들어왔는데, 의자가 없자 카펫 위에 그냥 드러눕는다. 나도 차라리 카펫에 눕는 게 좋겠다 싶어 밖으로 나와 무료 배포용 신문을 찾아 보았다. 그 많던 신문들이 하나도 없다. 대신 자판기에서 50센트짜리 신문을 한 부 사서 그걸 카펫 바닥에 깔고 그 위에 눕자고 학생에게 권했다. 그녀가 배낭에서 여행용 담요를 꺼내 깔았고, 우린 그 위에 나란히 누웠다. 훨씬 편했지만 마치 서로 따돌리듯이 이 서비스 룸에 들어 온 과정을 생각하니 자꾸만 화가 났다. 누워서 뒤척이며 시간을 보내는데 여학생은 벌써 곤하게 잠이 들었다.

아무도 차가 왜 늦게 오는지, 언제 도착할지조차 모르는 가운데 새벽은 다가오고 있었다. 몇 사람이 더 라운지 안을 기웃거리다 들어와 카펫에 길게 누웠다. 이제 라운지는 콩나물시루나 다름없다. 나도 그들 모두에게 말 못한 것이 미안해졌고, 그래서 마음이 조금 더 불쾌해졌다.

새벽에는 제법 추웠다. 다들 가방에서 옷을 꺼내 입고서는 뒤척이며 기침들을 했지만 여전히 항의하거나 불평하는 이는 없었다. 난 통 잠을 이루지 못했다. 한 시간 간격으로 기차 도착을 체크하기 위해 대합실을 기웃거렸다. 그러다 새벽 네 시 반에 나오니 트랙에서 걸어 나오는 승객들이 있었다. 쫓아가 어디서 오는지를 물으니 우리가 타야 할 기차다.

"아니, 열차가 들어왔으면 안내 방송을 해야 하는 것이 아닌가? 이렇게 무책임하다니." 화산이 터지듯 화가 치솟았지만 언제 기차가 떠날지 모르기에 어디 가서 화풀이를 할 시간조차 없었다. 재빨리 들어와 잠든 학생을 깨우고 다른 이들에게도 방금 열차가 도착했다고 알렸다.

모두들 가방을 챙겨 들고 부랴부랴 준비를 했다. 난 학생을 데리고 열차 탑승 게이트로 미리 와 서 있었다. 아직도 암트랙 직원 아무도 우리에게 안내를 하지 않고 있었다. 거기서도 30분을 기다리고서야 열차의 승무원이 탑승 체크를 했고 우린 비로소 기차에 올라탈 수 있었다. 새벽 5시 30분이다. 전날 저녁 10시 30분에 출발해야 할 기차가 무려 7시간이나 늦게 떠나는 것이다. 세 시간을 일찍 나왔으니 나는 총 10시간 정도를 기다린 셈이다.

나를 포함한 모두가 7시간 이상을 기다렸지만 기차에 탑승해서도 항의하며 소란을 피우는 이 하나 없다. 암트랙의 가장 큰 문제가 기차의 연착이라고는 익히 들어서 알고 있다. 하지만 무려 7시간이나 아무 안내 없이 사람을 기다리게 할 정도로 심한 수준인지는 처음 알았다. 더욱 충격적인 것은 이 일에 대해 적극적으로 항의하는 사람들이 아무도 없다는 것. 이것이 여유의 한 형태일까? 아무리 느리고 느긋하게 여행을 하리라 마음먹었지만 이런 여유까지 용납하기는 너무 힘들다.

아가씨 베키와 조지 할아버지

기차가 출발하자 차장이 내 시트에 'Jex 1'이란 글자를 쓴 종이를 꽂았다. 그 후 아무 기억이 없다. 정신없이 자느라 해가 중천에 뜬지도 몰랐다. 새벽까지의 악몽이 떠올랐지만, 이내고생했던 장면들 중 하나로 머릿속에 갈무리하고 말았다. 어쩌면 하염없이 기다려야 하는 고통까지도 경험으로 안겨 주는 게 이 암트랙이 아닐까 싶은 생각도 들었다. 그러자 마음이 편해지고 헛헛한 웃음마저 나왔다.

식당 칸에서 컵라면을 사먹고 돌아오니 내 옆자리에서 잠을 자던 여학생이 깨어 있다. 그제야 학생과 인사를 나누게 되었다. 너무 앳된 얼굴의 베키는 대만에서 캐나다로 유학 와 회계학을 전공한 대학생이다. 이제 곧 대만으로 귀국하는데 그 전에 미국여행을 하는 중이다. 베키도 마이애미가 행선지다. 가는 동안 함께 친구하며 지내자고 손을 내밀어 악수를 청하니 그녀가 활짝 웃는다.

선셋리미티드의 창밖 풍경은 생각보다 지루했다. 엠파이어빌더를 타고 보았던 미국 북부 지형, 캘리포니아제퍼를 타고 보았던 중부 지대의 대초원과 평원들이 선셋리미티드가 지나는 이 남쪽까지 여전히 이어지고 있다.

흑인 여성들이 진하게 뿌린 향수냄새와 사람들의 체취가 섞여 머릿속이 아찔아찔 어지러울 지경이다. 화장실과 라운지를 돌며 열차를 구경했는데 어느 곳 하나 깨끗한 데가 없다.

잭슨빌까지 가는 동안에도 기차가 선로에 한참 동안 멈춰서 있곤 했다. 멕시코 국경 근처에서 벌어진 폭발 사고 때문이란다. 테러에 대한 공포는 이렇게 곳곳에서 과민 반응을 낳았고 나도 이곳에 속해 있으니 어쩔 수 없이 걱정스럽긴 하다.

여러모로 참 힘들게 잭슨빌에 도착했다. 수요일 밤 11시 30분이었다. 이곳에서 뉴욕에서 내려오는 기차인 팔메토를 타고 마이애미로 가야 한다. 마이애미 행 기차는 목요일 새벽 1시 50분에 출발하는 것으로 되어 있지만 이제는 언제 열차가 도착할지 궁금해 하지 않기로 했다.

잭슨빌 역은 매우 작았다. 대합실에는 동에서 서로 가는 선셋리미티드를 기다리는 승객들과 마이애미 방면으로 가는 승객들이 삼삼오오 모여 앉아 있었다. 책을 읽거나 잡담을 나누며 지루한 시간을 때우느라 모두들 심드렁한 표정이다.

역시 89호 열차인 팔메토는 제 시간에 도착하지 않았다. 이제 내게도 기다리는 것이 자연스러운 일이 되어 가는 것 같다. 대합실 한쪽에 돌아가신 아버지를 생각나게 하는 분이 보인다. 작은 키의 아담한 몸매, 주름이 있어도 인자한 미소가 어린 작고 깨끗한 얼굴, 정감 있는 목소리로 나누는 조용한 말씨와 행동이 꼭 닮았다. 어둔 아이보리색 잠바와 작은 신발을 신고 계신 이미지 역시 비슷한 할아버지다.

아버지 생각에 한참 동안 그분을 바라보았다. 그분이 자동판매기 음료를 사려고 동전을 넣었는데 동전만 먹고 음료는 나오지 않았다. 그것을 바라보다 내가 잔돈을 가져가 다시 해보자고 하니 돈만 먹을 것 같다며 괜찮다고 손을 내젓는다.

조지 할아버지는 우리 아버지와 같은 나이인 78세인데 아주 정정해 보인다. 그분은 한국전쟁에도 참전했다고. 고맙다 인사를 하니 할아버지는 "그것은 내 의무"라며 짧게 대답한다. 중공군이 내려와 후퇴한 얘기, 자기 사촌은 한국전쟁에서 전사했다는 얘기도 나왔다. 나의 큰 아버님 두 분도 한국전쟁에서 돌아가셨다고 하니 모든 전쟁이 사라져 가족을 잃는 일이 없어야 된다며, 그때 한국에서 매우 추웠던 기억이 있다며, 잠시 밤하늘로 아득한 시선을 보냈다.

인천, 대구, 원주, 영등포를 기억하시는 할아버지. 그때 익힌 한국어 몇 마디도 자랑스럽게 하시더니, "어디 보자"며 나를 꼼꼼 뜯어보시고는 내가 그때 PX에 근무하던 아가씨를 닮았다고 하신다. 얘기 나누는 게 참 즐거운 조지 할아버지다.

기차가 늦어지자 잭슨빌 역무원은 안내 방송을 통해 기차는 어디를 통과했는데 이곳 도착 예정시간은 3시 20분쯤 될 것이라고 말해 주었다. 이곳의 역무원들은 틈틈이 기다리는 승객들에게 열차의 진행 상황을 알려주는 친절을 베푼다. 그래서 어제처럼 기다림이 어렵지 않고 한결 수월하다. 암트랙 중 선셋리미티드가 유독 연착이 심하다고 한다. 서너 시간은 보통이라는 것. 게다가 이번엔 인근 지역의 폭발 사고도 있었던 탓에 더 늦어졌던 것.

그들은 안내 방송 후에 따끈한 커피와 도넛을 준비하여 기다리는 승객들에게 대접했다. 입에 살살 녹는 맛이 정말이지 그만이었다. 베키와 나는 엄지손가락을 올리며 맛있게 먹었다. 조지는 내가 도넛을 맛있게 먹자 하나를 더 얻어다 주셨다. 딸을 위해서라면 무엇이든 다 하는 아버지처럼…. 할아버지는 나하고 반대 방향으로 선셋리미티드를 타고 서부에 있는 아들 집에 가는 길이다.

내가 타야 할 기차가 왔음을 알릴 때는 조지와 헤어지는 게 너무 섭섭했다. 아버지를 두고 가는 그런 마음이 들었다고 할까. 그로 인해 몇 시간 동안 기다린 시간이 짧게 느껴졌다.

조지와 포옹하며 작별 인사를 나누는데 눈물이 왈칵 흘러나온다. 그에게 돌아가신 아버지 생각이 나서 그런다 하니 착한 딸이라며 등을 토닥인다. 건강하게 여행 잘 마치라고 아버지처럼 다독일 땐 더욱 눈물이 났다. 베키도 내 마음을 아는지 눈물이 그렁그렁하다. 내가 기차에 오르는 걸 끝까지 쳐다보며 조지는 밖에서 손을 흔들었다. 아버지도 늘 집을 다녀가는 나를 배웅하며 내가 보이지 않을 때까지 손을 흔들어 주셨었지….

조지 할아버지, 꼭 건강하게 오래오래 사세요!

베키, 우리 함께 즐겨요

마이애미로 가는 동안 나와 베키는 여행계획을 바꾸었다. 난 마이애미에서 하루, 키웨스트에서 3박 4일 있을 계획이다. 베키는 키웨스트는 가지 않고 마이애미에만 2박 3일을 있을 예정이었는데 베키가 나를 따라서 키웨스트에 가기로 한 거다. 그러려면 베키는 이미 예약한 티켓을 조정해야 한다. 이렇게 되니 베키와 나는 마이애미에서 하루 쉬지 말고 아예 키웨스트로 바로 가자는 데 의기투합했다. 고생은 되겠지만 그 편이 시간 활용 면에서 좋을 것 같았다.

열차 안은 휴가를 즐기기 위해 동북부에서 남쪽 마이애미로 가는 사람들이 많았다. 기차 속도가 떠지는 걸 보고 마이애미에 거의 다 도착했구나 싶었는데, 어랏, 기차가 또 선로 위에 멈춰선다.

이미 기차는 연착을 하고 있는 상태였기에, 키웨스트로 바로 가기 위해 꼭 타야 할 그레이하운드를 놓칠까 봐 걱정스러웠다. 이러다가는 마이애미에서 어쩔 수 없이 하룻밤을 보내야 할지도 모른다. 차장의 얘기론 기차가 지나야 할 어느 역에 폭발성 물질이 있다는 신고가 들어와 그 문제가 해결된 뒤에나 기차가 출발할 것이라 한다.

우린 또 그렇게 무작정 기다려야 했다. 종착역을 한 시간도 남겨두지 않은 상태. 차 안에는 승객이 별로 없었다. 일반 승객들에게도 비즈니스 클래스에만 나눠주는 음료 서비스를 했다. 역시 선셋리미티드처럼 가혹하고 후진 서비스는 예외였던 거다. 다행히 문제가 해결되었는지 기차가 다시 출발한다. 분주히 오가는 경찰들 모습이 곳곳에서 보인다.

그렇게, 어렵고 어렵게도 열차의 종착역인 마이애미에 도착했다. 오후 12시 10분에 도착해야 할 기차가 5시 30분에 도착한 것. 그나마 오후 6시 15분에 키웨스트로 가는 마지막 그레이하운드를 겨우 탈 수 있도록 도착해 준 게 얼마나 다행인지….

*

암트랙의 선로는 마이애미에서 끝난다. 이곳에서 키웨스트로 가기 위해서는 그레이하운드 버스를 이용해야 한다. 암트랙 패스를 이용하여 키웨스트로 가는 그레이하운드 티켓을 왕복으로 끊었다. 베키도 일정에 변동이 생긴 티켓들을 반환하고 새로 끊었다. 그레이하운드는 정확하게 마이애미 암트랙 역에 도착했다. 짐을 싣고 버스에 올라탄 베키와 나는 이파이브를 했다. "그래도 성공! 우린 키웨스트로 간다구!"

우리나라에 고속버스가 처음 생겼을 때 그레이하운드는 가장 좋은 버스였다. 다른 버스와 달리 차 안에 화장실이 있는 버스였기 때문이다. 우리나라에서는 이제 구경할 수 없는 그런 추억의 버스를 타고 키웨스트로 간다. 마지막 버스를 놓치지 않아서 일까, 우린 즐거운 마음이었다.

버스가 캄캄한 바닷가를 달린다. 정말 정신없이 잤나 보다. 안내방송을 듣고 일어나니 어느새 키웨스트다. 밤 11시 40분, 그레이하운드는 연착 없이 거의 정확한 시간에 우릴 내려주었다.

늦은 밤이지만 거리엔 행인들과 자전거를 타고 다니는 사람들이 많다. 숙소도 쉽게 찾았다. 24시간 열어놓는 YH라서 체크인도 문제없었다. 그렇게 뉴올리언스를 떠난 지 사흘 만에 베키와 나는 드디어 침대에 누울 수 있었다.

TACO
BELL
OPEN 24 HOURS
Pilot

미국의 땅끝

키

10

웨 스 트

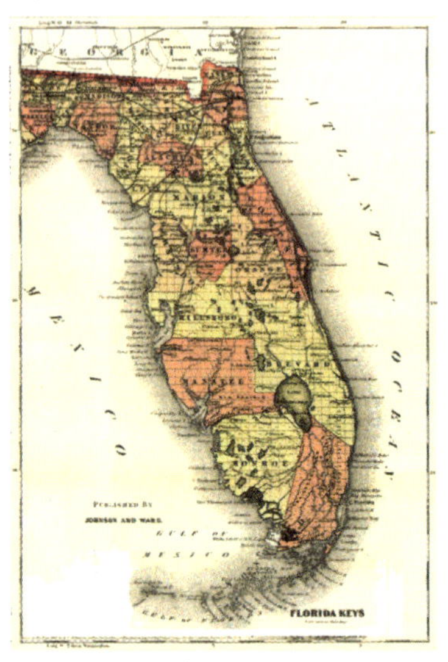

드디어, 오른쪽의 대서양과 왼쪽의 멕시코 만 사이로 버스가 접어든다. 길 양쪽으로 펼쳐진 넓디넓은 바다와 광활한 하늘, 그 믿기 힘든 푸르름 속으로 내가 탄 버스가 내달린다.

미국 남동부 플로리다 반도의 끝에는 섬들이 마치 징검다리처럼 늘어선 군도 플로리다 키즈Florida Keys가 있다. 이 플로리다 키즈에서 처음에 만나는 큰 섬이 키라르고이고 맨 끝에 있는 섬이 키웨스트이다. 키웨스트에서 쿠바까지는 90마일밖에 안 된다. 대서양, 멕시코 만, 쿠바, 미국이 이곳에서 경계를 이룬다.

길게 흩어진 이 섬들은 한 남자의 열정에 의해 하나로 연결되었다. 그가 이 섬들을 연결하는 철로를 만든 것. 그의 이름은 헨리 모리슨 플래글러Henry Morrison Flagler. 부동산과 철도 사업으로 잔뼈가 굵은 미국 실업계의 거물이다. 그가 1885년에 만들어진 플로리다 이스트 코스트 철도Florida East Coast Railway를 플로리다 키즈까지 연장하는 대장정의 공사에 착수한 때가 1905년. 혁신적 기술과 막대한 자본을 들여 공사하기를 7년, 다섯 번의 허리케인이 지나가는 등 숱한 역경을 치른 끝에 1912년 드디어 플로리다 키즈의 맨 끝 섬인 키웨스트까지 기찻길이 놓임으로써 헨리의 꿈은 이루어진다. 그러나 플로리다 반도의 끝에서 시작해 키웨스트에 이르도록 건설된 철도, 오버시즈 레일웨이Overseas Railway는 안타깝게도 1935년 대형 허리케인으로 철저히 파괴되었다. 그 후 1938년 다시 이 자리에 42개의 다리로 연결된 오버시즈 하이웨이Overseas Highway가 건설되었다. 바다 위를 달리는 듯한 멋진 풍경으로 이름난, 세상에서 가장 아름다운 하이웨이가 된 것.

어제 밤늦게 버스를 타고 오느라 그 멋진 풍경들을 보지 못했다. 아마도 돌아가는 길에는 볼 수 있을 것이다.

난 대륙의 끝이며 또 시작이기도 한 지점을 찾아 보는 것을 좋아한다. 웨일스의 여행가 쟌 모리스가 유럽의 트리에스테에 대한 향수를 가지고 있는 것처럼 경계에서 생겨나는 문화와 풍경의 색다름은 나를 매혹시킨다. 네 지점의 경계가 만나는 곳, 키웨스트도 바로 그런 이유에서 찾아오게 된 것이다. 또한 이곳은 유명한 작가 어니스트 헤밍웨이가 약 8년 동안 살았던 곳으로 그의 추억들이 머물러 있는 곳이기도 하다.

한초, 장동건, 헤밍웨이

뉴욕을 출발한 지 19일째, 그토록 와 보고 싶었던 키웨스트에서 아침을 맞았다. 이른 아침 잠결에 화장실을 찾는데 뒤에서 누군가 서투른 한국말로 "안녕하세요?"라고 인사를 한다. 잠이 덜 깨고 안경을 쓰지도 않은 터라 난 멍하니 그를 보았다. "어떻게 제가 한국 사람인줄 알았어요?"라고 일단 신기해서 물었더니 조금만 살펴보면 알 수 있다며 웃는다. 그의 이름은 케니인데, 한국인이 지어준 별명이 '헬레레 한초'라며 자신을 소개한다.

한초는 한국에서 미군으로 군무를 한 적이 있어서 한국 사람을 쉽게 구분한다. 그러고 보니 샌프란시스코에서 만난 미스터 박이 중국식당에서 잠시 얘기했던 바로 그 사람이다. 그런데 이렇게 만나다니! 그래서 내가 샌프란시스코에서 그에 대해 들었다고 하니, 한초도 미스터 박을 기억한다며 맞장구를 친다. 재미난 일이다.

다시 방으로 들어와 샤워를 하고 나오니 누가 나를 찾는다고 한다. "플로리다반도 맨 끝에서 누가 나를?" 밖으로 나가니 키가 훤칠하게 큰 멋

진 한국 청년이 웃으며 서 있다. '아니, 게다가 장동건이네?'

알고 보니 아침에 만난 한초가 그 잠깐 사이에 청년에게 내 얘기를 한 것이다. 권용진이라는 이름의 그 청년은 오랜만에 한국인을 만나 반갑다며 같이 아침을 먹고 싶다고 했다. 한국전력을 다니다 그만두고 지금은 디트로이트에서 일을 하는 그는 휴가를 맞아 이 먼 곳까지 차를 끌고 내려 왔다고 한다.

베키는 한참 꿈속을 헤매고 있기에 한초와 나, 그리고 용진 씨 셋이서 같이 길을 나섰다. 한초는 스쿠터를 타고 가고 난 용진씨의 멋진 스포츠

카를 타고 갔다. “이 낯선 곳에서 빨간 스포츠카도 다 타 보다니!” 내가 감탄사를 연발하자 청년도 다시 장동건 웃음을 머금고 즐거워한다.

우리가 간 곳은 쿠바인이 운영하는 식당. 음식 맛이 매우 좋다고 한초가 추천했다. 오믈렛, 작은 스테이크 한 조각, 야채샐러드 그리고 쿠바커피. 아주 맛있는데다 값도 매우 저렴했다. 한초는 이곳이 여러 여행잡지에도 추천된 식당이라 했다.

그 청년은 아쉽게도 아침식사 후에 디트로이트로 떠난다. 만나자마자 이별이다. 그가 가방을 꾸려 멋진 스포츠카를 타고 떠나는 걸 배웅했다. 반가운 마음 하나만으로 식사를 대접하는 게 쉬운 일은 아니었을 텐데, 그 마음이 고맙고 따뜻하다 .

방에 돌아오니 베키가 그새 일어나 나가고 없다. 키웨스트는 오늘 하루뿐이니 일찍 돌아 보고 싶었나 보다. 혼자 밥 먹고 온 게 미안해 맛있는 점심을 같이 하고 싶었는데….

날씨는 따뜻하고 화창하다. 여행 중 처음으로 반바지를 입고 길을 나섰다. 어디를 먼저 가볼까? 결정은 아주 쉬웠다. 훼밍웨이의 집으로! 소녀 시절 세계명작전집을 통해 그의 소설을 여러 편 읽었는데 그때마다 오래도록 여운이 남았던 기억이 생생하다. 『무기여 잘 있거라』, 『노인과 바다』, 『누구를 위하여 종은 울리나』, 어느 하나 소중하지 않은 작품이 없다. 특히 『노인과 바다』를 읽고 오래도록 울었던 기억이다.

고양이를 굉장히 좋아했다던 그의 집 곳곳에는 아직도 많은 고양이가 잠들어 있거나 어슬렁거리거나 털을 고르며 앉아 있다.

고집불통에 가부장적인 헤밍웨이는 술을 좋아하고 낚시를 굉장히 즐겼다. 아마도 키웨스트가 그 모든 것을 즐기기에 안성맞춤이었는지, 그는 이 집에서 8년을 살았다. 2만 달러를 들여 키웨스트 최초의 수영장을 만드는 등 최후의 일 센트까지 이곳에 투자했고 심지어 그 일 센트를 바닥에 눌러 놓았단다.

수영장은 아담하니 예뻤다. 수영장 주변의 벤치도 게으르게 잠자는 고양이들 차지다. 집을 돌아 보는 내내 닭 울음소리가 들린다. 힘찬 '꼬기오!' 소리가 들려오니 마치 한적하고 정겨운 시골 같은 느낌이다. 키웨스트의 골목에선 이 꼬끼오 소리가 참 흔하다.

헤밍웨이의 집에서 그가 큰 물고기를 들고 서 있는 멋진 엽서를 골라 수영장 벤치에 앉았다. 이 한가로운 배경 속에 파묻혀 빼곡하게 엽서를 채우자니, 문학적인 마음가짐과 사랑하는 마음만 가득한 소녀가 된 기분이다. 우체통에 엽서를 조심스레 넣었다. 톡, 하고 엽서가 떨어지는 소리가 기분 좋게 울린다.

키웨스트에선 '뚜벅뚜벅, 기웃기웃'이 제격

헤밍웨이 집을 나와 맞은편에 있는 라이트 하우스 박물관으로 갔다. 등대박물관. 29미터, 약 건물 10층의 높이의 박물관 입장료는 9달러로 생각보다 비싸다. 하지만 조금 높은 곳에서 키웨스트의 모습을 내려다보고 싶었기 때문에 주저 없이 지갑을 열었다.

등대 꼭대기에 오르니 바람이 시원하다. 이곳에 오르느라 가빠진 숨과 더워진 몸을 순식간에 식혀주는 바람이다. 탁 트인 바다는 역시 마음조차 시원하게 열어 젖힌다. 나즈막한 건물들로 이루어진 키웨스트 시가지는 자그마하다. 그나마 나무숲에 가려져 있어, 정원수 사이로 고개를 내미는 뽀얀 저택들이 옹기종기 정겹다. 화사한 햇살이 그 뽀얀 속살을 더욱 돋보이게 한다.

카메라로 이 시원한 풍경을 가득 담으려 렌즈로 이리저리 살피다 퍼뜩 놀랐다. 바로 어느 집 개인 수영장 안, 벌거벗고 일광욕을 즐기는 사람들의 모습! 헉 하고 순간 좀 놀랐지만 손은 자연스럽게 줌을 확 끌어당긴다. '어머 내가 왜 이래?' 그러면서도 찰칵 버튼을 눌렀다. 으하하하, 사람에게 관음증은 진정 본능이란 말인가.

맞은편 헤밍웨이 집에선 관광객들이 가이드의 안내를 받고 있고, 바로 앞의 거리에는 올드타운 트롤리와 자전거, 임대용 스쿠터들이 지나다닌다. 동네의 한적하고 아름다운 모습에 얼른 나도 이 골목 저 골목 쏘다니고 싶어진다.

이리저리 발길 닿는 대로 키웨스트의 거리를 거닐며 곳곳을 기웃거렸다. 돌아다니다 슈퍼에서 먹을거리를 사서 배낭에 넣었다. 그늘에 앉아 빵도 먹고 바나나도 먹고 아이스크림도 먹으며 쉬엄쉬엄 다니는 길이다. 운동화가 아니라 슬리퍼를 신었다면 한가로이 떠도는 동네 유랑자처럼 보였을 텐데….

쿠바와의 거리가 90마일이라 쓴 서던모스트 포인트 즉 '남쪽 땅끝' 앞은 기념사진을 찍으려는 관광객들의 줄이 길다. 아마도 키웨스트에 오는 관광객들은 모두 다녀가는 곳일 듯. 그 오른편으로는 미 해군 기지가 쿠바로부터 이곳을 지키고 있다. 유럽의 국경에서는 느낄 수 없었던 삼엄한 분위기. 아직도 사회주의 국가를 고수하고 있는 나라, 쿠바. 90마일의 바다를 건너면 쿠바인들의 삶이 있다. 멋진 체 게바라의 나라, 거리에 온통 부에나비스타 소셜 클럽의 음악이 흐를 것 같은 곳. 멀리 그곳으로 고개를 돌려 한참 그런 생각에 빠지자니, 왠지 가깝고도 아득한 느낌이다.

맬러리 광장으로 가는 길에 리틀 화이트하우스 박물관이 보인다. 한국전쟁 당시 맥아더 장군을 유엔군 최고사령관으로 보낸 장본인이며 미국의 가장 훌륭한 대통령으로 꼽히는 트루먼 대통령이 머물렀다고 해서 이곳을 리틀 화이트하우스라고 부른다고.

맬러리 광장에서는 해안경비대가 늘씬한 군함 위에서 공개 훈련하는 모습을 볼 수 있다. 높은 돛에 올라가는 훈련 등 마치 묘기대행진을 지켜보는 기분이다.

햇빛이 점점 더 강하게 내리 쬔다. 더위도 피할 겸, 온갖 종류의 조개껍질과 천연 스펀지를 파는 집으로 들어섰다. 과거 키웨스트를 부흥케 했던 것 중 하나가 이 천연 스펀지다. 당시 키웨스트의 경제가 얼마나 융성했으면 '키웨스트에서는 개도 달러를 물고 다닌다'는 말이 생길 정도였다고. 오늘날 그 영화는 사라졌지만, 대신 한가하고 빼어난 자연 풍경을 찾아 이곳으로 온 부자들이 멋진 스페인풍의 대저택들을 지었다. 덕분에 올드타운은 고풍스럽고 이국적인 모습으로 관광객들의 눈을 사로잡는다.

맬러리 광장 주변을 벗어나 쇼핑가를 걷는데 '제로 마일'이 표시된 도로 표지가 보였다. 아름다운 오버시즈 하이웨이의 시작이기도 하며 'US 넘버 원' 도로의 한쪽 끝 지점임을 알리

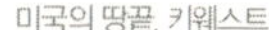

는 것. 제로 마일이라니. 시작과 끝이 동시에 오는 그 완벽한 지점에 길은 충만하게 들어서 있다. 꽉 찬 듯, 또 텅 빈 듯…. 그 재미있는 경계를 왔다 갔다 하며 내 발걸음의 수를 찬찬히 세어 보았다. 아슬아슬한 수의 움직임이 내 머리 위를 오갔다. 마치 지구를 한 바퀴 돌아 다시 이 지점으로 돌아와야 할 것 같았다.

돌아오는 길, 헤밍웨이의 집에서 들었던 닭 울음의 주인공들을 보았다. 푸드득 날아올라 지붕 위를 걷기도 하는 닭의 모습이 꼭 패션모델 같다. 상점 안에서 반짝이는 부츠며 숄을 만지작거리며 '확 하나 저질러버릴까' 하고 망설이는데 또 "꼬기오" 비명이 터져오른다. 그 소리가 "얼른 그냥 돌아가!"하고 다그치는 소리 같아, "하하, 그래, 알았어"라며 멋쩍게 뒤돌아선다.

키웨스트의 장기투숙자

YH로 돌아오니 마당에 아침을 같이 했던 미스터 한초가 앉아 있다. 한국 사람을 워낙 좋아하는 그가 나를 반갑게 맞는다. 사실 오늘 나오기 전 그가 낚시를 같이 하자고 제안했는데, 느긋하게 혼자 이곳을 둘러보려고 거절했었다. 그것이 미안해 나도 그에게 활짝 웃어 보이며 잠깐 그의 옆에 앉아 대화를 나눴다. 몸은 천근만근 무거웠지만.

미스터 한초, 그는 자신에게 왜 그런 이름이 붙여졌는지 무슨 뜻인지도 모른다. 다만 한국인들이 붙여준 그 이름을 좋아해 여태껏 잊지 않고 자랑스럽게 쓰고 있다. 도대체 무슨 사연으로 그렇게 한국인들을 좋아하는지 묻지 않을 수 없다. 차근차근, 조금은 슬픈 그의 이야기가 시작된다. 시커멓게 그을린 채 조용조용 얘기하는 그의 모습이 꼭 오늘 아침

부친 엽서의 헤밍웨이를 보는 것 같다.

그는 30여 년 전 한국의 동두천 미군부대에서 2년을 보냈다. 그가 살아온 긴 세월 중 단 두 해 뿐인 그 시간을 그는 절대 못 잊을 기억으로 간직하고 살고 있다. 그는 동두천 부근을 돌아다니다 외진 곳 낭떠러지에서 한 소녀가 굴러 떨어졌는지 다 죽어가고 있는 걸 발견했다. 혼자 구할 수 없어서 부대로 급히 달려가 친구를 데려와 소녀를 병원으로 옮겼다. 다리가 심하게 골절이 되었지만 다행히 생명에는 지장이 없었다. 그 소녀는 가정형편이 어려워 치료비조차 낼 수 없었고, 한초가 치료비를 대주었다.

소녀가 회복한 후 그녀의 가족이 한초를 찾아 왔다. 영어가 통하지 않았지만 그들은 진심으로 고맙다는 뜻을 전했고 이후 그들과는 친구가 되었다. 그들은 주로 바디 랭귀지로 말을 주고받았지만 고향을 떠나 타국으로 온 한초에게 한국인의 따뜻함과 정겨움을 마음으로 느끼게 해주었다. 나중에 그러한 마음을 한국말로 '정'이라고 부른다는 것도 알게 되었다. 그들과 보낸 시간은 너무나 즐거웠다.

제대 후에 그들이 보고 싶어 한국에 가려고 한 적도 있었다. 그러나 자신의 형편이 좋지 않아 갈 수가 없었다. 그는 그 소녀의 가족이 너무나 그리워서 끙끙 앓다가 응급실에 실려가기도 했다.

지금은 가볼 수 있는 형편이지만 이제 그곳엘 가도 찾을 수 없을 것 같단다. 미국에 돌아온 후 여러 차례 편지를 보냈는데 단 한번 대필로 보내온 편지에 동두천을 떠날 것이란 소식을 들었기 때문이다. 그 인연으로 인해 한초는 이곳을 찾아오는 한국 사람에게 특히 관심을 기울이게 되었다. 그때 그 가족을 통해 김치와 고추장을 비롯한 여러 가지 한국 음식을 맛보았는데, 지금도 그 맛이 너무나 그립다고 했다.

그는 이 YH에서 묵으며 하루 종일 좋아하는 낚시를 하며 지낸다. 무려 10년 동안 말이다. 이 YH에는 유난히 장기투숙자가 많다. 화가도 있고 작가도 있다. 그저 떠돌아다니다 쉬고 싶어서 오랫동안 머무는 사람도 물론 있다. 키웨스트의 자연 속에서 그저 자유롭게 살고 싶은 이들이 하나둘 모여든 곳이다.

이야기가 끝나갈 즈음 베키가 돌아왔다. 우린 마치 오랜 친구처럼 호들갑을 떨며 오늘 각자가 했던 여행에 대해 조잘조잘 수다를 떨었다. 한초가 우리의 저녁 가이드를 자처하여 함께 밖으로 나왔다.

저녁의 키웨스트는 낮보다도 더 활기찬 기운으로 넘실거린다. 거리를 가득 메운 관광객들이 레스토랑과 바, 기념품 가게들을 뻔질나게 들락거린다. 전 세계의 관광객들이 모이는 곳이라 비수기인데도 그 숫자가 여간 아니다. 성수기인 겨울시즌에는 발 디딜 틈이 없을 정도라고. 천천히 지나는 곳곳마다 한초는 곳곳의 내력이며 거기 얽힌 재미난 일화를 들려준다. 정말 제대로 된 가이드인 거다.

확 대 복 사 한 헤 밍 웨 이

술꾼이기도 한 헤밍웨이가 자주 다녔다는 슬로피 조스바에서는 라이브 연주가 흘러나왔고 얼큰하게 술에 취한 사람들이 흥에 겨워 춤을 추고 있다. 시끌벅적한 소음이 한껏 마음을 들뜨게 만든다. 아침에 이어 헤밍웨이의 발자취를 따라가고 싶다고 했더니 한초는 다른 곳에 있는 작은 바를 가리키며 헤밍웨이가 자주 다녔던 곳은 바로 그곳이라 한다. 관광객이 많이 찾아오기 때문에 다른 곳에 바를 확대 복사 하듯 크게 만들어 운영하는 것이라고.

무지개 깃발이 걸린 동성애자들의 호텔이 보였다. 이곳 키웨스트는 게이들이 많이 모이는 곳이기도 하다. 거리엔 멋진 할리 데이비슨 오토바이를 모는 사람들도 많다. 그 덩치 큰 오토바이를 몰고 귀가 따가울 정도로 시끄러운 엔진 소리를 내며 떼를 지어 다닌다. 이들의 겉모습은 20대지만 헬멧을 벗으면 대개 50, 60대들이다. 활기 넘치는 키웨스트의 또 다른 풍경이다.

한초가 음식 맛이 좋다는 레스토랑으로 안내했다. 음식 맛도 좋았지만 식당에서 더 이야기를 나누다 보니 한초의 사람됨됨이가 더욱 마음을 끈다. 뭐든지 우리를 배려하며 행동하는데, 그게 단순한 예의가 아닌 마음에서 우러난 친절임을 대번에 알 수 있다.

베키와 내가 맛있게 음식을 먹고 계산을 하려고 하니 이미 한초가 음식 값을 지불하고 난 뒤였다. 그가 한국 스타일로 자기가 돈을 미리 낸 것이다. 레스토랑은 금연이어서 담배를 피우겠다며 먼저 나갔는데 아마 그때 돈을 냈나 보다. 우린 고맙기도 했지만 별로 형편이 좋아 보이지 않는 그가 돈을 낸 게 마음에 걸렸다. 베키는 자기가 먹은 음식 값을 한초에게 조심스레 건네주었다. 그는 거절했고 베키는 계속 돈을 그에게 주려고 하고, 작은 실랑이가 벌어졌다. 내일도 시간이 있으니 다음에 내가 대접하면 되지 뭐, 난 그런 마음으로 맛있게 먹었다고 감사의 말만 건넸다.

식사 후에 한초는 자기가 자주 간다는 키웨스트의 시청사로 우리를 안내했다. 그는 그곳 테라스에 앉아 지나는 사람들을 바라보는 걸 즐긴다. 불이 환히 밝혀진 테라스의 의자에 앉으니 아닌 게 아니라 선선한 저녁 공기 속에 사람들이 오가는 거리의 느낌이 고스란히 물씬 전달되는 게 정말 좋았다.

YH로 돌아오는 길에 두 여자가 핑크색 비키니 수영팬티에 비치샌들만 신고 노출한 가슴 위로 바디 페인팅을 하고 걸어오는 것을 보았다. 베키와 내가 넋을 잃고 바라보니 한초는 이곳 바디 페인팅이 유명하다고 설명한다. 키웨스트의 시즌(12월~5월)에 열리는 페스티발이 있는데, 이때는 많은 관광객들이 남녀의 은밀한 부분만 가리고 온몸에 바디 페인팅을 하고 돌아다닌다. 그래서 키웨스트에는 바디 페인팅을 예술적으로 해주는 전문 아티스트들도 있다.

그녀들의 풍만한 가슴에 그린 페인팅은 정말 아름다웠다. 마치 화려하고 멋진 옷을 입은 것 같았다. 베키와 나의 부러운 시선이 그녀들을 계속 쫓아간다. 자신 있는 몸매를 가진 것도 그렇지만 그 대담함이 특히 부러웠다. 그녀들이 우리 시야를 벗어나자 우리는 한동안 정신없이 웃었다. 턱이 떨어질 듯 넋이 나가 남의 몸을 바라본 우리 모습을 비로소 깨달은 거다. 한초도 그런 우리의 모습을 보고 빙그레 웃는다.

한초의 도움으로 자정이 되도록 키웨스트의 밤거리를 마음껏 구경하며 즐길 수 있었다. 정말 즐거운 시간이었다.

YH로 돌아오자마자 베키는 한초 앞에 10불을 놓고 방으로 도망가 버렸다. 기어이 자기 밥값을 낸 거다. 한초는 아주 서운한 눈치다. 내가 베키의 마음을 설명해 주며 서운해 하지 말라고 다독였지만, 이해한다고 대답하는 그의 모습이 어딘가 잔뜩 쓸쓸해 보인다.

산호 해안에서 낚은 대어

어제 한초가 제안했던 낚시를 오늘 가기로 했다. 아쉽게도 베키와는 함께 하지 못한다. 오늘 마이애미로 먼저 출발하기 때문이다. 그녀가 하루 앞서 출발하는 것이라 그녀와 나는 마이애미의 YH에서 만날 수도 있다. 못 만나더라도 마이애미에서 출발하는 기차 스케줄이 같은 시간대여서 사흘 후면 어쨌든 다시 만난다. 그래서 홀가분하게 베키를 배웅한다. "먼저 가 있어, 베키. 얼른 또 만나자!"

그레이하운드 승차장까지 베키를 배웅하고 YH로 돌아오니 한초가 낚시 떠날 준비를 마치고 날 기다린다. 그의 낡은 스쿠터를 같이 타고 재커리 테일러로 향했다.

키웨스트에서 가장 아름답다는 재커리 테일러 비치. 산호가 부서져 생긴 모래가 햇살을 받아 눈부시게 빛난다. 화장실과 샤워실, 매점, 바비큐를 해 먹을 수 있는 시설들이 깨끗하게 관리되어 있는 곳이다.

이른 오전인데도 비치의 모래밭에는 사람들이 많다. 한초가 매일 가는 장소라는 곳으로 가니 바위가 많다. 아직 그곳으로 낚시 하러 온 사람은 없다. 한초는 낚시 도구들을 꺼내 펼친 뒤 낚싯대 근처의 평평한 바위에 자리를 만들고서는 '세상에서 가장 멋진 호텔'이라며 앉으라고 권한다.

그는 냉동시켜 놓았던 작은 생선들을 꺼내 두 개의 낚싯대에 미끼를 끼워 바다 멀리 던졌다. 또 긴 낚싯줄을 하나 풀어 미끼를 끼더니 바위 틈새에 넣고 나보고 와서 해 보란다. 내가 미끼를 던지자 바로 새빨간 게가 미끼를 물고 올라온다. 게는 내 두 손을 합친 것만큼 크다. 한초가 와서 게를 떼어내 다시 바다로 던지곤 또 해보라고 한다. 미끼를 던져 놓고 엎드리니 팔 하나 길이만큼 크고 예쁜 녹색 물고기가 보인다. 장어 종류라는 그 예쁜 녹색 물고기를 잡고 싶어 다른 물고기가 미끼를 물까 걱정이 될 정도였다. 그런데 계속해서 미련한 게만 미끼를 물고 끌려나온다. 게를 떼어낼 수 없는 나는 그때마다 한초를 부른다.

바위틈은 다양한 종류의 물고기들이 왔다 갔다 하는 수족관 같다. 한초가 첫 번째 물고기를 잡아 올렸다. 한 3~40 센티 정도의 붉은 빛깔을 내는 돔처럼 예쁘게 생겼다. 이게 무슨 물고기냐고 물으니 한초는 가방에서 물고기 종류를 사진으로 찍어놓은 책을 꺼내 설명한다. 방금 잡은 것은 도미 종류인 스내퍼였다. 그는 스내퍼를 바다로 다시 던져넣었다. 왜 다시 돌려보내느냐고 하니 앞으로 계속 잡을 수 있기 때문이란다. 그 후 스내퍼를 세 마리나 잡았지만 모두 다시 바다로 되돌려 주었다.

아주 가까운 바다에서 돌고래가 줄지어 튀어오르며 날 듯이 접영을 한다. 물새도 많이 날아다녔는데, 펠리칸 한 마리는 우리 바위로 놀러오기까지 했다. 바다 깊은 곳까지 잠수한다고 설명해 준 가마우지는 아예 우리 주변에서 편안하게 낮잠을 즐긴다. 한초는 하루 종일 이곳에서 낚시를 하는데, 펠리칸과 가마우지는 그의 변함없는 친구다. 때론 한초의 무릎 위로 올라오기도 한다고. 그는 작은 물고기를 잡아 올리면 미끼로 쓰기 위해 모아 두고, 자기를 찾아오는 새들에게 던져 주기도 한다. 그는 이렇게 하루 종일 잡은 물고기를 다 바다에 되돌려보내고 새들과 친구도 하며 해가 질 때까지 그곳에서 시간을 보낸다. 담배와 콜라 그리고 몇 조각의 빵과 함께.

낚싯대를 드리우고 말없이 먼 바다를 응시하는 그의 모습에는, 뭐랄까, 맑고 깊은 바다 같은 고독이 스며 있다. 그를 보고 대화를 나누면 내 마음에 맑은 바람이 휙 스쳐가며 깨끗해지는 기분이 든다.

*

드디어 내게도 낚시할 기회가 왔다. 한초가 바다로 던져놓은 낚싯대

두 개 중 하나를 내게 주며 한번 잡아 보라고 한 것. 그렇게 한참을 기다리니 갑자기 낚싯줄이 마구 풀어지기 시작한다. 걸린 것인가 싶어 한초에게 말하니 좀 큰 놈이 문 것 같다며 낚싯줄을 감아 보라고 한다. 하지만 내 힘으로는 어림도 없다. 한초가 와서 잡아 보더니 굉장히 큰 놈이라며 직접 낚싯대를 잡았다.

낚싯대가 꺾어지듯 휘기 시작했다. 우리의 이런 모습을 지켜보던 주변 사람들이 하나 둘 모여든다. 한 20여 분 간 물고기와 씨름을 한 후 마침내 정말 큰 물고기가 올라왔다. 낚싯대로 잡아 올릴 수가 없어 바위 밑으로 내려가 끌어올려야 할 정도였다. 그 사이 비치에 있던 사람들 모두가 우리 주변으로 모였고, 다들 감탄사를 연발했다.

한초의 구형 카메라로 기념사진을 찍었다. 한초가 물고기를 들고 서서 어린아이처럼 활짝 웃는다. 구경꾼들도 그런 모습의 한초를 사진기에 담았다. 한초는 내게 그 물고기를 기꺼이 선물로 주었다.

물고기는 나의 허리까지 오는 크기였고 무거워서 들기도 힘들었다. 이름이 펌파노 또는 퍼미트라고 했다. 그가 펌파노를 어떻게 하겠냐고 물었다. 회로 먹을 수 있는지 물으니 맛이 좋다고 해 갖고 가자고 했다. 무엇보다 YH에 돌아가 내 카메라로 찍어 자랑하고 싶었다. 내가 낚시를 즐겼고 게다가 허리까지 오는 대어를 낚았다고 하면 다들 허풍이라며 안 믿을지도 모르니까.

우린 이 펌파노 때문에 낚시를 더 할 수가 없었다. 펌파노를 스쿠터에 실어 내가 같이 탈 수 없었다. 한초는 내게 펌파노를 가져다 놓고 다시 오겠노라고 했다. 이 더운 날씨에 나를 데리러 오게 하기 미안해 걸어가겠다고 했지만 그는 기다리란 말을 남기고 떠났다.

부지런히 걸으면 이 더운 날씨에 한초에게 신세를 지지 않아도 될 것 같았는데 그만 길을 잘못 들어 먼 길로 돌아가게 되었다. 돌아와 보니 역시 한초는 없었다. YH 직원 얘기가 나를 데리러 갔다는 것. 더위에 걷느라 잔뜩 지쳤지만 미안한 마음에 자리에 앉지 못하고 비치 방향을 바라보며 한초가 오길 기다렸다. 한참 후 돌아온 그는 재커리 주변을 돌며 나를 찾았단다. 이런, 오히려 더 미안하게 되고 말았다.

나로 인해 고생한 한초에게 시원한 물을 주고 싶어서 여행 중 처음으로 물을 샀다. 그러나 이를 어쩌나! 그는 시원한 콜라를 마시고 싶다며 자기가 콜라를 빼 마시는 것 아닌가. 뭐, 그 덕에 얼음처럼 차가운 물을 나도 맛볼 수 있었다.

'참, 펌파노를 들고 사진을 찍어야지.' 락커에서 카메라를 꺼냈다. '재커리를 배경으로 했다면 더 멋졌을 텐데' 싶었지만 그래도 마음에 들었다. 내친 김에 펌파노가 상하지 않게 바로 손질해 냉장고에 넣기로 했다.

YH 직원과 함께 우리 셋이 펌파노 손질을 같이 했는데, 생선의 한 20분의 1만 우리가 먹도록 남긴 채 나머지는 YH 직원이 다 가져갔다. 그는 쿠바인으로 대가족이 함께 산다.

바닷물과 땀으로 젖은 옷을 벗고 생선 냄새를 없애기 위해 샤워를 했다. 아무리 씻어도 비릿한 냄새가 좀체 가시질 않는다. 몸이 나른해져 아예 시에스타까지 즐기고 나왔다. 오후가 되자 밖에 나갔던 장기 투숙자들이 YH로 돌아온다. 그들이 우리가 펌파노를 잡았다는 소식을 들었다며 궁금해 하기에, 돌아와서 찍은 사진을 자랑스럽게 보여 주었다.

그 중 덴버에서 왔다는 할리 데이비슨 사나이가 나에게 인상적인 말을 남겼다. 육십의 나이라면서도 숫사자의 갈기 같은 긴 갈색 머리를 휘날리던 그가 나를 유심히 보더니 이런다. "당신은 마치 엘비스 프레슬리처럼 말을 하는군요." 엘비스 프레슬리가 어떻게 말을 했는지는 모르겠으나, 그것참, 액면 그대로 멋진 말 아닌가.

석양이 내리는 맬러리 광장

오늘의 요리 담당은 나다. 한초의 낡은 스쿠터를 같이 타고 장을 봐왔다. 간장이며 올리브기름, 쌀 등. 우리 몫의 펌파노와 쌀로 생선죽을 한 솥 만들었다. 죽을 끓이고 남은 생선으로는 얇게 회를 썰어냈다. 한초는 어느 한국인이 주었다는 초고추장을 내왔다. 초고추장에 푹 찍어 한 점 입에 넣으니, 크하, 이거 완전 일품이다.

마당 탁자에 생선 죽, 생선회, 올리브 절임을 올려놓고 먹었다. 죽도 고소하니 맛이 그만이다. 넉넉하게 끓였기에 마당으로 들어오는 사람들에게 권했더니 다들 좋아하며 맛있게 먹는다. 한초는 보기에도 침이 꼴깍 넘어가도록 맛나게 먹었다. 그러면서 말한다.

"킴. 네가 한국에 돌아가 김치를 먹을 때, 꼭 기억해줘, 키웨스트에 있는 한초가 김치를 얼마나 먹고 싶어 하는지!"

식사를 마친 후 맬러리 광장으로 석양 구경을 나갔다. 가는 길에 한초가 마을 안에 있는 공동묘지를 구경시켜 주었다. 그곳은 묘지라기보다 아담한 공원 같고, 작은 집처럼 지어진 묘는 저마다 예술적으로 장식되어 있다. 한초는 가끔 이곳을 산책하며 묘비에 쓰인 글들을 읽으며 묵상에 잠긴다고 한다.

학창 시절, 현충일 때 단체로 국립묘지를 청소하러 갔을 때가 생각난다. 묘비의 구구절절한 사연들이 안타까워 같이 보던 친구들 모두 울었다. 정말 그곳에 쓰인 사연은 아주 간결하고 가슴을 울리는 시와 같았다. 고개를 돌리니 한초가 어느 묘비를 찬찬히 바라보며 생각에 잠겨 있다. 한 사람의 생을 담아낸 짧은 글을 읽으며, 한초 저 사람은 어쩌면 자기 묘비명은 어떤 문구가 될지를 생각하고 있는지도 모르겠다.

맬러리 광장에선 야간 벼룩시장이 한창이다. 거리의 행위예술가들은 먼저 퍼포먼스를 하는 이가 끝나기를 기다리고 있다. 한초는 석양을 바라보는 가장 좋은 포인트를 알고 있다며 나를 광장 왼편의 부둣가로 데려갔다. 바다 위에 떠 있는 돛단배들이 사위를 붉게 물들이며 지는 해를 따라 움직이고 있다. 가끔 돌고래 떼들이 나타나 물살 위로 오르락내리락 하며 돌고래 쇼를 펼친다. 이 모든 것이 일몰과 어울려 환상적인 장면을 연출한다.

해는 수평선 끝으로 사라지고 맬러리 광장 곳곳에는 여전히 쇼가 한창이다. '캣맨쇼'에서는 고양이가 불이 타오르는 링을 통과하고 사람과 어울려 재롱을 떠는 등 다양한 묘기들을 연기한다. 이 캣맨은 매우 유명하여 바바라 부시의 초대를 받아 백악관에도 다녀오고 TV에도 자주 출연

한다.

캣맨쇼가 진행되는 도중 링에다 불을 지필 때 쓰는 봉에 점화하는 데 내가 불려나갔다. 많은 사람이 지켜보는 가운데 난 캣맨의 지시에 따라 두 번 라이터를 켜서 봉에 불을 붙였다. 이때 캣맨이 특유의 제스처와 목소리로 익살스럽게 진행하며 주변의 흥미를 돋워 모두들 한바탕 웃었다. 한초가 등을 떠미는 바람에 억지로 하게 되었던 것이지만 무척 즐거운 경험이었다.

캣맨 옆에서 대기하고 있던 다른 사람이 공연을 시작한다. 이번에는 개와 함께 하는 쇼다. 그의 공연이 끝나길 또 다른 사람이 기다린다. 관광객은 그렇게 볼거리가 길게 늘어선 벼룩시장을 거닐며 축제 분위기를 함께 즐긴다.

한초는 술을 마시지 않는다

맬러리 광장에서 유명하다는 아이스크림 가게에서 초코와 바닐라 아이스크림을 사서 한초와 길가에 나란히 앉았다. 그 앞을 지나던 주정뱅이 한 명이 한초에게 담배를 달라고 한다. 그를 안다는 한초는 아무것도 주지 않았다. 그가 마약과 술독에 빠져 지내는 걸 알기 때문이다. 그래서 아무것도 주고 싶지 않다는 것. 자신은 술을 마시지 않는다고 말하는 한초에게 왜냐고 물으니 그가 자기 이야기를 꺼내놓는다.

어린 시절 그의 아버지는 늘 술에 취해 다른 사람들의 손에 끌려 집에 돌아오거나 집을 찾지 못해 동네를 헤맸다. 그로 인해 엄마와 가족은 너무 힘이 들었다. 그 모습이 싫어 자신은 아버지 같이 살고 싶지 않았지만 자신도 젊은 시절 방황하며 술을 많이 마셨다. 저녁에 나가 새벽 두세 시까지 마시고 돌아오는 날이 많았다. 아침에 정신을 차려 보면 주머니마다 술값 영수증이 수두룩했다. 열심히 돈을 모아 산 할리 데이비슨 오토바이를 술에 취해 몰다 사고가 나서 죽음 직전까지 가기도 했다.

어느 날 문득 그는 깨달았다. "내가 그렇게 싫어한 아버지처럼 내가 또 술을 먹고 있구나." 그 후론 술을 딱 끊었다. 많은 돈을 벌기도 했지만 술로 그 돈을 다 날렸다는 한초는 그 후 많은 곳을 여행하며 돌아다녔고, 지금은 이렇게 키웨스트에서 10년째 살고 있다. 이야기를 듣고 나는 모든 것을 극복하고 이렇게 자유롭게 인생을 즐기는 그가 멋지다고 추켜세웠다. 한초는 나의 위로 섞인 추임새에 대한 답례로 이렇게 제안했다.

"내일 아침 일출을 보여줄 테니까, 꼭 일찍 일어나라."

방에 돌아와 보니 성서 영화 속의 배우 같은 이스라엘 여자와 스페인계 미국인, 그리고 뉴올리언스에서 온 두 사람, 이렇게 네 여자가 저녁에 스페인 아가씨가 제의한 초대에 갈 준비를 하느라 분주하다. 이곳에서 사귄 남자애들이 그들의 숙소인 고급 호텔로 초대했는데, 친구 여럿을 데리고 오라는 것이었다. 초대에 응한 아가씨들은 열심히 화장을 하고 이 옷 저 옷을 걸쳐보며 서로 꾸며주느라 난리법석이다.

옷이 어떠냐고 나에게 물으며 30대 초반의 나이라는 이들이 나를 자기들 또래로 봤다는 것이다. 나이 들면 이게 좀 큰 문제다. "젊어 보인다"는 말 한 마디에 대번에 약해지는 거! 괜히 기분이 좋아져서 놀러가느라 법석을 떠는 그들을 한참 도와주었다. 잠도 못자고 말이다. 초대한 남자들이 보내준 차를 타고 그들이 떠난 뒤 난 바로 잠이 들었지만 새벽에 들어온 이 아가씨들 때문에 잠이 깨어 오래도록 뒤척여야 했다. 그 바람에, 아쉬워라, 한초가 보여주겠다던 멋진 일출을 놓치고 말았구나….

바이바이 한초, 헬로우 오버시즈 하이웨이

마이애미로 출발하느라 아침부터 부지런을 떤다. 한초가 공항까지 데려다 주겠다며 기다리고 있다. 그는 그레이하운드가 올 때까지 함께 기다려 주었다.

"꼭 키웨스트에 다시 와, 킴."

그렇게 인사하는 그의 시커멓게 그을린 얼굴에 짙게 그림자가 드리운다. 돌아가면 편지를 꼭 보내달라, 많이 보고 싶을 것 같다, 김치와 고추장을 먹을 때 자기를 기억해 달라…, 아쉬움이 커서 한초의 인사가 길게 이어진다.

그레이하운드가 도착했다. 우리 둘은 헤어지며 그 흔한 인사치레의 포옹이나 악수마저 하지 않았다. 왠지 할 수가 없었다. 버스에 오르니 나도 모르게 눈물이 난다. 무엇보다 고마웠고, 그가 보여준 맑은 심성과 바다같이 깊고 푸른 고독이 내 맘을 대책 없이 절절하게 내몰았다. 잠시 들여다본 한 사람의 삶의 모습에서 이렇게나 큰 울림을 받다니. 이래서 그와 함께 시간을 보낸 사람들이 한결같이 그를 '감동을 주는 사람'이라고 하는구나.

그레이하운드가 출발하였는데도 한초는 한참 동안 손을 흔들고 승강장에 서 있다. 떠나는 내 마음이 편치 않다.

버스가 미끄러지듯 키웨스트를 빠져나간다. 잠시 뒤면 작은 섬과 섬 사이를 무려 42개의 다리로 연결한 오버시즈 하이웨이에 접어든다. 그 중에도 가장 아름답다는 세븐마일즈 브리지 또한 지날 테고. 세계에서 가장 아름다운 하이웨이, 들어올 때는 깜깜밤중이라 볼 수 없었던 걸 비로소 돌아가는 도중에 구경하는 것이다. 일부러 그 모습을 제대로 만끽하려 맨 앞줄에 앉았다. 탁 트인 앞 유리창을 차지하고 싶어서다. 눈물을 닦고 아쉬운 마음을 가다듬으며 이어폰에서 흘러나오는 음악에 귀를 기울인다. 아름다운 장관을 받아들일 마음의 준비를 하며.

드디어, 오른쪽의 대서양과 왼쪽의 멕시코 만 사이로 버스가 접어든다. 길 양쪽으로 펼쳐진 넓디넓은 바다와 광활한 하늘, 그 믿기 힘든 푸르름 속으로 내가 탄 버스가 내달린다. 바다 밑 수초가 바로 내려다보인다. 마치 바다 위에서 보트를 타고 쌩쌩 달리는 기분이다. 풍덩 뛰어내리고 싶은 마음이 용솟음쳐 오른다.

한 남자의 열정과 불굴의 의지로 만들어졌던 오버시즈 레일웨이의 흔적이 남아 있는 곳도 보인다. 무너진 철교의 교각이 상처처럼 남아 있다. 자랑스럽게 기적을 울리며 이 바닷길을 달리던 기차의 모습 위로 헨리 모리슨 플래글러의 얼굴이 오버랩 된다. 플래글러의 도전과 열정은 기차여행을 준비하던 내게 그토록 큰 감동을 남겼던 거다.

마이애미에서 만난 사람들

영화에서나 TV 드라마에서 수없이 보았던 그 유명한 마이애미가 내게는 매력적인 곳은 아니다. 그저 암트랙 시간표 때문에 어쩔 수 없이 하루 머물게 된 곳일 뿐.

이런 생각 탓이었는지 YH가 자리한 해변으로 가는 길이 순탄치가 않았다. 이곳 대중교통은 잘 정비되어 있지 않아 버스를 타는 곳이 어딘지 눈에 띄질 않는다. 그레이하운드를 타고 내린 곳에는 사람도 별로 없어서 물어보기도 여의치 않다. 어쩌다 만나는 사람은 내 몸을 뻣뻣하게 만드는 무섭게 생긴 사람들. 나는 도저히 묻지 못하고 그냥 길을 걸었다.

길을 가는데 주유소가 보여 물어보니 방향을 간단히 알려줄 뿐 진짜 퉁명스러웠다. 또 한참을 걷다가 자신의 개와 함께 차를 타려는 한 여자에게도 물으니 모른다며 쌀쌀맞게 말을 끊었다.

근처에 모습이 전혀 다른 두 남자가 보였다. 검은 얼굴에 아프리카 민속의상을 입은 남자와 백인 남자다. 그들은 의외로 친절하게 길을 가르쳐 주었다. 바로 앞에 있는 횡단보도를 건너면 비치로 가는 버스를 탈 수 있다고 했다. 고마운 마음에 저절로 두 손을 모으고 고개 숙여 감사의 인사를 전하니 백인 남자도 따라서 두 손 모아 고개 숙여 답을 했다.

횡단보도 앞에서 신호를 기다리는데 한참을 기다려도 파란불이 켜지지 않았다. 신호를 무시하고 건너기엔 도로 폭도 넓고 차가 많이 다니기 때문에 그저 신호가 바뀌길 기다리고만 있었다. 그렇게 기다리는데 내게 길을 가르쳐준 이가 왔다. 길을 건너려면 신호등에 있는 버튼을 눌러야 파란불이 들어온단다. '이런, 하루 종일 기다릴 뻔했군.' 정말 버튼을 누르니 금세 파란불이 켜지고 차들이 멈춰 선다.

그는 자기도 함께 건너며 나를 해변 행 버스정류장 앞에까지 데려다

주었다. 그리고는 자기가 가르쳐준 방향이 정확하니 다른 사람에게 절대로 묻지 말라고 한다. 일주일 전에 못된 사람들이 한 일본여성에게 일부러 방향을 틀리게 가르쳐 주어 무척 고생을 했다는 것. 관광객을 골탕 먹이는 게 취미라니, 나원참!

그는 두 손을 모으고 고개를 숙여 인사를 하고 갔다. 그 인사가 꽤나 인상적이었나 보다. 잠시 내가 동방에서 온 나이 지긋한 승려가 된 기분이다. 나도 그 인사로 다시 답례하고 싶어 그가 뒤돌아 보길 바랐는데 그는 이번에는 그냥 가 버렸다.

버스를 타고 비치에 도착했다. 비치는 아까 길과는 다르게 도로 표시가 잘 되어 있어 내가 가고자 하는 YH의 방향을 이리저리 묻지 않고 찾아갈 수 있었다. 마이애미 유스호스텔에 도착해 베키를 찾아봤지만, 안 보인다. 같이 마이애미를 돌아 보고 싶었는데….

가방을 내려놓고 바로 비치로 갔다. 뉴올리언스처럼 마이애미도 혼자 밤에 돌아다니는 것은 위험하다고 해서 늦기 전에 돌아볼 참이다. 한초도 총이나 칼을 사용한 범죄가 자주 일어나니 밤에 혼자서 비치에 나가지 않는 게 좋다고 충고해 주었다.

비치엔 레스토랑과 바가 줄지어 서 있다. 이른 저녁이지만 밖으로 내놓은 테이블과 안쪽까지 사람들로 붐볐다. 거의 벗다시피 옷을 입은 여종업원들은 춤을 추며 호객을 했고, 게이들도 한들거리는 몸짓으로 사람들을 불러 들였다. 해 저무는 비치는 아름다웠지만 유흥으로 흥청대는 이곳 분위기에 왠지 적응이 되지 않아 후딱 숙소로 돌아왔다. 일찍 잠자리에 드는 나를 보고 룸메이트 둘이 의아해 한다. "아니, 킴, 왜 마이애미의 밤을 즐기지 않니?"

아침 일찍 일어나 비치로 나가 보았다. 이른 아침의 비치에는 사람이 거의 없다. 다들 파티를 즐기고 잠에 취해 있나? 비치 가장자리로는 팜 트리가 병풍처럼 서 있고, 비치 가운데는 TV에서 많이 본 망루가 여럿 서 있다. 해안경비대가 비치에서 일어나는 일을 살피는 곳이다. 사람이 많지 않을 뿐 TV에서 보았던 모습 그대로다.

간혹 탐사 기구를 이용해 모래 속에 있는 돈과 누군가 잃어버린 보석을 찾는 사람이 보인다. 비닐 봉투를 들고 다니며 쓰레기를 줍는 이들과 조깅하는 사람들도 아침 비치를 찾았다.

비치를 한 바퀴 돌고 돌아오려는데 망루의 계단에 앉아 있던 흑인 청년이 인사를 하며 아는 척을 한다. 그는 나와 같은 YH에 묵는데 나는 기억이 없지만 YH에서 두 번이나 마주쳤다는 것. 그는 여름방학 동안 공사장에서 돈을 벌기 위해 마이애미에 왔다. 휴가를 내서 흥청망청 즐기려오는 이들이 많은 이곳에, 돈을 벌기 위해 와서 땀 흘리는 학생도 있음을 알았다. 그는 보다 나은 장래를 위해 많은 준비를 하고 있다. 기특하고 현명한 젊은이다. 유흥의 도시 마이애미에서 이렇게 부지런한 청년과 아침시간을 보내다니, 참 색다르고 뿌듯하다.

YH로 돌아와 배낭을 꾸렸다. 이제 마지막 암트랙만 남았다. 나의 여행은 막바지로 치닫고 있다. 이것저것 필요 없는 물건들을 정리하니 배낭이 한결 가볍다.

한참을 기다렸다 탄 버스로 마이애미 암트랙 역에 도착하니 1시 반이다. 내 기차는 3시에 출발한다. 느긋하게 바깥의 벤치에 자리를 잡았다. 바람은 알맞은 습도를 머금고 시원하게 불고, 높고 푸른 하늘에는 손을 뻗으면 닿을 것 같은 구름들이 푸짐하게 떠다닌다. 잘 손질된 정원수들과 탐스럽게 꽃을 피운 나무가 눈부시게 빛나는 햇살 아래 어여쁘다. 기분이 상쾌하고 말끔해진다. 이대로 다시 여행을 계속하고 싶은 에너지가 솟구친다.

마음이 평온해지면서, 아예 벤치를 다 차지하고 누워버렸다. 누워서 보니 하늘의 표정이 더 좋다. 햇빛과 구름, 하늘 ,바람, 나무들이 나를 중심점으로 둘러싸고 있다. 나른하고 평화롭고 행복하다.

중년을 훌쩍 넘겨 보이는 한 백인 여성이 내가 누운 벤치 쪽으로 다가왔다. 벤치가 하나뿐이어서 얼른 일어나 앉고서 그녀에게 자리를 권했다.

그녀는 네덜란드 암스테르담에 사는데, 친구와 여행을 하다가 친구는 돌아가고 혼자 여행을 계속하는 중이다. 처음으로 용기를 내어 혼자 여행을 즐기는데, 더할 나위 없이 멋진 여행이 되고 있다고. 그녀가 뉴욕으로 가기 위한 기차를 예약하고 다시 비치로 가는 버스를 타기 전까지 우린 여행에 대해 많은 이야기를 나눴다. YH에서 다양한 남녀노소의 친구를 사귀는 재미며, 낯설던 게 금세 익숙함으로 변모하는 순간의 즐거움, 떠나오는 아쉬움 등등.

나이가 들어가는 우울과 외로움을 즐거움으로 바꾸는 방법, 그녀에게 그 방법은 바로 여행이다. 짧은 시간이었지만 중년의 나이에 혼자 다니는 여행자로서 그녀와 나는 많은 것을 공감했다. 때론 낯선 타인처럼 스스로를 돌아 보며 자신과 다시 만나야 한다는 걸 우리 둘 다 잘 알고 있는 거다. 비치로 가는 버스가 이내 도착하여 할 수 없이 재미있게 진행되던 얘기를 멈춰야 하는 게 아쉬울 따름이다.

마음이 편안하고 여유로우니 자꾸만 나른하게 잠이 몰려왔다. 결국 잠시 낮잠을 자고 일어났는데도 여전히 베키의 모습은 보이지 않는다. 혹시나 싶어 대합실로 가니 거기 나를 기다리는 베키가 있다. 우린 또 호들갑스럽게 만나 암트랙 마크를 배경에 두고 함께 기념사진을 찍었다.

드디어 기다리던 기차를 탑승하라는 방송이 울린다.
암트랙 일정의 마지막 기차다. 야후!!!

SLEEPING CAR

Amtrak

드디어 뉴욕행

11

팔메토에 오르다

내게 암트랙은 멈추지 않는 기차다.
여름 내내 나의 암트랙은
비아레일을 향해 달릴 것이다.

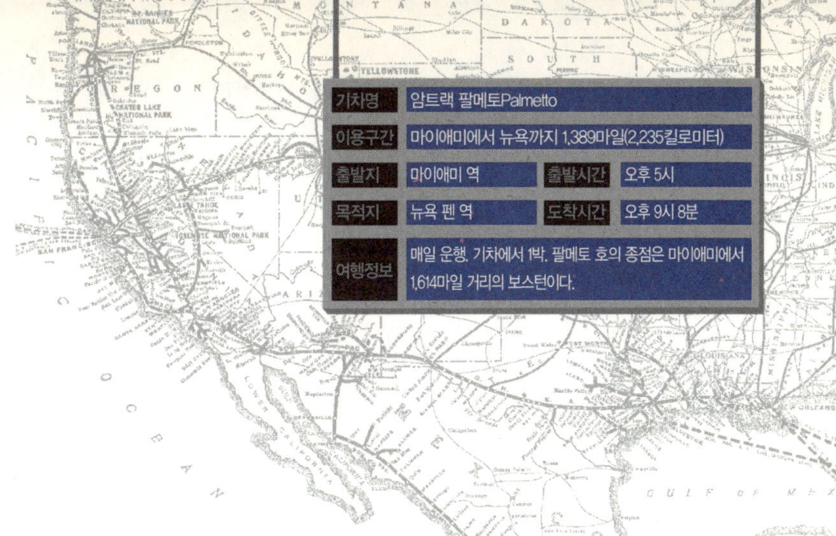

기차명	암트랙 팔메토Palmetto		
이용구간	마이애미에서 뉴욕까지 1,389마일(2,235킬로미터)		
출발지	마이애미 역	출발시간	오후 5시
목적지	뉴욕 펜 역	도착시간	오후 9시 8분
여행정보	매일 운행. 기차에서 1박. 팔메토 호의 종점은 마이애미에서 1,614마일 거리의 보스턴이다.		

베키와 함께 마지막 암트랙을

뉴욕 펜 역에서 첫 암트랙을 타고 출발한 지 24일 만에 마지막 암트랙을 탄다. 이 뉴욕행 팔메토는 미국의 동남쪽 끝 마이애미에서 동북쪽의 보스턴까지 종단하는 노선이다. 이 열차에서 약 30시간을 머물면 다시 뉴욕 땅을 밟게 되고, 그로써 나의 1차 북미 여행은 끝이 난다. (2차는 물론 캐나다 비아레일 여행!)

계획표대로라면 이름도 예쁜 실버스타를 타야하는데 웬일인지 다른 열차가 서 있다. 실버스타가 어떤 색깔인지, 얼마나 반짝거리는지 보고 싶었는데….

베키와 나는 같은 칸 같은 좌석을 배정 받아 차에 올랐다. 이 열차에서 하룻밤을 자고 내일 저녁 베키가 나보다 먼저 필라델피아에서 내린다. 거기서 두 시간 반 정도를 더 가면 나의 종착역 뉴욕! 베키는 필라델피아에서 하루, 보스턴에서 하루를 보낸 뒤 비행기를 이용해 밴쿠버로 돌아가니까 좀 더 여행을 해야 하지만, 나는 뉴욕에만 도착하면 이번 암트랙 여행을 마치게 된다.

베키와 나는 마지막 암트랙을 타고 깊은 감회에 젖어 지난 여행에 대해 왁자하게 수다 보따리를 풀었다. 선셋리미티드가 연착되어 지루하게 기다리던 이야기, 키웨스트에서 같이 보낸 하루 등 그녀와 많은 시간을 함께하진 못했지만 참 재미있는 일들이 많았다. 여행이 끝나는 것이 한편으론 홀가분하면서도 동시에 서운한 우리는 '언젠가 다시 해보고 싶은 여행'이라는 데 뜻을 같이 했다.

나는 한국에서 여름을 보낸 뒤 가을 무렵 캐나다 비아레일을 탈 것이지만, 그녀는 이번에 캐나다로 돌아가면 그 일주일 뒤 대만으로 떠난다. 대만의 여자 회계사 베키, 그녀는 그렇게 열심히 살 것이다. 여행 중 절약하고 또 절약하는 모습을 보여준 베키. 그녀의 아버지는 대만에서 유명한 레스토랑 체인 사업을 하지만, 베키는 낭비를 모른다. 그녀가 얼마나 야무지게 자기 인생을 꾸려나갈지 짐작되고도 남는다.

그런데, 이토록 똑똑하고 예절 바르고 반듯한 아가씨 베키에게, 우리의 마지막 암트랙 팔메토 호는 실로 엄청난 충격을 안겨준다. 물론 나에게도….

밤 열차에서 이게 무슨 짓?

마이애미에서는 25명 정도만 열차를 탔는데 기차가 북상함에 따라 승객들이 차츰 많아진다. 도시가 밀집되어 있는 노선이기 때문이다.

우리 옆자리엔 흑인 모녀가 앉았다. 아이의 이름은 에스더로 초등학교 1, 2학년 정도의 예쁜 소녀다. 엄마의 나이는 서른다섯 정도로 보였는데 얼굴에 가로로 두 손마디의 정도의 흉터가 나 있어 인상이 험해 보였다. 눈인사로 시작하여 잠깐 대화를 나누게 되었다. 모든 가족이 필라델피아에 있지만 오직 남자 친구 때문에 딸을 데리고 마이애미에 사는 그녀는, 여름 동안 필라델피아에 있는 가족과 지내고 돌아올 계획이다.

베키와 나는 책을 읽다 잠이 들었다가 시끄러운 웃음소리에 놀라 깼다. 젊은 흑인 남자와 에스더 엄마가 시끄럽게 떠들며 이야기를 하고 있다. 20대의 남자는 힙합 패션으로 한껏 모양을 냈다.

그녀는 주변을 의식하지 않고 그 남자와 웃으며 큰소리로 얘기를 했다. 가만 보니 음료수 컵에 샘플용 양주를 부어 마시고 있다. 그녀는 그렇게 술을 계속 마셨는지 이미 완전히 취한 상태다. 에스더는 엄마에게 그만 마시라고 하며 남자에게 당신의 자리로 가라고 했다. 우리에게는 미안하다는 표정을 지으면서…. 에스더는 시간이 갈수록 주정이 심해지는 엄마 때문에 마음을 졸이며 계속해서 그만하고 자라고 채근한다.

그런데도 에스더 엄마는 발을 구르고 벽을 발로 차며 더욱 시끄럽게 웃고 떠든다. 바로 옆자리의 우리는 에스더의 가엾은 표정 때문에 아무 말도 못하고. 에스더가 우리에게 다가와 "저 남자 이제 곧 갈 거예요"라며 미안하고 창피한 표정을 짓는다. 그런 에스더에게 무슨 말을 하겠는가. "우린 괜찮아." 불쌍한 에스더, 착한 에스더.

시끄러운 소리가 점점 심해졌으나 아무도 뭐라고 하는 사람이 없다. 승무원조차 못 본 척 그냥 지나친다. 정말 놀라운 일이다. 덕분에 우리는 계속 그 소리를 듣고 가야 했다. 아마도 모두들 총기가 난무하는 나라 미국에서 자기 신변을 보호하느라 가만히 있는 것 같다.

대체 이런 분위기를 어떻게 이해해야 할지 몰라 베키와 나는 서로 기막혀 하며 고개만 설레설레 저을 뿐이다. 우리의 의사소통은 그 몸짓 하나로 다 표현되었다. 말해 무엇 하리.

점입가경이라더니, 취한 에스더의 엄마는 그 남자와 온몸을 더듬으며 진한 애정표시를 하기 시작하더니, 어느 순간 아예 바지 지퍼를 내리기까지 하였다. 바로 옆자리의 베키는 여행용 담요를 뒤집어쓰고 누워버렸다. 서로에게만 몰입된 그 두 남녀는 뒤엉키며 몸을 만지고 있었다. 그들이 내는 소음은 구역질이 날 정도였다. 그 둘 뒷자리에 앉은 에스더는 선글라스를 꺼내 썼다. 그리고 가방에서 스티로폼으로 만든 두상을 꺼냈다. 그 두상에 단발머리 인조가발을 씌워 놓고 계속 머리를 쓰다듬으며 연신 무슨 주문 같은 말을 중얼거리는 에스더. 그 행동이 너무 익숙해보여 더욱 놀랍다. 엄마에게 소리를 지르거나 울지도 않고 스스로 견디는, 그저 체념하는 자신만의 방법을 벌써 터득하고 있다니? 그동안 에스더가 얼마나 기막힌 일들을 얼마나 많이 겪었단 말인가? 아, 생각하고 싶지도 않다. 엄마의 어처구니없는 짓 앞에서 그저 저렇게 외면할 수밖에 없는 어린아이의 처지란 우리가 상상할 수 있는 가장 큰 비극 아닌가….

여자는 이제 성적인 표현들을 거침없이 내뱉으며 그 남자와 관계를 가지고 있다. 출입구 바로 앞이라 그 자리만은 무대조명 같은 불빛이 훤히 비추고 있는데도…. 두 사람의 음탕한 소리는 귀를 막아도 들렸다. 참다 못해 앞차의 카페로 피신했다. 그런데 그곳 승무원은 매정한 목소리로 영업이 끝났으니 자리로 돌아가란다. 내가 왜 그곳으로 간 줄 뻔히 알면서도 그러는 거다. 정말 최악의 상황에, 최악의 승무원이다.

다시 내 자리로 돌아오는데, 자동문이 열리는 순간, 에스더가 선글라스를 벗고 잠시 나를 바라본다. 그 슬프고 원망스러운 눈망울이 내 가슴에 맺혀버렸다. 내가 제지하기를 애타게 기다렸는지, 내가 뛰쳐나가던 모습에 상처를 받았는지 모르겠지만, 난 그 아이를 어찌 위로할지 알 수가 없다. 그래서 더욱 마음이 쓰라리다.

에스더 엄마는 그곳에서의 관계가 시원치 않았는지 남자를 끌고 화장실로 갔다. 그리고 한참 뒤에 돌아왔고 돌아와서도 여전히 요란을 떨다가 또 둘이 화장실로 가 버렸다. 새벽 두 시가 넘도록 그들은 그렇게 시끄러웠다. 누구 하나 말리는 이 없이 묵묵히 그들의 분탕질을 지켜보는 객실의 공기는 무너져내린 막장 안의 공기 같았다. 숨 쉬기도 곤란한 갱도의 끝 같은….

끔찍한 광경 속에서 겨우 잠이 들었다가 에스더 엄마가 우는 소리에 잠이 깼다. 아직 새벽이다. 그 어린 남자가 이제 내려야 할 시간이라면서 우는 여자를 안고 등을 쓰다듬고 있다. 만난 지 두어 시간 만에 만리장성을 쌓더니 깊은 정까지 들었나? 기가 막히는 장면 어지간히도 연출하신다. 이처럼 불쾌하기 이를 데 없는 경험을 마지막 기차에서 하다니, 정말 으아악 소리라도 지르고 싶은 심정이다.

결국 덜어내지 못한 짐

베키와 나는 아침 늦게까지 잠을 잤다. "에스더가 너무 가여워요." 베키가 일어나 내게 건넨 첫마디다. 에스더는 우리를 보고 아무렇지 않은 척 웃어 주었지만, 큰 눈 가득 슬픔이 묻어 있다. 그녀의 엄마는 오전 내내 잠이 들어 있다.

툭하면 서 있곤 하던 기차는 아무런 안내도 없이 이미 두 시간씩이나 늦어지고 있다. 사실 우리도 그 정도쯤은 이제 익숙하다.

에스더 엄마가 깨어나 움직이자 어느 흑인 할머니가 다가와 그녀에게 약간의 충고를 했다. "너는 착한 딸을 두었으니, 부디 아이의 마음을 아프게 하지 말아라." 그러나 그녀는 술을 좀 즐긴 것일 뿐이라며, 밤새 자신이 일으킨 소동에 대해 눈곱만큼도 미안해하는 기색이 아니다. 정말 불쾌하기 짝이 없다.

기차가 워싱턴을 지날 즈음, 마음 한 구석이 답답해져왔다. 사실 이번 여행에서 계획한 것이 있었다. 키웨스트에서 뉴욕으로 돌아올 때 워싱턴에 들러보리라는 것. 그곳에 한번은 꼭 만나야 할 사람이 있어서다. 그 사람에게 내가 저지른 실수를 나는 잊지 못한다. 그 실수를 변명하고 이해를 구하고, 사과와 감사의 마음을 꼭 전하고 싶었다. 가끔씩 그때 일이 떠오를 때마다 마음 한구석이 돌덩이를 얹은 듯 무거웠다.

난 허심탄회하게 지난 이야기를 나누고 싶은데, 그래서 부끄러웠던 한 순간의 기억들을 후련히 털어내고 싶은데, 쉽게 용기가 나지 않았다. 이전에도 세 차례나 워싱턴을 방문했었으나 내 뜻을 이루지 못했고 이번에도 역시 용기를 내지 못했다. 내가 그분을 찾아 가도 그분이 날 보길 원치 않을 것 같았다. 암트랙 표를 구하는 사정도 여의치 않았다. 하지만 그런 건 허울 좋은 핑계일 뿐이다. 외면하고 멀리 떠나버리는 이런 한 순간의 자기 위안은 결국 마음을 더 답답하고 무겁게 한다는 걸 잘 안다. 자유롭고 즐거운 삶을 위해 마음을 비우려 떠나왔으나 결국 마음의 큰 짐 하나는 또 버리지 못하고 다시 짊어지고 간다.

필라델피아에 거의 다 왔을 무렵 비가 내리기 시작했다. 이미 열차는 예정된 시간보다 세 시간이나 늦었다. 베키는 짐을 꾸리고 비옷과 우산을 꺼내 입는다. 우린 메일을 주고받으며 언젠가 다시 만나자고 다짐했다. 꼭 한국에 와요! 꼭 타이완에 와요! 나는 그녀에게 조심, 또 조심 할 것을 몇 번이나 당부했다. 아무리 야무진 베키라도 이번 열차 안에서의 일을 겪고 나니 걱정이 된다. 마지막으로 그녀와 진하게 포옹했다. 그녀가 돌아가는 날까지 즐거운 날들을 보내기를 진심으로 바랐다.

에스더와 그녀의 엄마도 내렸다. 그제야 악몽에서 깨어난 듯, 어수선하던 마음이 녹아내렸다. 승객들이 오르내리느라 한바탕 시끄러워진 열차 안이 다시 잠잠해진다. 다른 이들도 왠지 긴 한숨을 내쉰다. 에스더가 부디 아무 일 없이 잘 자라길 기도했다. 그러려면 먼저 에스더의 엄마가 먼저 정신을 차려야 할 텐데…. 그녀를 위해서도 진심으로 기도했다.

암트랙, 멈추지 않는 기차

미국을 여러 차례 방문했었지만 이번 기차 여행을 통해 미국이 얼마나 넓은 땅덩어리인지 새삼 실감한다. 밤낮으로 기차가 달리는데도 횡단하는 데 나흘이나 걸리는 넓이이며, 동서로 남북으로 장대하게 뻗은 산맥들투성이다. 한반도가 풍덩 자맥질하고도 남는다는 면적의 호수들, 한반도 길이보다 여섯 배나 더 길게 뻗어 있다는 강줄기를 품고 있을 만큼 미국은 어마어마하게 방대한 땅덩어리다. 넓게 펼쳐진 초지와 사막, 엄청난 지하자원이 매장된 스케일 큰 이 나라. 그러나 이들도 문화가 좀 다를 뿐, 사는 모습은 어디나 다 같다는 점도 깨달은 여행길이었다.

이제 강 하나만 건너면 뉴욕이다. 프랭크 시내트라의 노래 '뉴욕, 뉴욕'이 귓전에 들리는 듯하다. 나는 그 경쾌한 음처럼 활기 넘치는 뉴욕을 좋아한다. 다양한 문화와 다양한 인종들이 조금씩 융화되어 사는 사람들의 모습과 향기를 느낄 수 있어 좋다. 구석구석 색다른 재미가 넘쳐나는 곳, 어느 곳을 헤집고 돌아 다녀도 유쾌한 도시, 바로 뉴욕이다. 돈이 있으면 더욱 좋고 없어도 문제없는 곳, 음악과 영화, 미술과 소설 속의 인물들이 어디에선가 툭 튀어 나올 것 같은 이 도시에 난 곧 내리게 된다.

예정시간을 훌쩍 넘긴 밤 12시, 드디어 뉴욕에 도착했다. 암트랙 첫 기차를 타고 떠났던 뉴욕 맨하탄의 펜 역에 25일 만에 다시 발을 딛는다.

이로써 암트랙 타고 종횡으로 미국 대륙을 넘나들었던 내 여행의 한 부분을 마무리한다. 그 동안의 여행이 파노라마처럼 스쳐간다. 언제 다시 볼 수 있을까 싶었던 곳들이 하나둘 떠오른다. 그 모든 것이 다 그립다. 하지만 언젠가 반드시 또 떠나 보리라는 결심에, 또 사랑하는 두 딸이 있는 뉴욕으로 무사히 다시 돌아온 게 기뻐, 내딛는 걸음마다 힘찬 기운이 샘솟는다.

다음 기차여행도 벌써 맘속에서 요동치고 있다. 한국으로 돌아가 무더운 여름을 보내는 동안, 캐나다의 비아레일을 타고 다시 그쪽 대륙을 횡단하기 위한 준비를 할 것이다. 내게 암트랙은 멈추지 않는 기차다. 여름 내내 나의 암트랙은 비아레일을 향해 달릴 것이다.

DE CE
COTE
LA PERLE

12

끝으로 가는 길

몬트리올 시내에서 제대로 혼쭐나면서 맛봤던 '매서운 훈훈함', 그런 느낌이 비아레일 차창 밖의 대륙풍경에서도 전해진다. 길게 이어질 기차에서의 시간, 책장을 넘기며 동쪽 끝으로 달린다. 거기서 다시 서쪽 끝까지 제대로 대륙을 가로질러 달릴 것이다.

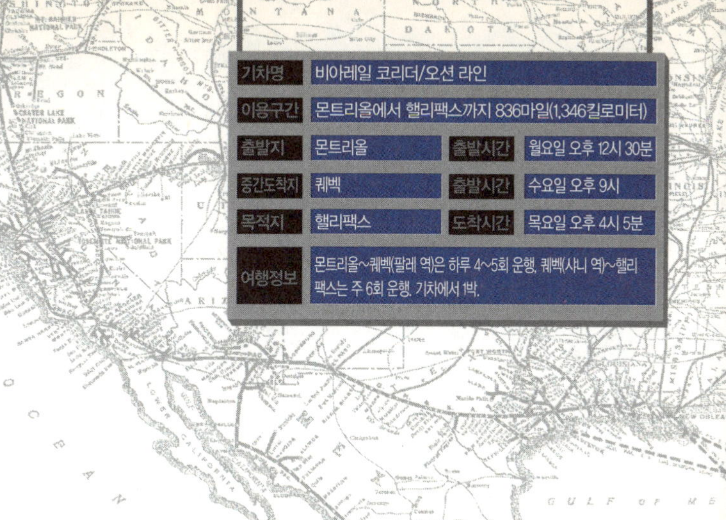

몬트리올, 매섭고도 훈훈한

퀘벡 주에 속한 도시 몬트리올Montreal은 '북미의 파리'라 불린다. 프랑스어를 쓰는 도시 중에서 파리에 이어 두 번째로 큰 도시, 그래서 불어로 '몽레알'이라 부르는 이들이 많은 곳이다. 캐나다에서 토론토 다음으로 큰 도시, 이런 수식어가 따라다니는 도시다. 우리에겐 양정모 선수가 레슬링 금메달을 딴 1976년 하계올림픽의 도시로 기억되기도 한다.

몬트리올은 남쪽으로 세인트로렌스강, 북쪽으론 프레리강, 서쪽으론 생루이 호수가 있어서 물위에 떠 있는 섬이나 다름없다. 몬트리올시 전체가 74개의 섬으로 이루어져 있고 도심 중앙부는 몽레알섬이다. 프랑스인들이 이곳을 거점으로 모피교역을 하면서 도시를 형성한 지 400년이 넘었다. 이어서 영국도 진출했다. 오늘날 상주인구 70%가 프랑스어를 사용하는 데서 알 수 있듯 프랑스 문화가 지배적인 곳이다. 불어가 어려운 나 같은 여행자는 이곳의 간판이나 지명들을 읽을 때 발음이 호락호락하지 않아 꽤나 낯선, 아니 '혀선' 곳이다.

서울에서 출발하여 밴쿠버를 거쳐 몬트리올의 YH에 도착하니 토요일의 늦은 밤이다. 토요일, 젊은 여행객들이 호스텔의 작은 침대에 머물기엔 너무 아까운 밤! 체크인한 방은 6명이 쓰는 방인데, 먼저 들어온 5명은 외출 중이다. 오랜 비행시간에 지친 나는 짐을 풀고 이내 곯아떨어졌다.

밤새 놀고 새벽에 들어온 젊은이들이 한잠에 빠진 일요일의 이른 아침, 난 누가 기다리기라도 하는 듯 정성껏 준비하고 밖으로 나왔다. 마치 초저녁 같은 이른 아침, 공기가 차고 맵다. 얼굴을 할퀴고 내빼는 칼바람에 볼살이 얼얼하다. 금방이라도 비를 뿌릴 듯 무겁게 내려앉은 하늘. '도로 가서 우산을 들고 나올까?' 을씨년스런 날씨에 손마저 시릴 지경이니, 마음마저 대번에 우울하고 쓸쓸해진다. "안 되겠다!" YH로 돌아와 옷을 더 입고 우산까지 챙겨들고 다시 나선다.

기다렸다는 듯 금세 세찬 비가 내렸고, 궂은 비는 바람결 따라 우산 옆구리로 파고든다. 걸음을 재촉해 다름광장Place d'Armes을 지나니 노트르담 대성당이다. 너무 추워 뒤도 돌아보지 않고 뛰어들어간 성당 안은 미사 중인 신도들과 관광객들로 가득하다. 아, 사람이 너무 좋다. 사람 많은 곳이 이렇게 따뜻한 줄 미처 몰랐다.

관광객 틈에 서서 시린 몸을 녹이자니, 홀연 미사가 끝나고 사람들이 웅성웅성 일어선다. 그때다. 갑자기 쏟아지는 폭우처럼, 바흐의 '토카타 앤 푸가'를 연상시키는 멜로디의 파이프오르간 연주가 시작된다. 나처럼 미사가 끝나기를 기다렸던 무리들이 성당 안을 둘러보려고 앞으로 나가다 일제히 돌아서 파이프오르간 쪽을 응시한다. 오르간 연주자는 중년의 남자다.

그는 미사 중 나른한 성가곡을 연주하느라 쌓인 지루함을 털어내기라도 하듯이 취한 듯 격렬하게 폭발적인 연주 솜씨를 뽐냈다. 격정의 연주가 끝나자 모두 그를 올려다보며 박수를 보냈다. 답례라도 하듯 이번에는 부드러운 곡을 들려준다. 오르간에 시선이 쏠려 있는 모두의 얼굴에 미소가 번진다. 대성당의 오르간 연주로 녹인 몸 위로 훈훈하게 피어나던 미소, 몬트리올과의 첫 만남은 날씨와 무관하게 따뜻하고 훈훈한 기억으로 남겠다.

대성당을 나와 몇몇 갤러리와 시청, 봉스쿠르Bonsecours 시장을 지나는데, 세인트로렌스 강가의 어느 성당 앞에서 할아버지 한 분이 열심히 교회의 요모조모를 사진에 담는 모습이 눈길을 끈다. 교회 뒤쪽 출입문으로 들어가니 관리자인 듯한 청년이 구석에 곱게 앉아 책장을 넘기고 있다. 사진 찍던 할아버지도, 금발의 저 고운 청년도, 아담한 크리스탈 샹들리에도, 이 교회를 편안한 곳으로 만들고 있다.

아까 보았던 노트르담 대성당은 권위적이고 화려하여, 그야말로 대성당스러운 공간이었다. 그런 곳에서는 스페인의 어느 대성당에서 본 휘황찬란한 사제복이 어김없이 떠오른다. 뒤이어 그 찬란함 뒤에서 고달팠을 평신도들의 역경도 떠오르고…. 그에 비해 강가의 이 교회는 아담하면서도 그윽하고 우아하다. 기품 있는 안주인의 정성스런 손길이 물씬 느껴지는 그 공간에서, 나는

감사의 마음을 표하며, 혹은 신께 한 걸음 다가가는 마음으로, 자박자박 본당 중앙의 긴 통로를 걸었다.

교회의 이름은 노트르담 봉스쿠르. 퀘벡의 뱃사람들을 위해 지어진 교회라는데, 그래서인지 천장에 작은 모형 배들이 일정한 간격으로 여럿 매달려 있다. '뱃사람들의 교회'라는 별명도 그래서 생겨났으리라. '대서양을 가로질러 천연모피를 가득 싣고 유럽으로 가는 배에 몸을 실어야 했던 그 뱃사람들만큼 신의 보살핌을 필요로 했던 사람들이 또 있었을까.' 그런 생각에 살짝 가슴이 뭉클해진다.

바르셀로나에는 가우디의 성가족 대성당이 있다. 그 뾰족탑으로 오르는 나선형 계단은 아주 좁고 가파르다. 숨이 가쁘게 오르며 스릴을 즐기는 계단이다. 이곳 봉스쿠르 교회의 전망탑으로 오르는 계단도 회회 휘말아 오르는 나선계단이다. 하지만 이 계단은 성가족 대성당에 비해 포근하고 낭만적이다. 크림색 계단을 한참 오르노라면 그 색에 온몸이 물드는 느낌이다. 그래서일까. 꼭대기의 전망대에서 보는 세인트로렌스 강과 다리들, 항구와 구시가지, 시계탑과 갖가지 조형물들이

그저 아름다울 뿐 아니라 정겹게 느껴진다. 가슴 또 뭉클해진다.

전망대의 나무 바닥은 사람을 초대한다. 털썩 주저앉아 달콤한 낮잠이라도 즐기다 가라고. 날씨만 안 궂었어도 대뜸 그 초대에 응했을 텐데…. 교회의 정면에는 커다란 마리아상이 두 팔을 벌려 강을 바라보고, 그 양쪽으로 사람 키보다 조금 큰 날개 달린 천사들이 있었다. 전망대에 오르니 그 천사들을 바로 옆에서 볼 수 있다. 아래를 내려다보니 내가 길에서 뒷걸음질 치다 턱에 걸려 넘어졌던 곳이 보인다. 엉덩이가 제법 아팠고, 지나던 이들의 눈길에 창피하기도 했는데…. 이 천사들은 여기서 그런 나를 보고 킬킬거렸겠구나 하는 생각이 만화처럼 그려져서, 나도 킬킬거리며 웃었다. '넘어지지 않게 좀 보살펴주지, 흥! 뱃사람들만 도와주고 말야….'

나선계단을 끝까지 내려가면 지하예배실이다. 아무도 없는 지하예배실을 조금도 두렵지 않고 편안하게 만드는 게 뭘까 했더니, 오호, 이 성당 조명이 예술이다. 어느 곳이나 완벽한 품격이 빛나게 해둔 조명 덕분에 편안하면서도 생기 넘치는 공간이 되었다. 어느 조명장인의 빼어난 솜씨는 아담한 봉스쿠르 교회가 선사하는 또 하나의 보너스다.

작은 인형들로 교회의 사계절과 신앙생활의 면면들을 전시한 방도 꼭 둘러볼 만하다. 가령 암스테르담 국립미술관의 '인형의 방'을 즐겼던 이들이라면 이곳 인형의 방에서의 조용한 시간도 만끽할 수 있을 터.

봉스쿠르 교회를 나와 구시가를 한 바퀴 도는 동안에도 비바람이 요란하다. 캐나다 광장을 마지막으로 서둘러 YH로 돌아왔다. 북위 45도, 한반도보다 훌쩍 북쪽이어서 그런지 바람끝이 예사롭지 않다. 그래도 매서움 속에서 훈훈함을 느꼈기에 더욱 뿌듯한 몬트리올의 하루였지만, 첫날부터 무리는 금물!

사랑스런 몬트리올 역

월요일 아침의 몬트리올 기차역. 마리렌뒤몽드 대성당 옆의 퀸엘리자베스 호텔 옆문으로 들어가 에스컬레이터를 타고 내려가면 화려한 지하세계가 펼쳐진다. 몬트리올의 길고 혹독한 겨울을 견뎌내는 방법 중의 하나가 이런 거미줄 같은 지하공간 네트워크다. 도시 내 지하보도의 길이가 총 30킬로미터를 넘을 정도라고.

군침이 도는 갖가지의 맛난 빵들이 진열된 가게를 지나니 카페테리아, 서점, 꽃집, 편의점, 레스토랑 등이 줄줄이 이어진다. 그곳에 기차역이 있다. 몬트리올 역은 내가 다녀본 다른 여러 나라의 기차역들보다 승객용 편의시설이 빼어났다. 특히 고급 카페처럼 멋지게 꾸민 쉼터가 인상적이었다.

오늘부터 캔레일 패스를 사용한다. 내가 예약한 퀘벡 행 기차는 12시 30분에 출발하지만 나는 두 시간 전에 역에 도착해 정보를 얻기로 했다. 비아레일 데스크는 암트랙보다 더 친절한 느낌이다. 영어와 불어 중 어떤 말로 설명을 원하는지 물었다. 물론 난 영어!

출발 전 비아레일 사이트에서 기차 스케줄을 잡아뒀기 때문에 티케팅은 일사천리다. 여권과 한국에서 구입한 캔레일 패스 바우처를 보여주고 티켓을 받았다. 미국 암트랙 기차여행 때와 마찬가지로 이번 캐나다 비아레일 여행의 기차표 전부를 한꺼번에 발급받았다.

티케팅을 마친 뒤 기차표를 받고 나서 맛있는 빵이 듬뿍 쌓여 있던 가게로 되돌아갔다. 난 자칭 빵순이. 눈과 코가 마구 즐거운 빵가게는 그래서 내게 늘 참새 방앗간이다. 하나하나 야금야금 몽땅 먹어 보고 싶었지만, 그냥 건강식으로 만든 빵 한 덩이만을 골랐다. 다른 빵들은 어쩔 수 없이 눈에만 담고 향기로만 기억했다. 당근, 샐러리, 브로콜리가 오밀

조밀 채워진 야채박스도 함께 사서 아까 봐둔 그 멋진 쉼터로 가 아침 겸 점심을 먹었다. 점심이 맛나니까 몬트리올 역까지 너무 사랑스럽다.

퀘벡으로 달리는 기차에서

기차는 정시에 출발했다. 비아레일을 처음 탄 것이다. 반짝반짝 빛나는 기차는 "저 지금 막 출고된 신제품이거든요"라며 말을 거는 것 같았다. 내부는 2인석과 1인석으로 나뉘어 있는데 티켓을 보니 좌석이 지정되어 있다. 차량넘버 5 , 좌석번호 8s. s for single, 그러니까 s는 1인석을 가리킨다.

기차표에는 음식을 판다고 써 있었는데, 스낵코너나 식당차가 따로 있는 건 아니고 한국 기차의 홍익회처럼 승무원이 카트를 밀고 다니며 손님을 맞는다. 기차표 검사를 하던 열차의 승무원이 조금 있다 카트를 밀고 나타나는 식이다.

열차의 구조나 좌석이 하루 이상씩 타야 하는 장거리열차로서는 그리 마땅해 보이지 않았다. 단거리 전문 육상선수가 장거리 뛰겠다고 나온 듯한 모습이랄까. 완주가 가능할지, 걱정된다. 암트랙 미국 일주를 마치고 나니 이젠 장거리 기차여행에 적합한 객실의 실내구조까지 그려지고 제법 품평도 하게 되었다.

일본 청년 한 명이 눈에 띈다. 화장실 가는 길에 마주쳐서 웃음을 지어주었는데 그는 웃지 않았다. 아고, 무안하게시리….

창밖으로는 '밀밭과 옥수수밭이 끝없이 이어지는구나' 싶은 순간 홀연 단풍색 머금은 잡목숲이 나타나곤 한다. 봄의 기운으로 파릇파릇하던 계절에 암트랙에 올라 미국 대륙을 누볐던 내가 여름 한철을 서울에서 보내고 가을의 기운 물씬 느껴지는 계절에 비아레일에 몸을 싣고 캐나다 대륙 속으로 달리고 있는 것이다.

단지 봄과 가을의 차이일까. 미국과 캐나다의 느낌은 벌써 창밖의 대륙 풍경에서도 이미 다르다. 미국 대륙의 느낌이 봄과 여름 사이라면, 캐나다는 틀림없이 같은 대륙을 이루고 있으면서도 여름과 가을 사이에 있다. 몬트리올 시내에서 제대로 혼쭐나면서 맛봤던 '매서운 훈훈함', 그런 느낌이 비아레일 차창 밖의 대륙풍경에서도 전해진다. 길게 이어질 기차에서의 시간, 책장을 넘기며 동쪽 끝으로 달린다. 거기서 다시 서쪽 끝까지 제대로 대륙을 가로질러 달릴 것이다.

퀘벡의 팔레 역에 도착하니 어김없이 비가 내린다. 역을 빠져나온 배낭족들은 순례자들처럼 길게 줄을 지어 일렬로 걷는다. YH를 향해서다. 그 줄에는 기차 안의 무뚝뚝한 일본 청년도 있다. 덩치보다 큰 배낭을 등에 메고 가슴팍에도 작은 걸 메었다. 웬 짐이 그리 많은지, 괜히 내가 혀를 다 차게 된다.

YH는 언덕 위에 있다. 줄을 지어 오르던 순서대로 YH의 데스크에서도 줄을 선다. 시즌에는 퀘벡에서 숙소 잡기 참 어렵다. 지금은 시즌이 지나서 예약 없이도 YH에 머무는 데 별 문제없다. 오프-시즌이어서 좋은 점을 고르라면, 숙소 예약에 신경을 쓰지 않아도 된다는 게 으뜸이다.

퀘벡의 YH 방은 넓고 한쪽 벽면이 온통 창문이다. 여름에야 좋겠지만, 이미 밤이면 으스스한 계절인지라 잘 때 춥지 않을까 걱정부터 앞선다. 열 시가 되도록 이 넓은 방에 나 혼자였는데 그 늦은 시간에 "봉주르"하며 한 아가씨가 들어왔다. 이곳 퀘벡은 몬트리올보다 더 불어를 많이 쓰는 곳이다. 물론 영어를 사용하는 이들에게는 영어로 말을 해 주지만 자기들끼리는 주로 불어를 사용한다. 그래서 대부분 인사말도 불어로 나눈다. 그녀는 독일 친구였는데, 불어는 몇 마디 인사말 정도만 아는데도

불어권 여행지라 첫 인사를 그렇게 하고 있다고. '음, 여행지에 대한 매너가 좋은 아가씨군.'

퀘벡, '강이 좁아지는 곳'

화창한 화요일 아침이다. 캐나다에 도착한 후 처음으로 화사한 햇빛을 구경한다. 햇빛으로 추위의 기세도 좀 누그러진 듯하다. 쾌적하고 맑은 아침공기를 헤치며 일찍 퀘벡 시내로 나섰다.

퀘벡의 올드타운은 크지 않다. 어제 도착 직후 잠깐 나왔을 때도 나무판자 길을 따라 항구까지 길을 걸어 보았는데, 환할 때 보니 하루만에 다 둘러볼 것 같은 아담한 규모다. 다시 판자 길을 따라 테라스 뒤프랭까지 발길을 옮기며 샤토 프롱트낙을 요모조모 뜯어보았다.

200여 년 전 지어진 샤토 프롱트낙은 세인트로렌스 강을 굽어보는 절벽에 웅장하게 서 있는 성채와 같은 건물이다. 200년 전 프랑스 총독이던 프롱트낙이 지은 건물인데, 2차대전 때는 미국의 루스벨트와 영국의 처칠이 이곳에서 만나 노르망디 상륙작전을 결정하였다. 그 입지로 보나 그런 역사적 사연으로 보나 퀘벡의 상징으로 손꼽힐 만하다. 지금은 호텔로 사용되는데 싱글베드가 하룻밤 30~40만 원이다.

세인트로렌스 강과 건너편 마을, 항구에 정박한 배들, 그리고 화창한 날씨 속에 더욱 도드라져 보이는 하늘의 구름들, 이 모두가 어우러져 아름다운 정경을 내 앞에 펼쳐놓고 있다. 퀘벡을 떠올리면 샤토 프롱트낙 자체보다 이곳 마당에서 내려다본 이 풍광부터 떠오를 것 같다. 이 가을 아침 공기와 이 햇살, 이 도시가 빚어낸 절묘한 조합.

샤토 프롱트낙에서 나온 한 쌍의 일본인 관광객이 "기념사진 한 장 찍어 주겠냐"며 내게 카메라를 내민다. '이들은 간밤에 저 멋진 호텔에서

얼마나 멋진 시간을 보냈을까?' 사진을 찍어 주며 내심 부러웠지만, 지금 생각하면 나도 그들의 멋진 퀘벡 여행에 동참한 기분이다. 어딘가에 고이 놓인 그 기념사진 속에서 활짝 웃고 있을 두 사람을 떠올려보니, 금세 기분이 푸근해진다.

퀘벡은 원주민 인디언 앨곤퀸의 말로 '강이 좁아지는 곳'이라는 뜻. 이름 그대로 세인트로렌스 강의 강폭이 아연 좁아지는 곳에 자리 잡고 있다. 1985년 유네스코로부터 '주옥의 도시'라는 찬사를 들은 성벽도시로서 세계문화유산도시의 하나이다.

퀘벡 시내 둘러보기 코스는 크게 세 블록으로 나뉘는데, (1) 업타운, 즉 샤토 프롱트낙이 있는 절벽 위의 구시가지, (2) 로우타운, 즉 업타운 아래로 강을 따라 펼쳐지는 로얄 광장 주변지구, (3) 구시가지 성문 바깥으로 펼쳐지는 현대적인 번화가 어퍼타운 등이다.

업타운에서 세인트로렌스 강변의 로우타운으로 내려가려면 벼랑을 따라 만들어진 깎아지른 계단을 이용하면 된다. 일명 '목 부러지는 계단'이다. 워낙 경사가 심해서 붙여진 이름. 우리말에도 숨이 깔딱깔딱 넘어가는 고개라고 해서 '깔딱고개'란 말이 있고, 스페인의 산티아고 가는 길에도 '노새가 나자빠지는 고개'가 있듯이, 힘든 길 이름에는 늘 이런 위안 섞인 넉살이 깃들어 있어 잠시라도 아찔한 기분을 잊게 한다. 물론 아예 돌아서 내려갈 수도 있고 푸니쿨라funiculaire라는 짤막한 급경사 등반열차를 타고 오르내릴 수도 있다. 값도 싸서 나는 푸니쿨라로 내려갔다.

푸니쿨라에서 내리니 그야말로 아기자기한 프티 샹플랭petit Champlain 거리가 펼쳐진다. 갤러리, 카페, 레스토랑, 기념품가게 등이 줄지어 늘어선 길인데, 특히 가게의 예쁜 간판들이 눈을 즐겁게 한다. 이쁜 길에는 역시 사람들도 많다. 이 길은 퀘벡의 올드타운 중에서 사람이 제일 많이 모

CONTACT
Musique
VÉLOTEK
VENTE • RÉPARATION • FABRICATION
LA LAVANDIÈRE
LAVOIR
boutique
Louis Jolliet
souvenirs
LAZULI

이는 곳이다.

로얄광장 주변의 한 건물에는 '퀘벡사람들의 벽화'라는 대형벽화가 5층에 이르는 한쪽 벽면을 가득 채우고 있다. 이 벽화에는 실물 크기의 사람이 그려져 있는데, 멀리서 보면 가만히 서 있는 행인처럼 보일 정도다.

퀘 벡 의 성 냥 팔 이 소 녀

세인트로렌스 강변을 산책하다 잠시 쉬느라 벤치에 앉으니 하염없이 생각에 잠긴다. 여행을 늘 혼자 하는 편이지만 이번 여행은 계절마저 가을인지라 부쩍 외로움을 많이 탄다. 작은 여인이 감당하기엔 이 낯선 대륙의 가을이 버거운 걸까? 갈매기와 까마귀가 번갈아 우는 바람에 내 상념도 푸드득 날아갔다.

이곳에서는 열흘 뒤면 할로윈 데이다. 'Treat or trick?' 호박을 파내 등을 만들어 들고 꼬마애들이 동네를 돌며 집집마다 문을 두드리는 날. 그래서 올드타운 상점 곳곳에는 할로윈 장식을 해놓았다. 호박과 빗자루와 마녀인형과 검은 고양이 그림을 매달거나 붙였다. 호박 등을 밝히는 것은 망령의 길을 밝혀 주는 뜻이라지만, 거리 곳곳을 장식한 도깨비 모습의 주황빛 호박 등불을 따라 터벅터벅 거니는 내 맘은 망령보다 더 쓸쓸하다. 벤치에 앉아 쉬다가 같이 앉게 된 이와 잡담을 나누기도 하고, 예쁜 창가가 비어 있는 카페에서 차도 마시고, 맛난 케이크 가게 앞을 군침 도는 얼굴로 얼쩡거려 보기도 하고, 좀 추운 듯하면 성당으로 들어가 몸을 녹이며 스테인드글라스 구경에 넋을 놓기도 하지만, 맘은 좀처럼 녹질 않는다.

올드타운을 둘러싸고 있는 성벽과 성문 쪽으로 발길을 돌리는데, 듀빌광장에 이르니 광장에 아이스링크를 만들어 놓았다. 할머니 할아버지들이 유연하고 멋진 몸짓으로 얼음판 위를 미끄러지고 있다. 어린 시절 기억이 떠오른다. 아버지께서 크리스마스 선물로 스케이트를 선물해 주셨는데, 난 날이 밝기를 기다리며 밤새도록 스케이트를 신고 이불 위에서 걷는 연습을 했다. 엉망이 된 이불에게는 미안한 노릇이지만, 덕분에 나는 한강의 스케이트장에서 빼어난 솜씨를 한껏 자랑하던 꼬마 여자애가 되었다. 그런데 어느 때인가부터 스케이트가 내게서 멀어졌다. 아마도 한강이 좀처럼 얼지 않기 시작하면서부터였을 게다.

그러고 보니 캐나다는 국기가 아이스하키다. 나이가 들어서도 어린 시절의 스포츠를 즐기는 노인들의 모습이 참 보기 좋았다. 옛 생각까지 떠올리며 그 모습을 한참 지켜보았더니 쓸쓸하던 맘이 살짝 제자리로 돌아왔다. 그래도 과유불급! '옛 생각에 너무 매달렸다가 향수병까지 나를 덮치면 어떡해?' 감정이 그렇게 내달리려고 하는 걸 눈치 챈 나는 옛 추억에 잠기는 걸 털어내고 서둘러 발걸음을 옮겼다.

YH에서 저녁을 먹은 뒤 샤토 프롱트낙으로 야경 구경을 나섰다. 설렁설렁 밤마실 가는 기분으로 나섰는데, 웬걸, 화사한 햇살이 사라진 퀘벡 거리엔 다시 세찬 바람이 호령하고 있었다. 잔뜩 옷을 껴입고 나왔는데도 오지게 춥다. 서울서 올 때 선선한 가을 날씨 정도를 예상했던 게 돌이킬 수 없는 실수였다. 배낭 안의 옷들로는 한겨울이나 다름없는 억센 바람을 막아내기 역부족이다.

샤토 프롱트낙의 테라스 뒤프랭에서는 세인트로렌스 강과 항구의 야경이 근사하게 펼쳐진다. 그러나 추위 탓인지 나처럼 야경 즐기기에 나선 이들은 거의 없고, 어쩌다 나타난 이들도 종종걸음으로 이내 사라진다.

샤토 프롱트낙의 1층 레스토랑 창문으로 정장을 한 여러 무리의 사람들이 따스한 색감의 불빛 아래서 만찬을 즐기는 모습이 보인다. 여행을 하다 보면 때로는 가난뱅이 떠돌이처럼 다니고 싶을 때도 있고, 때론 부유하고 멋진 귀족처럼 여행을 하고 싶은 때도 있다. 지금의 나는 영낙없는 떠돌이 신세로, 드센 바람 부는 강변 언덕 위에서 호텔 안의 귀족들을 부럽게 바라보고 있다. 당장은 쓸쓸하고 춥지만, 그래도 난 자유로운 여행자! '저 안의 귀족들은 더할 나위 없이 따뜻한 밤을 보내고 있지만, 내일 날이 밝으면 지루한 일상에 질질 끌려다닐지도 몰라. 그래, 성냥팔이 소녀야, 힘을 내어라! 삶도 여행도, 마냥 좋지만도, 마냥 나쁘지만도 않단다.'

몽 모 랑 시 폭 포

간만에 햇살이 푸짐했던 어제와 달리 수요일 아침은 또 온통 잿빛이다. 아침이 아니라 마치 해 저무는 저녁 같다. 어느 처마 밑에서는 할매들이 모여, 눈이 오려나, 비가 오려나 하면서 등을 두드리겠다.

캐나다의 동쪽 땅끝인 핼리팩스로 떠나는 기차는 밤 9시에 출발한다. 널찍한 YH 부엌에서 만난 친구들에게 괜한 친절을 베풀며 아무리 수다를 열심히 떨어도 시간이 그대로다. 일단 체크아웃을 한 뒤에도 YH 도서실에서 책을 보며 빈둥거린다. 어제 하루 종일 돌아다닌 탓에 피곤한 걸까? 을씨년스런 바깥으로 나설 엄두가 나질 않는다. 무엇보다 대중교통을 이용해서 갈 수 있는 곳이 거의 없었다. 그러나 난 지겨움에 너무 약하다. 무료한 도서실 죽치기를 차마 견디지 못하고 결국 가이드북에서 찾아낸 몽모랑시 폭포를 가 보기로 했다.

가까운 곳에서 버스를 타고 갔다 올 수 있어서 택한 곳이다. 버스 요금

이 2달러 50센트인데, 어랏, 잔돈이 2달러뿐이다. 기사아저씨는, 대신 내 미소를 듬뿍 받고, 할 수 없다며 2달러만 받으셨다.

환승 티켓을 보여주고 버스를 한 번 갈아타고서야 도착한 몽모랑시 폭포 공원은 한산했다. 유난히 노란 단풍 숲을 지나니 폭포 위로 난 출렁다리를 건너게 된다. 같은 YH에 묵었던 영국인 커플이 서로 손을 꼭 붙들고 후들거리며 다리를 건너고 있다. 발밑으로는 걷잡을 수 없이 떨어지는 폭포의 아우성이 홍건하고, 머릿속은 새하얗게 비고 두려움만 가득하다. 겨우 다리를 건너 산책 계단을 따라 폭포 아래로 내려갔다. 아래로 내려가며 보니 아래위를 오가는 케이블카도 다닌다. '뭐야? 바들바들 떨 이유가 전혀 없었군….'

그곳에서도 일본 학생을 한 명 만났는데 그의 옷은 나보다도 더 부실했다. 아무리 피가 끓는 청춘이라도 저건 아니다 싶을 정도다. 거의 학교 체육복 수준의 후드 점퍼와 청바지로는 이 추운 날씨를 버티기 힘들 것이다. 우리는 서로 사진을 찍어 주기도 하고, 케이블카 정류소에서 함께 스프도 먹고, 버스정류장으로도 같이 갔다. 그런데 도무지 버스가 오질 않는다. 가벼운 옷차림의 그 학생이 오들오들 떨기 시작했다. 이 학생은 밴쿠버에서 하루 6시간씩 6개월 간 영어 연수를 했는데 하도 지겨워서 여행을 떠나 왔단다. 이야기를 나누어 보니 영어 솜씨가 연수 덕택에 썩는 것 같진 않았지만, 그래도 이 친구는 기차에서 만난 애보다 사교적이다. 우린 앉을 수도 없는 버스정류장에서 지겹도록 버스를 기다렸다. 장장 1시간 40분 동안. 그나마 혼자가 아니라서 다행이었다. 아휴, 해풍에 널어놓은 오징어 꼬락서니로 바람 실컷 맞았다. 퀘벡에서는 정말 어딜 가든 벌벌 떨며 애먹었다.

헬리팩스 가는 기차는 9시에 출발하는데 6시 조금 넘어서 역에 도착했다. 헬리팩스 가는 기차는 이곳 팔레 역에서 출발하는 게 아니다. 여기서 비아레일 셔틀버스를 타고 샤니 역으로 이동해 탑승해야 한다. 가이드북에는 승객들이 알아서 샤니 역으로 가라고 안내했지만, 팔레 역에서 샤니 역까지 셔틀버스가 운행 중이란 정보를 듣고서 이용이 편리한 팔레 역에 온 것이다.

오늘 밤도 기차에서 자게 될 것이고 핼리팩스에는 다음 날 오후 4시 5분에 도착한다. 팔레 역은 텅 비어 있었다. 역사 안의 상점들도 문을 닫기 시작했다. 서둘러 요기를 해야 한다! 아직 문을 닫지 않은 샌드위치

가게에서 샌드위치와 카푸치노를 주문하니, 내게 중국인이냐고 묻는다. 난 살짝 기분이 상해 아니라고 대답하면서, 당신은 어디냐고 되물으니 튀니지란다.

"아하, 튀니지? 내가 튀니지의 역사를 좀 안다"고 하니 이 친구가 대번에 반색을 한다. 덕분에 샌드위치 먹는 내내 함께 얘기를 나누었다. 어차피 다른 손님도 들어오지 않았고, 팔레 역은 벌써 깊이 잠든 분위기다.

나는 기억이 떠오르는 대로 더듬더듬 얘기를 꺼냈다. 한니발과 그의 아버지 하밀카르 바르카스, 그리고 카르타고와 포에니 전쟁 등의 이야기가 산만하게 이어졌다. 하지만 튀니지 친구는 눈빛을 반짝이며 내 얘기를 즐겼다. 동양 여자에게서 카르타고의 역사 이야기를 듣는 게 얼마나 신기했을까. 사실 지난 여름 내내 한니발과 관련된 책을 읽었기 때문에 풀어놓을 얘기 보따리가 좀 있었을 뿐이다. 책들을 읽으며 꼭 튀니지에 가보고 싶다고 생각했기 때문에 그가 튀니지 태생이란 게 내심 반갑기도 했다.

얘기를 하다 보니 빨리 그곳에 가서 로마인이 철저히 부셔버린 카르타고에 새로 세운 로마인의 유적지를 보고 싶었다. 구시가지 언덕에 올라 항구를 바라보고 싶었다. 그곳에서 스키피오와 한니발을 생각할 것이고 디도 여왕과 트로이 왕자 아이네아스 사이의 슬픈 사랑 이야기도 회상해 보리라.

별 생각 없이 꺼낸 얘기였는데, 나도 내 흥에 겨워 이런 저런 수다가 하염없이 길어졌다. 튀니지인도 기분이 완전 좋아져서 내게 원하면 커피를 더 주겠단다. 마침 얘기 하느라 식어버린 카푸치노가 영 별로였으므로, 나는 흔쾌히 아메리카노 한 잔을 부탁했다. 독서의 기쁨은 여행의 계획으로 이어지고, 이렇게 뜻하지 않게 여행지에서의 공짜 커피를 마련해 주기도 하는구나. 정말로, 책속에 길이 있는 것 아닌가? 그 길은 책 밖으로도 이어져 있고, 그 길에서 이런 우연한 만남들을 엮어가는 게 내 여행을 늘 기름지게 해준다.

내 이야기가 끝나자 튀니지인도 가게 문을 닫고 역을 떠났다. 내게 "즐거운 여행"이란 인사를 던지며. 그렇게 혼자 남겨지니, '가만 있자, 비아레일 셔틀은 왜 안 오는 거지?' 슬슬 걱정이 되기 시작했다. 궁금해서 역 안을 한 바퀴 돌고 함께 쓰는 버스터미널에도 가보았지만 비아레일 셔틀버스는 보이지 않는다. 버스터미널에서 물어 보니 비아레일 셔틀은 기차안내소에서 물어보라고만 그런다. 그런데 비아레일 인포메이션 데스크에는 아무도 없고…. 그렇게 9시가 다 되어 갈 무렵에 한 남자가 들어오더니 셔틀버스가 왔다고 일러 준다. 가방을 메고 그를 따라 가니 승용차처럼 작은 버스가 대기하고 있었다. 승객은 나 혼자인가? 차문을 열어 들어가 기다리라더니 그는 팔레 역 출입문 앞에서 서성거렸다.

낯선 도시의 어두운 기차역, 옹색해 보이는 셔틀버스 한켠에 쭈그리고 앉은 나는 불안한 맘을 털어내려 애썼다. 비아레일 마크를 달았다는 것 하나만 믿고 이렇게 덥석 차 안으로 오르다니, 내가 뭘 잘못 한 건 아닌가 싶은데…. 그때, 한 명이 더 차에 오른다. 이어서 또 한 명. 모두 5명이 퀘벡의 팔레 역을 출발했고, 샤니 역에서 다시 6명이 합류해 총 11명이 핼리팩스 행 기차에 올랐다. 그 무뚝뚝한 일본애도 다시 만났다. 반가워 웃으며 인사를 했는데 이 청년 또 웃지 않고, 어딜 가냐는 물음에 짧게 핼리팩스라고만 답한다. 중학생 정도의 키에 소녀 같은 얼굴, 왜소한 체구인데 짐은 머리를 넘기는 거룩한 배낭이다. 웃음기 없는 젊은이는 왠지 불쌍해 보인다.

기차는 새것이었지만 암트랙 시트보다 넓지는 않았다. 이제 비아레일에서 첫 밤을 보내며 동쪽으로 한참을 달려 기차가 갈 수 있는 맨 마지막 역인 핼리팩스에 도착할 것이다.

지도는 여행주의자의 필수품. 나는 여행 중일 때는 물론이고 아무 때나 지도 보는 걸 좋아한다. 세계지도를 펼쳐놓고 알렉산더의 발걸음을 따라가 보기도 하고 징기스칸과 한니발을 그려보기도 한다. 로마가도를 짚어보기도 하고, 페르시아 왕의 길을 따라가 보기도 한다. 실크로드를 따라 승려와 탐험가들, 상인과 기생, 시집가는 공주도 떠올려보고, 마르코 폴로의 길을 따라가며 옛 베네치아 제국의 전성기를 그려보기도 하며, 마젤란의 항로를 따라 저 남아메리카 마젤란해협까지도 가 본다. 지도는 내 현실의 세계임과 동시에 내 상상을 담는 그릇이자 내 추억의 세계이기도 하다. 지도를 보며 꿈을 꾸고 지도를 보며 추억한다.

어느 날 북미대륙을 돌아다닐 맘을 먹었을 때도 당연히 지도부터 펴들었고, 지도를 펴자마자 "여기"라면서 핼리팩스를 찍었다. 그래, 미국 기차여행 때처럼 대서양에서 태평양으로 가는 거다. 대서양 끝 핼리팩스에서 태평양 끝 밴쿠버까지.

땅끝. 어딘가의 출발이기도 하고 끝이기도 한 지점에서는 느낌이 남다를 수밖에 없다. 대개 그런 곳에는 바다가 있다. 로스앤젤리스의 산타모니카 해변에서 발을 담그면 "아, 태평양…"이란 탄성이 절로 나오고, 『위대한 개츠비』의 고향인 뉴욕의 롱아일랜드 해변에서는 "아, 대서양…"이라며 가슴이 한껏 부푼다. 시작하는 곳에 바다가 있고 끝나는 곳에도 바다가 있다.

그래서 꼭 핼리팩스에서 출발하는 기차로 캐나다 횡단 여행을 시작하고 싶었다. 그곳은 캐나다 비아레일 선로의 동쪽 끝이고 동시에 시작인 거다. 그러고 보니 미국여행 중 럽이란 핼리팩스 친구를 만나기도 했었다. 그는 세계의 그 많은 도시 중에 자기 도시를 기억해 주는 동양여자가 있음을 반가워했다.

기 차 여 행 의 매 력

핼리팩스행 승무원은 미소가 다정한 여승무원이다. 차표 검사를 마치더니 베개를 나눠준다. 베개가 암트랙 때보다 큼직해서 좋다. 뒤척이다 문득 깨니 밤새 달린 우리 기차는 이른 새벽을 달리고 있다. 커튼을 젖히니 푸르른 새벽빛 너머로 어스름 들판이 보인다. 막 화려한 단풍의 옷을 벗고 하얀 속살을 드러낸 자작나무 숲이 새벽빛을 받아 형체를 드러내고 있다. 푸르른 새벽빛을 늘 좋아하던 나이지만, 기차에서 맞는 이런 새벽은 그 신비로움이 더하다. 들판의 잎사귀들이 희미한 새벽빛 아래 서서히 저마다의 빛깔을 드러내듯, 오늘 하루의 윤곽을 기쁘게 예감하게 된다.

어느 집의 마당을 지나는데 긴 빨래 줄에 옷이 주렁주렁 널렸다. 앙증맞은 아기 옷도 나풀거린다. 내 어린 시절 엄마는 옷에 밤이슬 맞히면 안 된다고 늘 말씀하셨다. '아, 여긴 세탁기와 건조기가 없는 시골이란 말인가? 애고애고, 저 집에 손빨래로 고단한 안주인이 살겠구나.' 음, 나도 틀림없는 주부는 주부인가 보다.

아침이 되니 그 친절한 여승무원이 카트를 밀고 들어온다. 카트 서비스! 시리얼에 우유를 곁들여 먹고 커피를 마시며 슈만의 첼로 협주곡을 듣는다. 기차는 촉촉하게 젖은 이른 아침의 들판을 지난다. 기차여행의 매력은 바로 이런 순간에 있다. 너무 익숙해져 사라진 듯 싶다가도 문득 다시 전해오는 기차바퀴의 진동, 스쳐 지나는 자연 풍광 속에서 발견되는 연출되지 않은 아름다움, 근사한 여행의 동반자인 내 MP3 속의 음악, 커피 한 잔의 상념, … 이 모든 것들이 한 데 어우러진 바로 이 순간의 느낌! 그 매력이 나는 너무 좋다. 그 매력 속에 푹 잠길 수 있어 더욱 좋다.

산티아고 가는 길 800킬로미터를 느리게 걷는 일도 나를 찾아가는 여행이었지만, 하염없이 달리고 달리고 또 달릴 것 같은 기차 안에서 드넓은 자연을 지나는 이 여행도 결국 내 자신 속으로 진솔하게 잠겨드는 순간들의 연속이다. 이런 매력에 비하면 기차여행의 고달픔 따위야 정말 아무것도 아니다.

지금 나의 시선은 아름다운 대륙의 가을 들판을 향해 있지만, 내 상념

의 끝은 어디를 향하고 있나? 내 마음의 시선은 머나먼 태평양 너머에 가 닿아 있다. 그곳은 한밤중이겠지. 실크로드가 한창일 때 돈황의 기생 라라슈카가 썼다는 시가 떠오른다.

산길은 가파르고 돌길은 험하나
나를 괴롭히는 것은 길이 아니라 그대에 대한 나의 사랑
얼음이 갈라지는 소리를 들으면 그대의 고운 목소리가 생각나고
먼 산에 덮인 눈을 보면 그대의 하얀 얼굴이 생각납니다

상스러운 노래는 듣지 마세요
봄의 술은 마시지 마세요
할 일없는 손님들과 밤새 바둑을 두지도 마세요

함께 살 수 있는 날이 늦어진다 해도
영원한 사랑의 맹세는 잊지 마세요
겨울날 이렇게 쓸쓸히 힘든 길을 가기는 정말 싫지만
하늘에 보름달이 뜨면 그대를 다시 보게 되겠지요

그대와 떨어져 있는데 내가 무엇을 줄 수 있으리까?
반짝이는 눈물에 얼룩진 이 시 한 수뿐

애절한 이 여인의 신파가 지금 내 마음을 닮았다. 밤의 어둠이 걷히고 새벽이 밝아 오듯 나의 이 쓸쓸한 여정도 끝이 날 테고 더욱 밝고 맑은 마음으로 태평양 너머 나의 집 서울로 날아갈 테지. 그때 내 사랑하는 사람들이 나를 반겨주겠지. 그렇게 돌아갈 날에 대한 기대가 커지는 것도 여행이 우리에게 선사하는 덤 같은 게 아닐까. 잠시 헤어짐으로써 마냥 굳어져만 가던 관계의 소중함을 재확인할 수도 있으니까. 그러고 보면, 돌아갈 정처 없이 떠돌이로 헤맨다는 것은, 도시의 정착민인 우리들에게 이미 너무나 가혹한 일이 되었나 보다.

깃대에 매단 깃발들이 막 내리기 시작한 비에 젖어 축 늘어져 있다. 움직임이라곤 달리는 우리 기차와 자작나무의 노란 꽃가루 같은 이파리들뿐이다. 기차가 일으키는 바람을 따라 노란 잎들이 꽃비 되어 흩날린다. 그 꽃비 속으로 기차가 달린다. 을씨년스레 빗발치는 풍광에 이토록 황홀해 한 경우가 또 있었던가. 황홀한 만큼 고독해지고, 움직일수록 더욱 축축 처지는, 이런 달콤한 고독이 못 견디게 그리워질 때 우리는 훌훌 여행가방을 싸고 마는 거다.

HELLO HALIFAX

앞에 앉아 있던 다섯 살 정도의 남자아이가 더는 못 견디겠다는 듯 온몸을 비비 꼰다. 녀석은 아까 "쓰레기 주세요" 놀이로 우리를 즐겁게 한 꼬마다. 기차를 타고 가다 말고 시계를 한 시간 빠르게 돌려 애틀란틱 시간대에 맞춰야 하는 이 장거리 기차여행이 녀석에겐 얼마나 심심하겠는가.

그래서 스스로 생각해낸 놀이가 비닐 봉투 들고 통로를 다니며 승객들에게 "쓰레기 주세요, 쓰레기"를 외치며 승무원 흉내를 낸 거다. "티켓 주세요, 티켓" 대신에 말이다. 그런데 처음에는 아무도 꼬마의 요청에 호응하지 않아 한 바퀴 돌고서는 울상이 되어 엄마에게 돌아와 투정을 부렸다. 엄마가 한참을 달래더니 녀석이 주뼛주뼛 다시 돌기 시작한다.

물론 이번에는 제법 많은 쓰레기를 받아냈다. 은발의 할머니 한 분에게서 캔 하나, 열두셋 되어 보이는 소녀에게서는 과자 봉지, 그런 식으로 말이다. 나는 정말 건넬 게 없어 쓰지 않은 냅킨 한 장을 넣어 주었다. 그래도 좋다며 방긋방긋 웃는다. 투정하는 아이에게 다시 해보라고 등을 다독여준 엄마의 기특함에 모든 승객들이 정성껏 호응한 거다. 맘씨 좋은 여승무원은 어김없이 아이의 머리를 한참 쓰다듬었고….

활짝 웃던 아이가 다시 지겨워져 몸을 꼬기 시작할 무렵, 드디어 우리 기차가 핼리팩스에 도착한다는 방송이 나온다. 여승무원이 베개를 걷기 시작하고, 꼬마는 그 뒤를 종종종 신이 나서 따라다닌다. 드디어 캐나다의 동쪽 끝이다. 내 캐나다 횡단여행의 출발지. 헬로우, 핼리팩스~!

헬리팩스에서

13

시작하리라

어디선가 음악 소리가 들려왔다. 어느 교회의 반쯤 열린 문틈으로 흘러나오는 소리였다. 조심조심 안으로 들어가니 입구에 한 부인이 책상에 엎드려 잠이 들어 있다. 그리고 그 너머로 오케스트라의 모습이 보였다.

노바스코샤 혹은 아카디아

캐나다의 동쪽 끝, 대서양 연안의 4개 주를 '애틀란틱 캐나다'라고 한다. 그 중 하나인 노바스코샤Nova Scotia의 주도가 핼리팩스다. 노바스코샤는 프랑스어로 '뉴 스코틀랜드'라는 뜻. 그 의미에서 알 수 있듯이 영국문화가 짙게 남아 있는 곳이다. 아직까지도 영국의 스코틀랜드나 웨일스 지방에서처럼 켈트어를 쓰기도 한다.

이곳에도 가슴 아픈 이주의 역사가 깃들어 있다. 원래 프랑스인들이 먼저 이곳에 정착해 살았다. 그때는 이곳을 노바스코샤가 아니라 아카디아Acadia라고 불렀다. 세월이 흘러 그들만의 독특한 문화를 이루고 살면서 이들은 스스로에게 프랑스인이 아닌 아카디언이라고 독자적 정체성을 부여했다. 그러나 이 영토가 영국에 양도되자 영국인들은 아카디언에게 영국에 충성할 것을 요구했고, 이를 거절한 아카디언들은 자기 땅에서 떠도는 신세가 되었다. 세월이 흘러 영국과 프랑스의 전쟁이 벌어지자 이들은 적대적 프랑스인으로 간주되어 강제로 추방된다. 아카디언들은 가족과 헤어져 뿔뿔이 흩어졌다. 일부는 미국의 루이지애나로, 일부는 유럽으로.

다시 노바스코샤로 숨어 돌아와 꿋꿋이 자신들의 독특한 문화를 지키고 산 이들도 있었으니, 오늘날에도 애틀란틱 캐나다 곳곳에서 불어를 사용하는 사람들을 가리켜 '아카디언'이라 부른다. 이들은 프랑스 국기와 엇비슷한 깃발을 자랑스럽게 자신의 집 앞에, 그리고 자동차에 달고 다닌다. 이 슬픈 이주의 역사는 미국의 시인 롱펠로가 쓴 '에반젤린'이라는 장편서사시에 그려졌고, 에반젤린 트레일Evangelin Trail이라는 관광상품까지 등장했다.

헬리팩스는 우리가 잘 아는 타이타닉 호가 인근 해역에서 난파당하여 유명한 곳이기도 하다. 또 핼리팩스 항구는 세계에서 두 번째로 큰 부동항으로 매우 활발한 교역이 이루어지는 곳. 대서양 건너 제일 가까이 프랑스가 있다. 약간 선을 위로 그어 올라가면 영국이다. 물론 미국의 보스턴과는 통통배 타고 가도 될 것처럼 가깝다. 비행기로는 유럽까지 불과 너댓 시간이면 도착한다.

이렇게 북미와 유럽, 두 대륙을 연결하는 곳에 위치한 핼리팩스는 상업적·군사적 요충지가 되고도 남았을 터. 그러니 1700년대에 이를 둘러싸고 프랑스와 영국이 전쟁을 벌였을 법도 하다. 물론 아카디언에게는 큰 상처가 되었지만 말이다.

유 키 다 카 오 카

핼리팩스 YH의 방문 10개에는 여러 나라의 국기들이 그려져 있다. 태극기가 그려진 문도 있다. 그것참, 신통하고 뿌듯하다. 고작 국기 하나 그려둔 데 깊은 감동을 먹다니, 내가 그야말로 이역만리에 와 있나 보다.

벌써 늦은 오후, 더 어두워지기 전에 도심의 정보를 얻을 겸 길을 나섰다. 도심 쪽으로 얼마 걷지 않아 책에서 익혀두었던 빌딩들이 하나씩 보인다. 핼리팩스의 도심은 정말 자그맣다. 부담 없이 뚜벅이 모드로 구경할 수 있는 아담한 도시다.

이곳에서 가을의 어둠은 빠르게 내린다. 발걸음을 재촉해 들른 호스텔 근처 대형마켓에서 기웃기웃한 게 별 성과가 없어 입을 삐죽이며 가는 중이다. 시식은 먹을거리 쇼핑을 하는 마켓에서의 큰 재미인데, 아니 어떻게 시식용 음식이 하나도 없단 말인가! 시카고에서는 맛보기로만 배가 부를 지경이었는데….

장을 봐 돌아오는 길에 기차역 옆의 버스정류장에 들러보았다. 나이 지긋한 일본인 한 분이 배낭을 메고 지도를 열심히 뜯어보고 있다. 분명 숙소를 찾는 것이려니 싶어, 도시를 먼저 돌아본 여행자로서 돕는 마음으로 물었더니, 역시 그 분은 유스호스텔을 찾는 중이었다. 그것도 내가 묵는 곳을.

함께 돌아와 그를 데스크로 안내하고 난 부엌에서 저녁 준비를 했다. 이 YH의 부엌은 출입구 근처여서 모두가 부엌을 응접실처럼 드나들 듯 했다. 부엌이 제대로 사랑방 구실을 한 덕분일까. 다른 곳들과 달리 유난히 친근하고 분위기가 좋은 호스텔이다.

그 일본인도 부엌으로 왔다. 도착한 지 얼마 되지 않아 저녁거리가 없을 듯해 내가 봐온 장으로 식사 대접을 했다. 이래저래 너무 고맙다며 거듭 표현한 그는 자신을 유키 다카오카라고 소개했다.

유키는 키가 작고 잘생긴 59세의 노신사로 일본항공 기술자로 일하다가 2년 전 은퇴했다. 그는 록히드와 보잉사에서 기술교육을 받았고, 나중에는 자신의 기술을 동남아 지역의 항공사에서 가르쳤다. 그 덕분인지 그는 일본 특유의 발음이 강했지만 내가 아는 일본인 중 가장 영어를 잘했다. 은퇴 후 그는 가끔 이렇게 혼자 여행을 다닌다.

퀘벡에 이어 핼리팩스 역시 얼마나 추운지, 방안의 냉기가 여간 아니다. 전혀 난방이 되지 않아 혹시 고장인지 물었더니, 세상에, 아직 난방을 하지 않는단다. 이 정도의 추위는 그냥 난방 없이 따듯한 이불로 지내며 난다는 것. 그러나 외지인들은 모두 추워서 옷을 껴입고, 여행용 담요도 꺼내 덮고, 호스텔 담요도 뒤집어쓰고 잠을 청했다. 오들오들, 제대로 떨며 보내는 가을여행이다.

불행을 행운으로

이른 아침, 여행자들의 부엌은 분주하다. 많은 사람들이 아침을 준비하며 서로 여행정보를 나누느라 떠들썩하다. 토스터에서 노릇노릇 구워진 빵이 탁탁 올라오는 소리, 보글보글 끓는 물을 졸졸졸 컵에 따르는 소리, 접시 위로 달그락달그락 포크 놓는 소리가 어우러져 신선한 아침의 음악처럼 경쾌하게 들린다.

어제 저녁을 함께 했던 유키와 아침도 같이 먹게 되었다. 그와 일정 얘기를 나누다가 마혼베이Mahone Bay와 페기스코브Peggy's Cove를 가려면 하루 일찍 그레이 라인 투어를 신청해야 한다는 걸 알았다. 내가 크게 실망하자, 유키가 렌터카로 함께 둘러보자고 제안했다. 오프-시즌이어서 렌터카도 싸고, 유키와 비용을 반씩 나누면 그레이 라인 투어보다 훨씬 쌌다.◆

◆ 그레이 라인 투어는 1인당 60불에 팁 별도. 렌터카는 보험과 기름 포함 하루 70불(즉, 두 명이 이용하면 1인당 35불).

국제면허증을 갖고 있다는 유키가 운전을 하기로 하고 렌터카를 이용하기 위해 가까운 호텔로 갔다. 그런데 문제가 생겼다. 렌터카를 빌릴 때 국제면허증을 소지한 사람의 크레디트카드가 반드시 필요한데 유키의 카드가 사용할 수 없는 카드라는 거다. 현금으로는 차를 빌릴 수 없다며, 렌터카회사 직원은 다른 경로를 통해서라도 차를 사용하게 해 주려 여러 곳에 전화로 물어보며 애를 썼지만 결국 우린 렌터카를 빌릴 수 없었다. "No car, No go." 그 직원의 말처럼 차가 없는 우리는 발이 묶여버렸다.

유키는 내게 미안해 할 것이 없는데도 아주 많이 미안해 했다. 물론 가 보고 싶었던 곳을 못 가게 되어 무척 서운하긴 했지만, 이게 어디 유키 탓인가. 우린 다른 방법도 찾아 보았다. 다른 해보다 한 달 일찍 겨울이 왔고 시즌도 끝나서 거의 모든 투어 프로그램이 문을 닫았다. 렌터카 직원의 말대로 우리가 원하는 곳은 차가 없어 갈 수가 없게 되었다.

유키가 자꾸 미안해 해서 "오늘의 불행을 오늘의 행복으로 만들자"며, 주먹 쥐고 "아자! 아자! 파이팅!"을 외쳤더니 유키도 웃으며 따라 한다.

"그런데 킴, '아자! 아자!'는 뭐야?"

특별한 날, 요새에 오르다

갑자기 생긴 너른 시간 덕에 몸도 마음도 덩달아 여유로워진다. 느긋한 마음으로 도시 이곳저곳을 둘러보기로 했다. 시계탑을 지나 언덕 위 성채를 향해 발걸음을 옮겼다. 별 모양의 요새로 1800년대 초에 영국군의 주둔지로 사용했다는 시타델Citadel. 마침 위병 교대식이 시작되고 있다. 스코틀랜드 복장의 병사들은 얼마 안 되는 관광객들을 위해 멋지고도 재미난 장면들을 열심히 연기했다.

추위도 녹일 겸 시타델 안의 군사박물관으로 갔다. 이리저리 박물관 안을 둘러보지만 도무지 기억에 남을 것 같지 않은 전시물들뿐이다.

그때다. 밖에서 백파이프 연주가 들려왔다. 박물관 안의 정적이 흐릿하고 아득한 그 소리와 묘하게 어우러졌다. 소리가 나는 곳으로 발길을 옮기니, 바람이 덜 부는 건물의 한 모퉁이, 전통복장을 입은 병사가 백파이프를 불고 있다. 금발의 어린 병사가 바람에 쓸린 듯 하얀 볼에 홍조를 띠고서 한창 연습 중이다. 능숙하게 백파이프를 불다가도 뭔가 불만인 듯 고개를 갸웃갸웃하는 모습이 아주 귀여운 청년이다.

조금 뒤, 여기저기 흩어져 연습하던 백파이프 연주자들이 하나둘 모여들었다. 드럼까지 모두 다섯 명. 한 사람의 인솔로 드디어 공연이 시작된다. 드럼 소리와 백파이프 연주가 어울려 기분 좋게 울려 퍼진다. 늠름한 군인들의 아담한 공연이다. 유키와 나는 얼굴 가득 웃음을 머금고 그들의 연주를 즐겼다. 크게 박수를 건네고 싶었지만, 어찌 그러겠는가. 그 합주는 단순한 연습일 뿐이었고, 우리는 그저 물끄러미 지켜볼 따름이었다.

춥다. 맨살에 무릎까지 오는 스타킹에 치마 차림인 병사들을 보고 있자니 더 춥다. 아니나 다를까. 그들도 파르르 떨고 있다. 따뜻한 게 생각나 우리는 박물관 안의 카페로 갔다. 커피와 두 종류의 스프가 있었는데, 우리는 씨푸드 챠우더를 먹었다. 내용도 충실해서 양껏 먹고 싶을 정도로 맛이 좋았다. 유키도 엄지를 세우며 맛있단다. 덕분에 몸이 좀 훈훈해졌다.

내려오는 길에, 한 교회에 들렀다. 무슨 큰 행사라도 있는지 사람들이 모여 웅성댄다. 알고 보니, 255년 전의 오늘, 이 세인트 폴 교회가 완공되었다는 것이다. 행사는 이미 끝난 뒤였지만, 흥분의 열기가 한풀 가라앉은 뒤의 적막은 교회의 모습을 더 여유롭고 아름다워 보이게 만들었다. 뭐랄까, 세인트 폴 교회는 시골의 소박한 선교사 같다. 쌀쌀한 날씨 탓일까? 기세등등 권위적이고 눈부시도록 화려한 모습보다 포근하고 친근감이 느껴지는 게 더 좋다.

어떤 노신사분이 우리에게 다가와 교회 안내와 더불어 오늘의 이벤트를 설명해 주었다. 이 교회는 캐나다에서 가장 오래된 기독교 교회라고 한다. "이렇게 특별한 날에 이 교회를 방문한 당신들에게는 꼭 행운이 있을 것입니다." 그분이 우리에게 건넨 축복의 말이다.

렌트카때문에 일이 꼬였지만, 덕분에 이런 특별한 행운의 말을 듣게 되었다. '역시 마냥 불행한 건 없는 거야. 오늘의 행운은 이렇게 시작되는구나.' 노신사의 축복은 내 마음을 그렇게 어루만졌다. 유키도 나와 같은 생각인지 기분 좋게 웃음 짓고 있다.

동양남자같지 않은 일본남자

항구로 내려온 유키와 나는 쇼핑가를 한가로이 거닐며 많은 이야기를 나누었다.

유키는 내년에 60세의 생일을 맞는다. 60회 생일에는 가족이나 친척들이 빨간 기모노를 선물하는 풍습이 있다고. 하지만 유키는 절대로 그걸 입지 않을 거라며 끔찍하다는 듯 설레설레 고개를 젓는다. 최근에는 빨간 기모노 대신 빨간 지갑이나 핸드백에다 약간의 돈을 넣어 선물하기도 하는데, 그는 그 편이 훨씬 좋겠다고 한다. 점잖은 그의 모습으로 미루어 짐작컨대 유키는 빨간 옷을 생전 입어 본 적이 없으리라. 빨간 기모노를 곱게 차려입은 유키를 그려보며 몰래 키득거렸다.

그러다 들른 프로방스 하우스란 곳도 세인트 폴 교회와 거의 같은 시대에 지어져 250여 년이 훌쩍 넘는다. 단아한 인상의 이 건물은 지방의회로 쓰이고 있어서, 아직 일을 마치지 못한 근무자들이 분주히 일하고 있었다. 느릿느릿 기웃기웃 열심히 이곳저곳을 살펴보았다. 인턴으로 근무

중이라는 청년과 얘기를 나누며 쉬기도 했다. 우린 방명록에 이름을 기록하며 발자취를 남겼다.

이름을 남겼지만 하나 더 남길 게 생각났다.

"나는 오래된 건물을 들어가면 그저 걷고 둘러보기만 하는 것이 아니라 한번 이용해 보고 싶어 해. 그렇게 할 수 있는 가장 쉬운 방법이 뭔 줄 알아?"

유키에게 그렇게 물었더니 그는 그저 진지하게 갸우뚱하고는 고개를 젓는다. "제일 쉬운 방법은 화장실을 가는 거야. 내 영역 표시를 하고 오는 거지." 그렇게 이야기하고 화장실에 다녀왔다. 유럽의 오래된 성이나 교회, 성당을 둘러볼 때도 늘 이렇게 했다고 하니 유키는 크게 웃으며 너무 재미있어 한다.

"킴, 너는 정말 재미있어. 독특해. 때론 개와 같이 영역 표시를 하고, 때론 고양이처럼 자유로운 영혼을 닮았고, 때론 토끼처럼 밝고 똑똑해."

우와! 그런 표현은 처음이었다. 이렇게 멋진 말을 내게 하다니. 난 그저 나일 뿐인데…. 유키의 그 말로 내가 정말 특별한 영혼의 소유자가 된 것 같았다. '잘 기억해야지.' 난 그런 표현이 그저 흘러가 버릴까 싶어 후딱 노트에 적어두었다.

숙소로 돌아오는 길, 대형 마트에서 저녁거리를 샀다. 그리곤 유키가 저녁을 마련했다. 유키의 저녁상은 화려했다. 다들 우리 저녁상을 넘겨보며 멋지다고 야단이다. 내가 그에게 대접한 건 '선머슴 밥상' 같았는데…. 유키의 섬세한 상차림 앞에 난 좀 머쓱해진 기분이 되었다. 하지만 그것도 잠시. 크라상, 스테이크, 야채스프, 야채샐러드, 요구르트와 홍차까지! 완벽한 풀코스를 즐기느라 여념이 없다.

아주 깔끔하고 섬세한 그의 음식솜씨에 감탄하며 일본말로 "오이시"를 연발했더니 유키도 신이 나 자꾸 음식을 권한다. 외국 생활을 오래해서일까. 유키에게서는 나이든 동양남성들의 권위적인 모습과 겉치레를 전혀 찾아볼 수 없다.

저녁 후 항구의 야경을 보러 나갔다. 쌀쌀한 바람 속 어두운 밤바다 위로 여기저기 불빛들이 반짝거린다. 어디선가 음악 소리가 들려왔다. 유키와 그 음악소리를 쫓아갔다. 어느 교회의 반쯤 열린 문틈으로 흘러나오는 소리였다. 조심조심 안으로 들어가니 입구에 한 부인이 책상에 엎드려 잠이 들어 있다. 그 너머로 오케스트라의 모습이 보인다.

우리 인기척에 고개를 든 부인이 팸플릿을 건네며 들어가도 괜찮다 한다. 불어로 된 팸플릿을 자세히 살펴보니 작은 아카디언 깃발 하나가 눈에 띈다. 그렇다면 이들이 바로 아카디언의 후손들!

설교단에 마련된 연주석에는 약 50명의 연주자들이, 객석에는 연주자들보다 적은 30여 명의 청중이 앉아 있다. 바그너의 오페라 로엔그린 중 제1막 서곡 그리고 비제와 그리그의 곡들이 오늘의 레파토리다. 오케스트라와 청중들은 서로 교감하듯 연주하고 귀 기울이고 환호하고 웃으며 인사했다. 그 아늑하고 멋진 분위기에 나도 유키도 흠뻑 젖었다. 박수를 보내는 유키에게 소곤소곤 얘기했다.

"오늘의 불행을 오늘의 행복으로, 맞지?"

유키가 더 환히 웃으며 연신 고개를 끄덕인다.

드디어 대륙횡단열차에 오르다

헬리팩스를 떠나는 날 아침, 숙소 안은 너무 추웠다. 후덜덜 떨며 짐을 싸자니 왠지 서럽게 쫓겨나는 심정이 된다. 이제 역으로 가 12시 45분 기차에 오르면, 마냥 서쪽으로만 달릴 터이다. 내 여행의 원래 목표, 캐나다 대륙횡단 열차를 타는 것이다.

추위와 씨름하며 짐을 꾸린 뒤 내려간 부엌, 유키가 또 섬세한 아침상을 봐났다. 마치 길 나서는 딸을 위해 차린 어머니의 밥상 같다. 내 몸에 다시 온기가 돌게 하는 든든한 아침. 내 맘에 다시 힘찬 여행에의 의지가 샘솟게 하는 여행 친구의 배려. 참 고맙다.

버스로 여행을 한다는 유키도 오늘 이곳에서 4시간 거리에 있는 시드니라는 곳으로 떠난다. 한 달 유효기간의 할인 버스 티켓을 이용해 곳곳을 속속들이 둘러보는 게 기차여행보다 더 좋다는 것. 핼리팩스의 기차역과 버스터미널은 같은 곳에 있어 우린 함께 역으로 왔다.

기차역에서 YH 부엌에서 함께 어울리던 사람들을 만났다. 그들과 이틀 동안 한 부엌에서 밥을 먹어서인지 그냥 반갑다. 찬탈. 데이비드. 제이제이. 찬탈과 유키는 이곳에 오기 전 다른 곳에서도 만났다고. 그리고 큰 덩치에 산발한 레게머리를 해 터프해 보이는 두 청년. 위트와 귀여운 구석이 넘치는 순한 사람들. 인사에 인색한 그 일본 청년도 또 만났다. 이번엔 같은 숙소를 이용하지 않았지만 어찌 이리 일정이 겹칠까.

유키의 버스 시간은 기차보다 한 시간 늦다. 우리 모두는 기차를 타기 위해 유키와 작별을 했다. 서로 메일 주소를 주고받고 언젠가 다시 만나자며 인사했다.

"고베로 와!"

"서울로 와!"

나와 함께 해 너무 즐거웠다는 유키는 여행을 안전하게 마치라며 마지막 인사를 이렇게 건넸다.

"킴! 아자! 파이팅!"

고마워요, 유키. 그리고 건강하세요. 아자! 아자! 유키 다카오카!

6351km,

14

륙횡단을 시작하다

찬탈의 여행일지는 아주 제대로 된 작품이다. 온갖 입장권과 영수증, 단풍잎 등을 노트에 붙이며 멋지게 꾸미고 있었다. YH 부엌에서도 그 노트를 꾸미느라 풀과 가위를 늘어놓고 열중하더니, 기차 안에서도 열심이다.

캐나다 대륙을 횡단하려면 열차로 6,351km를 달려야 한다. 이 대장정을 기차 한번 갈아타지 않고 해낼 방법은 없다. 나의 이번 횡단 여정은 비아레일의 17개 노선 중 4개 노선을 이용해야 한다. 대서양변의 핼리팩스를 출발해 몬트리올, 토론토, 재스퍼에서 갈아타고 태평양변의 밴쿠버까지 가는 여정이다.

이를테면 네 번의 릴레이니까 네 명의 주자가 필요한 셈이다. 첫 주자는 핼리팩스에서 몬트리올까지(오션 라인), 둘째 주자는 몬트리올에서 토론토까지(코리더 라인), 셋째 주자는 토론토에서 재스퍼까지(캐네디언 라인), 마지막 넷째 주자는 재스퍼에서 밴쿠버까지(캐네디언 라인) 달린다.

기차명	비아레일 오션Ocean 라인		
이용구간	핼리팩스에서 몬트리올까지 836마일(1,346킬로미터)		
출발지	핼리팩스	출발시간	토요일 오후 12시 45분
목적지	몬트리올	도착시간	일요일 오전 8시

첫째 주자, '천진난만 + 화기애애'

첫 번째 주자의 경주가 시작되었다. 기차가 핼리팩스 역을 벗어나자 왼쪽으로 대서양 항구가 펼쳐진다. 이제 이 바닷가를 떠나 서쪽으로 대륙을 가로질러, 앞으로 8일 후 태평양을 보게 된다. 꿈꿔왔던 여행의 출발. 여행이 새로 시작된 것처럼 가슴이 두근거린다.

기차는 오래된 것이지만 그만큼 더 정겨운 느낌이다. 널찍한 좌석에 몸을 맡기니 길고 편안한 한숨이 저절로 나온다. 인상 좋은 금발의 여승무원이 엷은 미소로 눈인사를 보내며 지나간다. 따뜻한 햇살을 머금은 열차 내부가 딱 적당한 온기로 사람들을 감싸고 있다.

"킴, 앉은 자리는 편해?" 뒷자리의 데이비드가 말을 건넨다. 옆자리의 찬탈은 벌써부터 밖의 풍경이 너무 아름답다며 사진기를 들이댄다. YH의 부엌에서부터 알아봤지만, 이들은 모두 친절하고 유쾌한 사람들이다. 부엌에서 제대로 나누지 못했던 자기소개도 하고 장난도 치며 우리는 열차의 진동을 함께 즐겼다. 우리의 수다는 기차처럼 느릿느릿 열심히 조용조용 이어지다가, 한 순간 장난스레 라디오 볼륨을 높이듯 큰 소리로 차량 안을 메우곤 했다.

익살꾸러기 데이비드는 캐나다 사람이다. 코가 아주 높고 유난히 뾰족한 친구다. 마치 새의 부리처럼 약간 꺾어진 것이 참 특이했는데, 자기는 그 코가 무지 맘에 든단다. 밴쿠버 인근에 살며 코스코에서 근무하는 그는 오프-시즌에 휴가를 내어 긴 여행을 하는 중이다. 몬트리올에서 오타와로 가서 여동생을 만나고 다시 토론토로 돌아와 캐네디언 라인을 타고 밴쿠버로 갈 거라고. 그렇다면 내가 셋째 주자를 탈 때 다시 만나게 된다.

"우리 또 만나겠다!"

"다행이다! 난 킴이 유쾌한 사람이라 참 좋거든."

찬탈! 영국인인 그녀와는 한 방에서 이틀을 보냈다. 그녀는 병원에서 일하는데, 아큐펑춰acupuncture 즉 침술을 시술한다고. 내가 신기해서 진짜 침을 놓냐고 되물으니, 정말이라며 짓궂은 표정으로 침 놓는 시늉을 한다. 서양 여인이 침을 놓다니 너무 희한하다고 했더니 다들 그렇게 이야기한다며 으쓱한다.

찬탈의 여행일지는 아주 제대로 된 작품이다. 온갖 입장권과 영수증, 단풍잎 등을 노트에 붙이며 멋지게 꾸미고 있었다. YH 부엌에서도 그 노트를 꾸미느라 풀과 가위를 늘어놓고 열중하더니, 기차 안에서도 열심이다. 좀 보고 싶다는 나에게 수첩을 천천히 넘기며 이건 언제고, 이때는 무슨 일이 있었을 때고, 재미나게 설명해준다.

"이렇게 입체적으로 꾸며 놓으면 그때의 그 느낌이 생생하게 전달되는 것 같아서 좋아. 한 순간도 소중하지 않은 순간이 없잖아."

옆에서 데이비드도 거든다.

"킴, 찬탈! 이리 와봐. 내가 내 기념품을 보여줄게."

우리를 부르는 목소리가 꼭 친구를 막 사귀기 시작해 들뜬 초등학생 같다. 데이비드의 유난히 묵직해 보이는 낡은 배낭 속에 뭐가 들어 있나 좀 궁금했었는데, 고가의 카메라와 렌즈가 나왔다. "우와!" 찬탈과 나는 이런 낡은 가방에 이런 게 숨어 있는 줄 몰랐다며 "잘 때 가방 조심해, 데이비드~"하고 음흉한 미소를 보냈다. 여행지의 엽서를 수집하는 취미가 있다는 그의 배낭 안에는 여기저기 관광엽서며 기념품이 나왔는데 그 엽서 중 우리 맘에 드는 것을 고르라고 하더니 흔쾌히 선물로 주었다.

데이비드의 망원렌즈를 보던 찬탈이 자신의 필름 카메라를 꺼내더니, 줌을 쑥 내밀며 느닷없이 장난을 친다.

"내 렌즈 말이야, 어린애들 고추 같지 않아?"

데이비드와 나는 서로를 쳐다보며 할 말을 잃고서 어이없어 하다가, 이내 배꼽을 잡고 허리를 꺾었다. 터진 웃음을 걷잡지 못하고 있는데, 찬탈이 한 술 더 뜬다.

"킴, 네 것도 꺼내서 보여줘." 찬탈이 나를 좀 안다. 나도 질세라, 디지털 카메라를 꺼내어 렌즈를 쑥 내밀었다. 데이비드도 합류해 우리 셋은 마치 세 꼬마가 소변을 보듯이 줌렌즈를 내밀었다. 좀 외람된 풍경이면 어떤가. 찬탈과 나는 눈물이 나도록 웃었다. 유쾌한 이 두 사람 덕분에 앞으로 남은 기차여행이 전혀 지루하지 않을 것 같다.

저녁이 되자 기차안의 공기가 아연 서늘해진다. 낮 동안 즐거운 시간을 보내느라 추운 줄 몰랐는데 잠깐 눈을 붙이고 일어나니 기침이 나고 몸이 무거운 게 이마에 미열까지 느껴진다. 앞으로 8일 후에나 기차에서 벗어나게 되는데, 이런 낭패가…. 데이비드는 계속 코를 훌쩍거리는 내가 걱정스러운지 따뜻한 핫초코를 사다 주었다.

저녁을 먹을 시간이 되자 핼리팩스 YH에 묵었던 사람들 모두가 모였다. 데이비드, 찬탈, 애쉴리, 비키와 개리 커플 그리고 제이제이, 순둥이 터프가이들까지. 각자 준비한 저녁거리를 펼쳐놓고, 우리는 마치 수학여행을 떠나온 친구들처럼 떠들썩하고 즐겁게 저녁시간을 보냈다. 서로 나눠 주고, 못 말리는 유머로 배가 아플 정도로 웃고, 서로의 말에 귀 기울여 주고, 챙겨 주고. 누군가 노래 한 곡조 멋지게 뽑는다면 딱 어울릴 그런 정경이었다.

같은 열차를 탄 여행자라는 인연뿐이지만 우리는 그 순간 무슨 이야기든 서로에게 할 수 있는 친구가 되고 기대고 챙겨야 할 가족이 되었다. 남을 배려할 줄 아는 사람들, 이들과 함께 여행하는 게 너무 행복하다.

이른 새벽, 선잠을 깨고 창밖을 보니 밤새 내린 서리가 하얗다. 기차는 쉼 없이 푸른 새벽을 달리고 있다. 그 어스름 새벽빛이 마냥 좋아 한참을 넋 놓고 보았다. 약을 먹고 잤더니 몸은 좀 개운해졌다. 다들 담요와 혼연일체가 되어 빈틈없이 자고 있다. 추위에 익숙하다던 찬탈도 이 새벽 추위 앞에서는 못 배기겠는지 잔뜩 웅크린 자세다.

아침 카트 서비스는 향긋한 커피 내음과 함께 온다. 따듯한 커피 한 잔으로 밤의 추위를 녹이는 시간. 곧 열차는 몬트리올에 도착한다.

몬트리올에 도착한 우리는 뿔뿔이 흩어지게 된다. 몇 사람은 둘째 주자 캐네디언 라인의 스케줄이 같으니까 이틀 후면 다시 만난다. 첫째 주자 오션 라인에서 못 잊을 추억을 만들어 주었던 친구들. 안녕, 안녕, 그래 다시 만나요…. 아쉬움이 커서일까? 다들 자꾸자꾸 손을 흔들며 오래오래 헤어지고 있다.

기차명	비아레일 코리더Corridor 라인		
이용구간	몬트리올에서 토론토까지 335마일(539킬로미터)		
출발지	몬트리올	출발시간	일요일 오전 9시 40분
목적지	토론토	도착시간	일요일 오후 1시 9분

둘째 주자, 토론토로 달리다

몬트리올에서 토론토까지 나를 데려다줄 코리더 라인 기차는 두 시간 뒤에 출발한다. 카페처럼 멋진 중앙역의 쉼터에서 금방 내린 진한 향의 커피를 마시며 책장을 넘긴다. 사각사각…. 그냥 조용한 게 아니라 아예 정적이다. 고요하게 기다리는 맘속에서 스멀스멀 피어오르는 흥분. 길 위에서 나는 늘 누군가와 어울리고, 그렇게 어울리는 일이 아주 즐겁지만, 정작 나를 자꾸 길 위로 떠나게 하는 건 바로 지금처럼 떠나기 직전 고요하게 흥분하는 순간들이 아닐까.

기차는 도심을 빠져 나가 마른 옥수수 밭 속으로 한참 달리더니, 이제 바다 같은 호수 온타리오 호를 끼고 한없이 달린다. 이번 코리더 라인은 약 5시간 거리의 짧은 구간이다. 배정 받은 차량에 오르니 연세 지긋한 단체 여행객들로 북적인다. 나와 몇 사람만이 그 속에 객식구가 되어 드문드문 비어 있는 자리에 앉았다.

단체 여행객은 미국의 노부부들이다. 모두 70은 훌쩍 넘어 보이는 연세들인데, 우리나라처럼 동네 친구 분들이 모여 단체로 왔으려니 했는데, 미국의 여러 주에서 모인 분들이란다.

놀라운 것은 가이드도 할머니라는 것. 약간 굽은 등에 턱에는 커튼처럼 내려진 주름이, 얼굴에는 노인 반점이 가득하고, 커다란 안경을 걸친 전형적인 할머니다. 주변에 다른 젊은 가이드가 있나, 이리저리 둘러보아도 분명 그 분이 가이드다. 여든은 족히 되어 보이는 분인데, 앞에서 인쇄물을 들고 열심히 설명하신다. 노인 분들은 가이드 할머니의 지시에 따라 여행지의 정보가 든 인쇄물을 이리저리 넘기고 고개도 끄덕인다. 미국 기차에서 본 멋진 차장 할머니처럼 여전히 자기 일을 갖고 활동하는 가이드 할머니의 모습이 그렇게 멋질 수가 없다.

그들은 함께 멀리 여행을 떠나왔고, 비슷한 연배의 가이드를 동행하여 서로 의지하며 여행을 즐기고 있다. 책을 읽거나 대화를 나누며, 모두들 즐거워 보인다. 우리나라라면 이런 상황이 가능했을까? 직장에서 퇴직하는 순간 퇴물 취급 당하고 거리를 배회하는 걸로 소일하는 우리나라의 노인 분들. 아마 우리나라였다면 "아니 노인네가 가이드라니, 이거 우리가 모시고 다녀야 되는 것 아냐?"라며 여행객들도 불만과 염려를 토로했으리라. 애초에 여행사 측에서 고용하려고 들지도 않았겠지만 말이다. 아, 멋진 노인들을 보고 이렇게 맘이 씁쓸해지다니….

*

서서히 열차가 멈춘다. 토론토에는 안개비가 흩뿌린다. 유명한 CN타워 밑에 위치한 유니언 역을 나와 지도를 들고 슬슬 서쪽으로 걸었다. 도시도 구경할 겸, 캐네디언 백패커 하우스를 찾아가는 길이다.

도시의 고층 빌딩은 안개에 싸여, 꼭대기가 하늘에 잠긴 꼴이다. 비 내리는 일요일 오후의 토론토 거리에 인적은 드물다. 상점들도 거의 문을 닫았다. 비운의 예술가만이 비를 맞고 배회하고 있을 것 같은 거리. 애거서 크리스티 류의 으스스한 사건이라도 금세 벌어질 듯한 분위기다.

이곳에서는 이틀을 머문다. 유달리 토론토를 탐닉하는 건 아니고, 일주일에 세 번 다니는 캐네디언 라인의 일정에 발목을 잡힌 거다. 그래서 일부러 역에서 멀지 않고 역사 유적지와 골동품가게들이 즐비한 도심의 백패커 하우스를 골랐다. 숙소에 도착해 짐을 푸니 벌써 어둑어둑하다. 저녁거리를 사기 위해 얼른 나섰다. 인근의 극장에 많은 사람들이 몰려든 탓에 낮의 음산함은 온데간데없다. 주말 풍경은 어디서나 비슷하다.

*

이른 아침, 여전히 토론토는 안개에 휩싸여 있다. 내 몸도 그 습기를 가득 머금었나? 일어나기 싫을 만큼 묵지근하다. 캐나다 법률협회가 사용하는 오스굿 홀Osgoode Hall은 아름다운 스테인드글라스를 자랑한다. 화려한 빛깔의 고풍스런 장관을 기대하며 들어섰는데, 웬걸, 내부 수리 중이라 볼 게 없다. 대신 안내인의 제안에 따라 도서관으로 발길을 돌렸다. 향기로운 책 냄새가 가득 퍼져 있는 서가들 사이로 조심조심 걸었다. 이리 저리 제목만을 구경하기도 하고 유난히 오래된 것 같은 예쁜 책은 좀처럼 쉽게 다시 꽂지 못하고 오래도록 펼쳐보게 된다. 뉴욕의 내 놀이터가 반즈앤노블 서점이듯, 방앗간에 들른 참새처럼 난 시간 가는 줄 모른다. 이런 곳을 심지어 여행객에게까지 자유롭게 개방하는 그들의 여유가 부러웠다.

꼭 보고 싶었던 조지 가드너 도자기 박물관도 공사로 폐관 중이다. 할 수 없이 골동품가게들을 더 샅샅이 둘러보기로 한다. 이 물건 저 물건을 살까 말까 들었다 놓았다 하기를 여러 차례. 시애틀에서 그토록 사고 싶었던 지구본 귀걸이를 들었다 놨다 했던 것처럼. 아, 두고 온 그 지구본 귀걸이는 참 집요하게도 떠오르는구나….

옛 삶이 고스란히 묻어 있는 골동품 가게들은 언제 구경해도 즐겁다. 소박한 시장처럼 북적이는 이곳은 옛 물건에 담긴 세월의 우아함으로 고풍스러운 분위기를 풍긴다. 길은 땅바닥에 새겨진 집단의 기억이라고 한다. 이런 골동품들은 그런 기억의 개인적 편린 같다. 여행자가 길을 가며 매만지던 작은 조약돌을 올려 탑을 쌓듯, 인류의 조상들은 자기들 삶의 조각을 이렇게 후손에게 남겨놓은 것이다.

옛 조각들은 내 머리 속에 온갖 상상을 불러일으킨다. 이니셜이 새겨진 녹슬었지만 작고 예쁜 빗에서는 소녀의 금발 머리를 곱게 빗겨내리는 엄마의 모습이, 막 누가 만지고 갔는지 조금씩 움직이고 있는 흔들의자에서는 동그란 안경을 반쯤 내린 채 묵묵히 뜨개질을 하고 있는 할머니의 모습이 연상된다. 골동품에 새겨진 어느 인생의 기억, 무수한 상상을 자극하는 그 조각 그림의 매력 탓에, 나는 언제 어디서든 골동품 가게가 있는 곳이면 그냥 지나치지 못한다.

한초, 나는 아니에요

이리저리 둘러보느라 저녁이 온 줄도 몰랐다. 입안도 헐고 피곤이 몰려왔지만 풀썩 잠자리에 들 수는 없다. 짐을 꾸려서 새벽에 조용히 떠날 준비를 해야 하니까.

뉴욕에 전화를 했다. 딸들은 안부를 묻기가 무섭게 키웨스트의 한초에게서 편지가 왔다며 야단이다. 작은 딸이 기어이 편지를 읽어내린다. 지난 여름 플로리다에서 본 그의 맑고 선한 눈빛, 다정한 마음이 절로 그려졌다. 그 새 그는 집도 장만했으며 그 집에 나와 가족들을 꼭 초대하고 싶다고 했다. 늘 기다린다는 말도 덧붙였다. 커다란 물고기를 들고 찍은 사진도 동봉했다고.

미국 기차여행에서 돌아와 뉴욕에 머무는 동안 한초의 삶에 많은 변화가 일어나고 있음을 알았다. 헤어지며 주고받은 메일 주소로 연락이 오갔고 그가 내게 전화도 했다. 통화 중에 "한초한테는 전화가 없어서 내가 전화를 못 한다"고 했더니, 다음날 냉큼 휴대폰을 만들어 전화를 걸어온 한초. 당황스러울 정도의 관심이었다. 집을 마련하고 낚시 보트를 사서 비즈니스를 시작하려 한다는 소식을 들었을 때도, 그게 과연 좋은 변화인지 적잖이 혼란스러웠다. 내가 보고 온 모습으로도 그는 충분히 평온해 보였는데….

딸아이는 편지를 다 읽고는 한초가 나를 좋아하는 게 분명하다며 호들갑이다. 딸들은 그가 내게 베푼 친절에 감사하며, 그의 고독을 위로한다며 함께 장을 봐서 고추장과 라면, 햇반 등을 보내 주기도 했다. 아이들은 그와 통화도 했는데, 참 따뜻한 사람인 것 같다며 기회가 되면 그를 보러 키웨스트에 가고 싶다고도 했다. 누구든지 그와 이야기해보면 그가 따듯하고 맑은 심성의 소유자임을 대번에 알게 된다. 그래서 나는 그와 헤어지고 올라탄 버스에서 하염없이 눈물을 흘렸는지도 모른다.

그렇게 한초 생각을 하다 키웨스트로 전화를 걸었다. 몇 번의 신호음이 울리더니, 한초의 편안하고 다정한 목소리가 듣기 좋게 울린다. 잘 지내냐, 나는 캐나다를 여행 중이다, 지금 여긴 토론토라고 하니, 들뜬 목소리로 자기가 당장 오겠다고 한다. 함께 여행하고 싶다며, 캐나다의 좋은 곳들을 자기가 안내하고 싶다고. 그 마음을 어떻게 받아들일지 몰라 서울로 곧 돌아간다고 둘러댔다. 부디 더 머물러 달라고 채근하는 그의 말에 짧고 단호하게 "그럴 수 없다"고 했다. 타인에게 예의 없이 함부로 구는 건 절대 용납 못하는 체질이건만, 이때는 그래야 할 것 같았다. 그의 실망하는 목소리를 들으니 마음이 아팠다. 마음이 여린 한초. 그는 나에게 마음을 열고 있지만 나는 독백만 거듭한다.

"한초, 나는 아니에요."

안개가 자욱하게 내린 토론토의 밤, 서운한 목소리로 전화를 끊은 한초의 마음에도, 내 마음에도, 무겁게 안개가 내려앉는다.

캐 네 디 언 로 키

15

달리는 기차

출발 전 꼭 해야 할 일이 있다. 여행에의 의지, 행복에의 의지를 다지는 것. 스스로 즐기려고 해야 즐거워지고, 스스로 행복하려고 해야 행복해진다. 그렇게 여행의 행복도 결국 자신이 만들 바다.

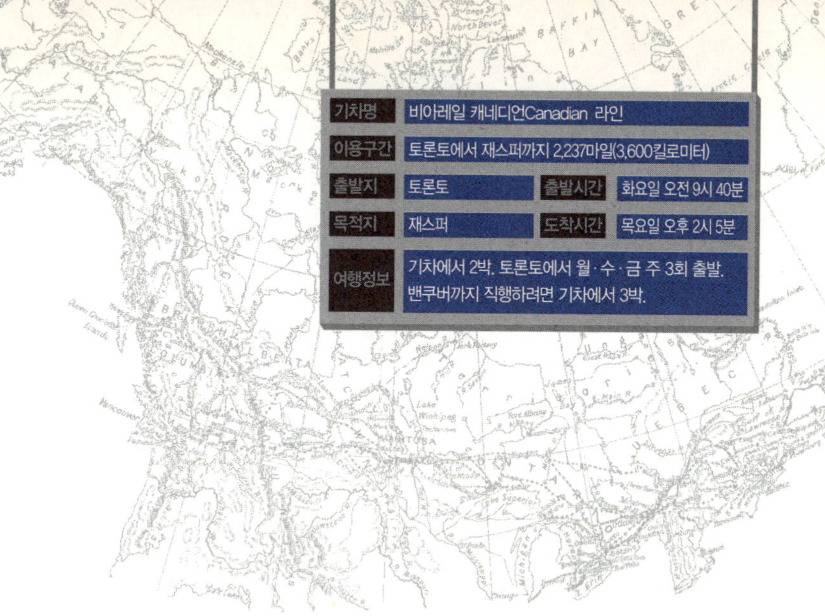

기차명	비아레일 캐네디언Canadian 라인		
이용구간	토론토에서 재스퍼까지 2,237마일(3,600킬로미터)		
출발지	토론토	출발시간	화요일 오전 9시 40분
목적지	재스퍼	도착시간	목요일 오후 2시 5분
여행정보	기차에서 2박. 토론토에서 월·수·금 주 3회 출발. 밴쿠버까지 직행하려면 기차에서 3박.		

핼리팩스 친구들 다시 만나다

밤새 뒤척이며 잠 못 이루었지만 어스름 새벽 속으로 배낭을 메고 나서니 마음은 금세 상쾌해지고 발걸음도 가볍다. 토론토를 출발하여 밴쿠버까지 달릴 캐네디언 라인을 타러 나서는 길이다. 장장 3박 4일을 가야 하는 긴긴 여정이지만, 설렘 속에 맞이할 아름다운 인연과 풍경들을 생각하니 얼른 기차에 몸을 싣고 싶다. 귓가에는 벌써 "올 어보드, 올 어보드!"의 환청이 요란하다.

메트로와 함께 있는 토론토 역. 출근하는 사람들의 물결이 쏟아지듯 밀려나와 와르르 사방으로 흩어져 흐른다. 그 사이를 헤집고 캐네디언 탑승구를 찾아 짐을 내려놓았다. 이곳에서 보기로 했던 핼리팩스 친구들이 혹시 안 왔나 두리번거리는데, 역시나, 어디선가 "킴!"하고 부른다. 데이비드, 그리고 비키와 개리 커플이다. 뒤이어 제이제이도 나타났다. 터프가이인 척 생겨놓곤 순둥이에 소녀 같이 수다스러운 청년 둘도 여전히 소란스럽게 우리를 향해 달려왔다. 우리는 모두 오랜 친구를 만나는 것처럼 시끌벅적한 해후를 했다.

또 저 멀리 낯익은 얼굴이 보인다. 바로 그 일본 청년! 세 번의 우연은 필연이라던데, 이 친구는 어째 인사를 건네는 법이 없다. 그래도 나는 굴하지 않고 반갑게 인사를 했다. 역시나 돌아오는 건 반가운 인사가 아니라 쑥스러운 미소뿐이다.

통근자들을 모두 소화해낸 캐네디언 라인 대합실은 마치 만남의 광장 같다. 코리더 라인에서 만났던 단체 노인 관광객들도 이곳에서 만났다. 나를 기억한다며 눈인사를 보낸 그들은 이 열차를 타고 에드먼턴까지 간다고 한다.

재미있게도 핼리팩스 친구들과는 모두 같은 차량에 타게 되었다. 친구와 못 떨어진다고 보채는 어린아이들처럼 우리 모두는 한목소리로 역무원을 들들 볶으며 졸라댔다. 그렇게 우리는 다시 뭉쳤다. 마냥 신나고 들뜬 게, 숫제 무슨 대학 동아리 엠티를 떠나는 것 같다.

출발 전 꼭 해야 할 일이 있다. 여행에의 의지, 행복에의 의지를 다지는 것. 스스로 즐기려고 해야 즐거워지고, 스스로 행복하려고 해야 행복해진다. 그렇게 여행의 행복도 결국 자신이 만들 바다. 어디서 거저 주어지는 게 아닌 거다. 다른 사람도 배려하며 주어진 상황을 최대한 재미나게 보내는 힘을 배터리 네 칸 모두 꽉 차게 충전시켜야 한다. 자, 여행준비가 다 되었으니 이제 동무들과 함께 어울려 캐네디언 열차를 즐기기만 하면 된다. 드디어 출발이다!

환 상 적 오 리 무 중

자리를 잡고 앉은 우리는 서로 안부를 묻느라 바쁘다. 데이비드가 "너를 위해 준비했어"라며 기념품 하나를 또 선물했다. 우리 건너편에는 알젠이라는 네덜란드인이 앉았다. 처음에는 말이 없고 내성적인 듯 입을 닫고 있더니, 내가 코리아에서 왔다고 말하자 히딩크 얘기부터 해서 금세 스스로 벽을 허문다. 잠잠…. 아침 일찍 기차를 타러 오느라 다들 피곤했는지 차츰차츰 말이 없어지더니 이내 모두 곤하게 잠을 청한다.

덜커덩! 둔탁한 소리에 눈을 뜨니, 안개 자욱한 숲속에 기적 소리 홍건하다. 물안개 자욱한 호수와 안개에 젖어 더욱 진한 빛을 내뿜는 아름다운 단풍잎들. 황금빛으로 물든 자작나무 잎들이 창밖 가득 펼쳐진다. 오래 전 독일의 바이마르Weimar를 벗어나던 기차가 떠오른다. 그때도 이렇게 짙은 안개 속을 달렸다. 가끔 꿈에 등장할 정도로 인상 깊었던 그 장면이 다시 눈앞에 펼쳐지고 있다. 숲 사이로 '미완성 교향곡'이 울려 퍼진다. 기적소리와 어우러져 음악은 한껏 고조된다. 온 몸이 간질간질하다. 마음 한구석에서 음악과 풍경이 한데 어우러져 범벅으로 요동치는 탓이다. 이럴 때 아름답다는 형용사는 너무 모자란다.

미국의 엠파이어빌더와 캐네디언 라인은 거의 같은 지형대를 관통한다. 똑같이 북미대륙의 오대호 유역과 대평원, 로키산맥을 지나는데, 국경을 두고 남쪽과 북쪽에서 각각 달린다. 그러고 보니 호수지역을 벗어날 때 엠파이어빌더는 아름다운 일몰을 따라갔었다. 그 환상의 코스를 어찌 잊을 수가 있을까.

지금 캐네디언이 달리는 곳은 휴런 호수와 슈페리어 호수 위 어디쯤에서 피어올랐을 하얀 안개 속이다. 안개, 화사한 단풍, 황금빛 자작나무 숲,

오늘의 이 아름다운 풍경 또한 '캐네디언 라인'이라는 이름이 떠오를 때마다 매번 그리워할 것 같다.

칭찬은 인색하지 않게

카페 라운지는 늘 향긋한 커피 냄새로 가득하다. 카페 라운지의 점잖은 신사 승무원은 오른쪽 입술을 살짝 들어올리며 웃는 표정이 멋지다. 그의 커피는 훌륭한 바리스타의 커피처럼 유난히 신선한 향을 머금고 있다. 모두들 그가 커피를 끓이기 시작하면 최면에 걸린 듯 흠흠거리며 카페로 가 뜨거운 커피 한 잔씩을 들고 나온다. 커피 맛을 보고서 모두 엄지손가락을 치켜올리며, 거의 모두 거침없이 리필을 외친다.

"당신 커피는 내가 먹어본 것 중에 최고랍니다. 커피의 농도가 짙지도 흐리지도 않고 향기가 살아 있어요. 이 커피가 자꾸 나를 이리로 오게 해요. 암트랙을 탔을 때는 커피 농도가 너무 짙고 향은 무뎠는데, 그것과는 차원이 달라요."

내 찬사를 들은 그는 특유의 미소를 띄우며 내게 건네려던 커피를 냉큼 버렸다. 그리고는 새로 원두를 갈고 커피를 내려 윙크와 함께 건넨다. 맙소사, 더욱 맛있다! 그뿐인가. 그는 잠시 후 내 자리로 와서 비아레일 기념 여행용품 세트까지 건네주었다.

역시 칭찬에는 인색하지 말아야 한다. 칭찬은 고래도 춤추게 한다는 말이 실감나는 순간이었다. 진심으로 칭찬하는 즐거움, 기분이 좋아진 상대방의 뿌듯한 미소를 보는 즐거움, 또 이렇게 받는 즐거움. 인색하지 않은 칭찬은 이렇게 유쾌한 일을 부른다.

전망차 가득 향기로운 커피향이 진동한다. 카페 라운지 바로 위라서 그렇기도 하지만, 무엇보다 커피향을 만들 줄 아는 바리스타 승무원 덕이다.

돔 지붕으로 주홍빛이 스멀스멀 배어든다. 바닥을 제외한 모든 벽면이 유리로 되어 있는 비아레일의 전망차. 그 유리벽에 기대면 기차의 속도감이 고스란히 온몸으로 전해진다. 묘한 스릴은 덜컥 겁이 날 지경이다. 그럴 때면 고개를 들어 하늘을 볼 일이다. 구름을 뚫고 하얀 속살처럼 지구 위로 떨어지는 햇살은 전망차 속으로도 눈부시게 작열한다. 갈팡질팡, 파란 하늘과 짙은 구름 사이를 드나드는 태양이 분주하다.

가끔 이런 상상을 해본 적이 있다. '내 집 사방이 유리로 되어 있다면 어떨까?' 집의 유리 천장을 올려다보며 지나는 달도 보고 반짝이는 별도 찾고, 비 내리는 것, 하얀 눈이 소복이 내리는 광경 모두 천천히 지켜보고 싶었던 것인데, 이 전망차가 딱 그런 곳이다. 다만, 푹신한 침대가 없다는 것만 빼고….

기차가 다시 호수를 지난다. 잔잔한 수면, 그 위의 작은 섬들, 그 섬에 지어진 오두막 한 채. 작은 보트하우스도 보인다. 숲은 호수 위로 긴 그림자를 아름다운 실루엣으로 드리운 채 자태를 뽐내며 서 있다.

철로 주변에서는 어린 짐승들이 이따금 눈에 띈다. 기차의 기적소리는 그들에게 조심하라고 일러 주는 자상한 경보 같다. 풍성한 수염을 기른 듬직한 털보 아저씨가 굵은 바리톤의 음성으로 얘기하는 거다.

"얘야 안심해, 아무 일 없이 잘 가고 있으니."

이런 순간들이 있어 늘 여행을 꿈꾼다

어느 일본 사진작가의 글에서 비아레일의 음식이 맛있다고 읽은 적이 있다. 그래서 저녁 시간이 다가올수록 점점 가슴이 부푼다. 데이비드와 네덜란드인 알젠, 그리고 새로 알게 된 느끼남과 함께 한 테이블에 둘러앉았다. 이 느끼남은 데이비드와 내가 '멍턴'이라는 별명을 붙여주었다. 데이비드는 자신이 식당칸의 승무원과 아는 사이라며 맛있는 메뉴를 추천해 달라고 했다. 대체 식당칸 승무원은 어떻게 아느냐고 물으니 그는 "뭐, 이래저래"라며 대수롭잖게 대답한다. 우리 모두는 그런 그를 신기해 했다. 여기저기 약방의 감초처럼 기웃대며 누구하고든 어울리고자 하는 성격 덕분이라고 생각했지만, 제대로 대답도 해 주지 않는다. 어쨌든 그의 신비주의 전략은 성공적이어서 모두들 그를 재미있어 했다.

창밖엔 해가 거의 저물어, 하늘이 한창 푸른 잉크빛으로 물들고 있다. 예쁘게 달이 떠 있고 그 옆으론 별도 총총 반짝인다. 식사를 하며 두런두런 얘기 보따리를 푸느라 미처 보지 못했던 창밖이 어느새 이렇게 아름답게 변한 걸 보고 우리는 서둘러 전망차로 올라갔다. 하늘은 그새 좀 더 잉크물이 들었다. 그만큼 유리천장 밖의 별빛은 더 총총하다. '쏟아질 것 같은 별'이라더니 딱 그런 풍경이다. 여기저기서 "뷰티플"이라는 탄성이 터진다.

이 순간, 하늘이 막 어둠의 경계를 넘어들어온 순간, 빛과 어둠은 절묘하게 어울려 최상의 조화를 자아낸다. 짧지만 강렬한 순간이다. 곧 온통 어둠이 닥칠 것을 알기에 더욱 쓸쓸한 이 순간은, 늘 아름다움과 슬픔이 뒤섞인 묘한 정서를 불러일으킨다. 아무리 붙잡으려고 해도 끝내 붙잡을 수 없는 이 시간, 밤하늘을 크고 넉넉히 내다보며 달리는 이 기차, 살아 숨 쉬는 자연, 이 모든 것이 모여 내 마음엔 황홀함이 꽃핀다.

서울에서 밤하늘을 올려다본 적이 대체 있기는 했던가. 서울의 저녁 시간, 텔레비전이나 보다가 바쁘게 저녁을 준비하고, 이따금 아파트 창밖으로 내다보던 바로 그 거무튀튀하던 하늘이 이렇게나 아름다울 수 있을 줄은 몰랐다. 아니, 잊어버리고 살았다. 이런 순간, 이런 깨달음이 있어 난 늘 어디론가 여행을 꿈꾼다.

*

새벽에 눈을 떴다. 간밤에는 데이비드와 알젠 덕분에 편하게 잠을 잘 수 있었다. 의자의 발걸이를 잘 이용할 수 있도록 아이디어를 준 것. 마치 접이식 침대를 펼친 것처럼 좌석을 꾸며준 건데, 샌드라는 그걸 보고 스위트룸이라며 부러워했다.

'다들 아직도 자나?' 이리저리 둘러보니 정작 아이디어를 준 데이비드는 잔뜩 웅크리고, 알젠은 큰 키의 몸을 좌석에 축 늘어뜨린 채 자고 있다. 알젠 뒤에 앉은 아미쉬 노부부는 "좋은 아침"이라고 인사하고는 새벽 풍경을 보러 전망차로 올라간다. 암트랙에서 만난 아미쉬들과는 달리 이 노부부는 아주 사교적이고 늘 친근한 웃음을 띠고 있다. 뭐가 그리 신나는지 기차 안에서도 부지런히 여행을 즐기는 커플이다.

카페 라운지의 서비스는 아직 시작하지 않았다. 대신 라운지 바의 불빛 아래 책을 읽는 이, 창문을 열어 놓고 담배를 피우는 이가 있었다.

전망차는 거의 텅 비었다. 밖으로는 이파리를 다 떨궈낸 나무들이 흰 기둥을 드러내고 있다. 앙상하고 어두운 가지들과 어우러져 쓸쓸한 분위기를 자아내는 자작나무. 곧 저 잔가지들 위로 풍성하게 눈이 내려앉아 쌓일 터이다.

바이칼 호숫가의 겨울 눈밭, 자작나무 숲속의 한 통나무집에 머문 적이 있다. 매섭게 부는 바람 속으로, 코끝이 찡할 만큼 차가운 공기를 들이마시며 달빛 산책을 즐겼던 기억이다. 달빛에 빛나던 눈 덮인 자작나무 숲길을 홀로 거닐었지…. 지금 이 새벽의 기차여행이 그날의 달빛 산보를 떠올리게 한다. 이제 기차는 키 작은 관목 숲을 지난다. 햇빛에 반사된 유리 차체가 크리스탈처럼 반짝인다. 물안개가 피어오르는 신비로운 호숫가 저 너머로 쓸쓸하고도 아름다웠던 바이칼의 자작나무 숲이 보이는 것 같다.

안개! 안개 속을 헤매는 것은 이상하다.
덤불과 돌들은 모두 외롭고 나무들도 서로가 보이지 않는다.
나의 삶이 아직 밝았을 때에는 세상은 친구로 가득 차 있었지만
그러나 이제 안개 내리니 누구 한 사람 보이지 않는다.
안개 속을 헤매는 것은 이상하다.
살아 있다는 것은 고독하다는 것.
사람들은 서로를 알지 못한다.
모두가 다 혼자이다.

불현듯 다 외지도 못하는 헤르만 헷세의 시가 마음속에 요동친다. "안개 속에 서면 모두가 다 혼자이다." 시인의 절창이 유난히 가슴을 울리는 새벽이다.

부 모 님 생 각

기차는 스물 두 시간 째 달리고 있지만 아직도 온타리오 주를 벗어나지 못했다. 아침이 밝자 사람들이 하나 둘 전망차로 올라온다. 모두 많은 시간을 전망차에서 보내기 때문에 하루가 지났을 뿐인데도 대부분 익숙한 얼굴들이다. 열차에 커피 냄새가 은은히 퍼지기 시작할 때쯤 소방관 아저씨도 전망차에 모습을 드러냈다. 진짜

소방관은 아니고 구레나룻을 멋지게 기른 할아버지가 머리엔 소방관 학교 모자를, 가슴엔 워키토키 같은 소형 무전기를 달고 다니기에 내가 '소방관 아저씨'라고 부르기 시작했는데, 그 후 다들 그렇게 불렀다. 그도 그럴 것이 내가 그렇게 부르자 할아버지는 뛸 듯이 기뻐하셨다.

"어린 시절 내 꿈이 소방관이었는데, 그 이루지 못한 꿈을 당신 덕분에 이룬 것 같아요."

일흔이 넘은 나이에도 아직 어린 시절의 꿈을 잊지 못하고 소방관 코스프레를 하고 있는 그의 모습은 다시 어린아이 같다. 그 순수함은 자기의 꿈을 잊지 않고 즐기며 사는 데서 자연스레 배어나온다. 나도 저렇게 순수한 꿈을 향해 살아야 할 텐데.

에디 할아버지와 그의 친구 분은 80의 연세가 믿기지 않을 정도로 건강해 보인다. 토론토 근교의 마을에서 같이 사신다는데 어렸을 적부터 친구지간인지 토닥토닥 다투는 모습이 귀엽다. 그러면서도 한 쪽이 화장실에서 좀 오래 있다 싶으면 안절부절 못하고 금세 화장실로 따라가 친구 이름을 부른다. 그 우정에 절로 미소가 번진다.

치매에 걸린 할머니와 함께 여행하시는 할아버지가 홀로 전망차로 올라오셨다. 체구도 자그만 그 분이 할머니를 얼마나 세심하게 챙기는지 모른다. 음식이며, 잠자리며, 할아버지는 귀찮고 고생스럽다는 표정은커녕 아주 사랑스럽다는 눈빛으로 할머니를 보살핀다. 할머니가 겨우 잠에 들고 나면 할아버지는 그제야 이 전망차로 올라와 하염없이 창밖만을 바라다본다. 할아버지가 할머니를 어루만지는 마음이야 너무나 보기 좋았지만, 창밖을 응시하며 홀로 선 그분의 유난히 작은 체구를 볼 때면 어김없이 마음이 저려왔다. 오랫동안 중풍을 앓으셔서 고생했던 내 어머니, 그리고 곁에서 늘 극진히 보살펴 주시던 아버지가 생각났기 때문이다.

부부가 함께 늙어간다는 것은 큰 복인 것 같다. 어머니께서 돌아가신 후 일 년 뒤 정정하시던 아버지까지 갑자기 세상을 뜨셨다. 우리 형제간은 많았지만 모두 성장하여 집을 떠났고 슬하에 자식들을 두면서부터는, 연로하신 부모님과 몸으로든 마음으로든 늘 함께 할 수가 없었다. 아버지께는 자식들이 아무런 위안도 도움도 못된 것 같다. 병으로 누워 계시던 어머니보다 더 못했다 싶어, 죄스러운 마음뿐이다. 너무나도 고맙고 그리운 나의 부모님. 이렇게 아름다운 곳을 부모님과 함께 볼 수만 있다면…. 시야가 온통 흐려진다.

시욱스 룩아웃Sioux Lookout. 동부시간대에서 중부시간대로 넘어가는 곳. 시계를 다시 맞춘다. 15분 간 정차하는데 모두 내려서 신선하고 촉촉한 공기를 쐰다. 토론토 열차에서 본 미국 할머니들이 산책하러 나와 함께 걸었다. "재미있게 보내고 있니?" 한 분이 내 어깨에 손을 올리며 다정하게 묻는다. 검버섯이 핀 마른 손. 매끄러운 느낌이 마치 어머니의 손길 같다. 따뜻한 느낌이 전해져 온다.

겨자씨만한 믿음과 고독

뉴펀들랜드에서 여행자용 숙소B&B를 운영하는 샌드라는 관광객이 거의 없는 겨울이면 빅토리아의 이모 집으로 일을 하러 간다. 대화를 할 때면 재미난 표정을 지으며 실감나게 이야기하는 재능을 가진 샌드라. 나와 비슷한 연배인 그녀와 나누는 대화의 테마는 대개 사랑의 상처 혹은 나이 들수록 더해지는 고독 등이다.

여호와의 증인인 샌드라는 내게 겨자씨를 주며 성서 이야기를 해 주었다. 겨자씨가 참깨만한 크기란 걸 처음 알았다. 그 겨자씨만한 믿음만 있어도 뭐든지 이겨낼 수 있다는 게 샌드라의 요지다.

그렇구나. 내게는 그만큼의 믿음도 없구나. 가장 사랑하고 신뢰해야 할 사람에 대한 배반감, 그에 따른 믿음의 결핍은 날 고립무원의 나락으로 떠밀었다. 서울의 하루하루가 너무 막막했고, 나는 견디기 위해 떠나야 했다. 하염없이 떨어지던 나도 무언가에 걸려 와락 멈춰야 했고, 내 추락에 날개가 되어준 게 바로 여행이었다. 처음에는 어찌나 고독한지 길을 혼자 떠나는 게 불현듯 두렵게 느껴졌지만, 차츰차츰 새로운 사람들과 낯선 여행지의 길이 모두 나의 친구라는 것을 깨달았다. 그러나 내 속엔 여전히 타인에 대한 믿음이 없다. 아니, 믿음이 없다기보다는 믿기가 두려웠다.

내 속 깊은 곳의 고독은 바로 여기서 온다. 겨자씨만한 믿음조차 내게 없는 탓에 세상과 어울리고 싶은 내 본능을 스스로 억누르며 자꾸만 움츠러들려 한다. 더 이상 상처 받고 또 주고 싶지 않은 마음에 무엇에든 기대려 하지 않는다. 그저 일정한 거리에서 웃고 대화하고 마음을 나눌 뿐이다. 한초를 섭섭하게 한 것도, 자꾸 떨어지라고 떼미는 것도, 그러니까 움츠러든 내 맘 탓인 거다.

캐네디언 친구들

"왼쪽 위를 보세요, 멋진 독수리가 날아가네요!" "오른쪽 아래를 보세요, 엘크예요, 엘크!"

익살꾼 데이비드의 말에 따라 전망차 사람들의 고개가 오른쪽 왼쪽으로 일제히 돌아간다. 만화의 한 장면 같다. 어쩜 저렇게 빨리 볼까? 귀여운 데이비드, 저렇게 미워할 수 없는 사람도 있긴 있구나 싶다.

볼이 빨간 금발의 알젠도 데이비드가 멋지다며 박수를 보낸다. 소년 같은 얼굴의 키다리 아저씨, 그런 모습의 알젠은 이제 특유의 나긋나긋

함으로 우리와 말도 많이 하고 잘 어울린다. 항공관제사라는 그는 미국과 캐나다를 여행 중인데, 밴쿠버에 산다는 형님 가족을 보고 암스테르담으로 돌아갈 예정이다.

장난꾸러기 데이비드의 중계방송 탓에 떠들썩한 열차 안이지만, 제이제이는 어김없이 CD를 듣고 있다. 캐나다 동부 노바스코샤 주의 시드니에 산다는 그는 언뜻 봐도 조용한 인상이다. 겨울이면 늘 이렇게 여행을 다닌다는 제이제이. 우리가 처음 만난 건 핼리팩스의 YH에서였는데, 그때부터 죽 그의 손에서는 CD플레이어가 떠나질 않았다.

제이제이와 나는 서로의 CD 보관함을 뒤적이며 두어 시간 함께 음악을 들었다. 그는 내가 권한 정수년의 해금을 아주 좋아했고, 나도 그가 좋아한다는 클래식 기타 음반을 들으며 생각했다. '음, 음악 취향이 나와 비슷하군.' 내 클래식 콜렉션을 보며 그도 슈만과 드보르작을 좋아한다고 했고, 엠씨 더 맥스의 가요 '사랑의 시'도 자꾸 듣고 싶어 한다. 마침 내 CD플레이어의 배터리가 떨어지자 새 배터리를 두 개나 건네면서 이렇게 덧붙인다. "내 CD 중에 아직도 네가 들어야 할 게 많아." 받는 손이 무안하지 않게 배려하는 마음이 물씬 묻어나는 말이다. 제이제이는 선의를 베푸는 데 참 익숙한 사람이다.

승무원이 안내 방송을 통해 양키스와 레드삭스 팀의 게임 스코어를 일러준다. 각자 좋아하는 팀의 이름을 부르며 환호하느라 열차 안이 한번 더 시끌벅적해진다. 미국 야구 팬들을 위해 미국 프로야구 결과를 일러주는 캐나다 비아레일의 서비스가 퍽 인상적이다.

기차가 작은 역에 잠깐 정차한다. 빈 선로 위를 사슴 가족이 어슬렁거리고 있다. 유난히 햇빛이 좋은 날이다. 그 온기에 녹은 들판의 서리가 비 온 뒤처럼 방울방울 영롱하다.

위니펙, 곰돌이 푸우의 고향

지루함 없이 시간은 빠르게 지나고 있다. 기차는 어느새 매니토바 주의 위니펙에 가까워지고 있다. 드디어 온타리오 주에서 벗어나는 곳. 나는 미리 시계를 맞추어 놓았다. 이곳에서 한 시간 동안 정차한다는데, 데이비드는 이곳 역 근처에 마트가 있다며 다 같이 먹을거리 쇼핑을 가자고 제안하였다. 갑자기 소나기가 퍼붓는데도 아무 상관없다는 듯 모두가 우르르 쏟아져 내려 마트로 향했다. 여행 친구들과 함께 이것저것 구경하며 맛있는 걸 쇼핑해 뒀다 나중에 함께 나눠 먹을 생각에 모두 잔뜩 들떠 있다.

한창 과일을 만지작거리고 있는데, 알젠이 스낵코너에서 한국음식을 판다고 일러 준다. 점원이 한국 전통 의상을 입고 있었다는 것. 뭐라구, 한복을? 반신반의하며 가 보니, 정말 비빔밥과 불고기를 테이크아웃으로 파는 곳이었고, 진짜로 한복을 입고 일하고 있었다. 알젠은 월드컵 덕분에 한국의 전통 한복을 알게 되었다고 한다. 국제적인 행사의 힘은 역시 대단하다.

감탄만 하고 있을 수야 없는 노릇. 입에 군침이 돌아 나는 야채가 듬뿍 담긴 비빔밥을 주문했다. 어제 저녁 나에게 저녁을 대접했던 데이비드에게는 불고기 비빔밥을 사 주었다. 그가 받아들며 너무 고마워한다. '데이비드, 고맙긴 내가 더 고맙지. 게다가 넌 우리의 유쾌한 가이드잖아.'

노인 분들은 여기저기 분주하게 다니며 초콜릿이며 과자, 케이크 등을 잔뜩 고르고 알젠도 먹을 것을 샀다. 그런데 우리의 데이비드는 또 기념품 가게에 들어가 엽서를 고르고 있다. 못 말리는 데이비드. 그런 그의 뒷모습에 절로 피식 웃게 된다.

마트를 나오니 소나기는 그쳐 있다. 기차가 떠날세라 분주히 걸었더니 좀 시간이 남는다. 역사 안 대기실에서 앉아 숨을 고른다. 내 옆은 미소가 늘 떠나지 않는 아미쉬 부부다. 무엇을 샀는지 물으니 할아버지는 유머 넘치는 윙크와 함께 살짝 외투를 열어 보인다. 안주머니에 든 포도주 한 병. 모든 아미쉬 남성들이 근엄한 가장의 모습을 보여 줄 것이라고 생각했는데, 할아버지의 그 귀엽고 익살맞은 표정은 정말 잊을 수 없을 것 같다.

열차에 오르니 새로 탄 승무원 세 명과 데이비드가 서로를 알아보고 반갑게 인사를 나눈다. 그러자 멍턴이 묻는다. "어이 데이비드, 너 열차 승무원이었어?" "아냐. 난 코스트코에서 일한다구. 하하하!" 도대체 그의 정체가 뭘까? 어떻게 이 노선이 지나는 곳의 특성, 승무원 그리고 요리사까지 모두 꿰고 있는 것인지. 아무튼 그는 신기하고 재미있고 갈수록 궁금해지는 사람이다.

저녁시간이 되자 하나 둘씩 쇼핑해온 먹을거리들을 펼치기 시작한다. 나도 비빔밥을 풀어 빨간 고추장에 비볐고, 간장소스를 가져온 데이비드도 열심히 나를 따라 밥을 비볐다. 빨갛게 비벼진 밥을 한 숟가락 크게 들어올려 입에 쏙 넣는데, 유난히 한쪽에서 시선이 느껴진다. 금발의 빨간 볼 소년, 알젠이다. "이거 많이 매운데, 먹어볼래?" 그러자 알젠은 기다렸다는 듯 고개를 끄덕인다. 한 입 먹어보더니 전혀 맵지 않고 굉장히 맛있다며 그 이후로 계속 내 비빔밥을 같이 나눠 먹었다. 데이비드도 불고기 비빔밥이 맛있다며 호들갑이다. 물론 그는 맛이 없어도 맛있다고 할 사람이다. 그가 진짜 맛있게 먹었기를 바랄 따름이다.

식사를 마친 사람들은 커피를 한 잔씩 사들고 전망차로 오른다. 익숙한 얼굴들이 우리를 보고 손을 흔든다. 알젠은 땅콩 초콜릿을, 에디 할아버지는 위니펙에서 산 케이크가 맛이 좋다며 내게 권했다. 난 참 어딜 가나 먹을 복이 많다! 다들 마트에서 사온 스낵들을 꺼내놓고 둘러앉아 이따금 밤 풍경도 내다보며 도란도란 이야기꽃을 피운다.

나는 유럽의 열차, 미국의 열차, 시베리아 횡단 열차 등 많은 기차를 타며 여행해 보았지만 이런 분위기는 어디에서도 느껴보지 못했다. 남녀노소가 모두 모여 서로 친구가 되고 아버지도 되고 삼촌, 이모가 되고, 숫제 가족 여행이라도 하고 있는 듯한 느낌이다.

*

전망차에서 내려오니 데이비드가 또 선물을 두 개나 건넨다. 연어를 입에 물고 있는 곰과 캐나다의 지도를 새겨 놓은 작은 나무 액자인데, 위니펙의 기념품가게에서 산 거였다. 벌써 세 번째다. 진정 부담스러워 연신 고맙다고 말했지만, 그는 오히려 내가 고맙단다. "내가 뭘 했다구? 아무튼 한국에 돌아가면 멋진 한국의 카드를 보내주마, 데이비드!"

샌드라가 그 곰 선물을 보고 디즈니 만화 푸우 얘기를 꺼낸다. 바로 그 곰돌이 푸우의 이야기가 여기 위니펙에서 시작되었다는 것. 1차대전 때 캐나다군이 서부에서 동부로 이동하던 중 위니펙을 지나게 되었다. 한 장교가 엄마 잃은 새끼 곰을 측은히 여겨 곰 사냥꾼에게서 그 새끼 곰을 샀다. 그래서 새끼 곰 이름이 '위니'가 된 것이다. 위니는 부대의 마스코트가 되어 영국까지 가게 되었다. 그 후 위니는 런던의 동물원에 기증되어 그곳에서 사랑을 받았다. 위니를 좋아한 한 소년의 아버지가 작가였는데, 아들이 곰 인형에 '위니 더 푸우'Winnie the Pooh라는 이름을 붙인 걸 보고는 아름다운 동화를 만들었다는 것. 그 동화가 디즈니에서 영화로 만들어졌고 곰돌이 푸우는 더욱 유명해지게 되었다.

샌드라의 곰돌이 푸우 이야기를 시작으로 열차 안 여기저기서 또 이야기꽃이 핀다. 이미 밖은 깜깜밤중이다. 내 시트가 중간이어서 내 자리 주변으로 친구들 모두가 뭉쳤다. 샌드라는 뒤돌아서서, 데이비드는 내 시트 등받이를 버팀목으로 삼아 몸을 앞으로 기대고, 알젠과 멍턴은 통로 옆으로 바싹 다가앉았다. 제이제이는 통로에 선채로, 아미쉬 부부는 비스듬히 옆으로 앉은 채로 함께 했다. 이렇게 모여 시작한 이야기 한마당에 때론 승무원까지 합세했다. 우리는 깔깔 웃기도 하며 시간 가는 줄 몰랐다.

캐네디언 열차에서의 두 번째 밤이 깊어간다. 좌석 곳곳에서, 전망차에서, 라운지에서, 처음엔 낯설었던 여행자들이 이제는 완연 친구가 되어 유쾌한 이야기들을 나누고 있다. "마치 파티 하는 밤 같다!" 승무원도 그렇게 놀라움을 표현했다. 승객들이 이렇게 좋은 분위기로 가는 것은 드물다는 것. 달리는 열차에서의 파티~! 이 소중한 시간, 내 인생에 다시없을 귀한 순간이라 생각하니, 간사하여라, 마음 한켠에서는 벌써 서운한 마음이 인다.

넘치게 행복한 순간들

캐네디언 기차에서의 셋째 날. 어김없이 새벽에 눈이 저절로 뜨인다. 창밖으로는 들판 가득 눈이 소복하다. 그 위로 더 뽀얗게 쌓인 안개. 세상은 온통 푸짐하게 하얗다.

하늘에는 아직 지지 않은 달빛이 흐린 전구처럼 빛나고 있다. 몽롱한 꿈길 속을 기차가 달리는 것 같다. 안개 속에서 어느 작은 마을을 지나는데 오렌지 색 불빛들이 나른하게 퍼져 있다. 아름다워라. 동화 속의 그림 같은 정경으로 내 마음속에 길이 새겨질 풍경이다.

맑지 않은 날씨라서 일출을 볼 수 있을까, 다들 갸우뚱하는 마음이었지만 그래도 일찍 전망차로 갔다. 눈 덮인 들판. 사슴 가족들이 숲에서 가까운 마을을 서성거렸고, 선로 주변에도 짐승 발자국들이 어지럽다. 둘둘 말린 마른 건초덩이가 규칙적으로 흩뿌려진 들판에도 사슴들이 한가롭다.

동쪽 하늘이 붉게 물들기 시작하면서 서쪽 하늘의 몽롱한 달빛은 사라졌다. 기차는 서쪽으로 줄기차게 달리고, 모두들 멋진 일출을 볼 수 있으리란 기대에 동쪽을 바라본다. 일출은 기대만큼 멋지게 떠올랐지만, 너무 후딱 떠올랐다. 안타까워라. 시간은 늘 이렇게 너무 빨리 흐른단 말이다.

*

따뜻한 커피와 함께한 아침이 지나고, 이제 기차는 에드먼턴Edmonton* 역에 정차한다. 앨버타 주의 주도인 이곳에서 역시 많은 사람들이 내린다. 에드먼턴에서 캘거리에 간다는 멍턴과 미국의 노인 관광객들도 내린다.

캐나다 앨버타 주의 주도. 로키산맥 동쪽 기슭의 대평원에 위치한 철도, 항공, 도로 교통의 요충지.

시간이 넉넉히 주어져서 산책을 하려고 나오면서 떠나는 이들에게 아쉬운 작별인사를 건넸다. 한 미국인 노부부가 기념사진을 찍자고 해서 비아레일을 배경으로 사진을 찍었다. 그러자 여기저기서 노인분들이 사진을 찍자고 하셨다. 물론 에디 할아버지와 그 친구 분과도 함께. 난 어디를 가나 특히 노인 분들에게 인기가 많다. 물론 기쁜 일이지만, 이왕이면 멋지고 젊은 신사들에게 인기 있었으면 더 신날 텐데…. 어느새 기차가 떠날 채비를 마쳤나 보다. "올 어보드, 올 어보드!"

새로운 사람들이 열차에 올랐다. 데이비드는 새로 올라탄 사람에게 마치 자신이 승무원인 양, 능청스레 기차를 안내한다. 그 모습에 진짜 승무원도, 새로 기차에 오른 사람도 모두 웃는다. 나도 그 모습에 눈물 나게 웃었다. 이제 나는 곧 재스퍼에 내리게 된다. 순간순간이 파티와 같던 이 열차에서 내려야 한다니…. 재미있고 친절한 데이비드, 그리고 밝게 웃는 샌드라와 알젠. 너무나 내리기 싫다. 하지만 우리는 저마다의 목적지를 두고 기차 위에서 만난 사이. 결국 모두 각자의 길로 떠날 사람들이다.

알이란 분은 진짜 터프한 아저씨다. 그러니까 데이비드와 정반대라고 생각하면 된다. 데이비드는 온 동네 돌아다니는 개구쟁이처럼 놀고, 알은 보스처럼 라운지에 죽치고 앉아 주변으로 모이는 사람과 대화하며 지내는 듬직한 사나이다. 그는 아주 잘 어울리는 선글라스를 썼고 큰 키에 체격도 좋았다. 열차에 있는 내내 서부 사나이 같이 폼 잡고 라운지 코너에 붙박이처럼 앉아 지냈다. '라운지의 두목'이라고나 할까.

그런데 그가 오늘 아침은 전망차에 오르는 계단 옆에 앉아 있다. 그러고 보니 그의 라운지 자리엔 다른 사람이 앉아서 컴퓨터를 쓰고 있다.

"하이, 알. 오늘 당신 집은 어떻게 하고 여기에 앉아 있어요?"

그의 옆에 앉으며 그렇게 능치니까 "잠시 빌려줬어"라며 사람 좋게 웃는다. 오호, 빌려준다? 그럼 내게도 빌려줄 수 있냐고 했더니, "너 필요할 때 줄게. 그리고 넌 공짜야"라고 한다. 그렇게 이야기를 시작하니 그는 내가 가는 스케줄과 다녀온 스케줄을 소상히 알고 있었다. 어떻게 그렇게 잘 아느냐고 눈이 동그래져 물으니 "넌 이 열차의 무비 스타야. 이 열차의 모두가 널 알지. 넌 밝고, 그리고 스마일도 예뻐"라며 엄지손가락을 치켜 올린다. "모두들 널 좋아해서 너와 얘기하는 것을 좋아하지. 넌 모두를 즐겁게 해 주는 사람인가 봐."

난 그의 말에 너무 감동 받았다. 오히려 나는 그들로부터 행복한 기억을 얻었는데, 그들은 이렇게 멋진 칭찬까지 내게 선사한다. 대단한 사람들. 신이 난 나는 그의 모습을 냉큼 카메라에 담았다. 사진을 꼭 전해주겠다며 그의 이메일 주소를 적었다. 그를 보다 더 잘 기억하기 위해 이메일 주소 옆에 그가 쓴 멋진 선글라스를 그려 넣었다. 알은 내 메모를 보더니 무릎을 치며 크게 웃는다.

*

열차는 곧 재스퍼Jasper에 도착한다. 로키산맥의 절경으로 가득한 재스퍼국립공원의 중심지인 이곳에서 나는 밴쿠버로 가기 전에 이틀을 머무른다. 기차에서 내려야 하니까 이곳에서 모두와 작별인 거다. 천천히 가방을 꾸렸다. 내가 내릴 곳이라는 것을 아는 이들, 그리고 알게 된 이들이 다가와 인사를 한다. 악수하는 이, 안아주는 이, 볼에 살짝 뽀뽀하듯 인사하는 이. 정말 눈물이 날 정도로 아쉽고 감동적이다. 모두들 스스럼없이 마음을 툭 터놓고 지낸 터라 이별하는 게 간단치를 않다. 오랜 여행기간 동안 이렇게 많은 사람들에게 대접 받으며 여행하는 건 처음이다.

기차는 40분 후에 재스퍼를 떠난다. 친구들은 모두 나랑 같이 내려 재스퍼의 다운타운을 걸었다. 함께한 이틀의 추억에 대해서 이야기도 하고 기념품, 먹을거리 등을 사며 시간을 보냈다. 열차가 떠날 시간은 정말 후딱 닥쳤다. 이제 진짜로 헤어져야 하는 시간. 나에게 너무도 큰 웃음과 친절을 주었던 데이비드, 순진한 영혼으로 사람들을 따뜻하게 다독여 주던 알젠, 늘 행복하고 재미있는 이야기들을 들려 주던 샌드라, 그리고 나를 너무도 귀여워하셨던, 제일 서운한 기색을 보이시는 할아버지 두 분. 우리는 너무도 서운한 나머지 눈물을 글썽였다.

기차에 오르는 그들을 이제 내가 배웅하고 있다. 모두 기차에 오른 뒤 함께했던 창가에서 내게 손을 흔들어 주었다. 나도 손을 크게 흔들었다. 넘치게 행복했던 시간들이 코끝 찡하게 마무리되고 있다.

로키산맥에서

16

태평양까지

로키산맥의 주인공은 당연히 눈 덮인 장대한 산맥이다. 날씨가 좋아서 먼 산까지 잘 바라볼 수 있어 고마운 마음이 절로 든다. 이곳 북미대륙의 기차에서는 늘 자연의 아름다움 앞에서 지나치리만큼 감탄사를 남발하게 된다.

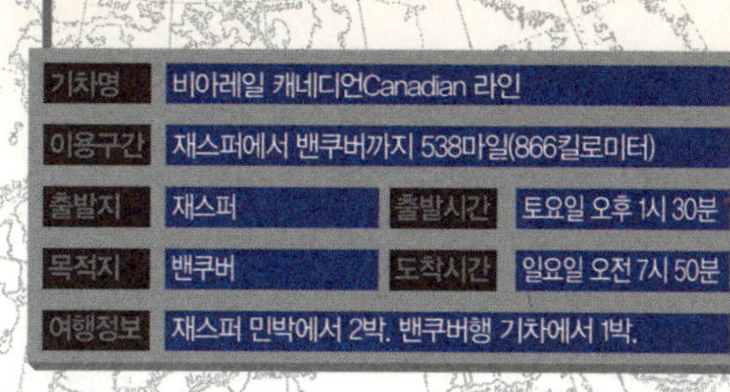

기차명	비아레일 캐네디언Canadian 라인		
이용구간	재스퍼에서 밴쿠버까지 538마일(866킬로미터)		
출발지	재스퍼	출발시간	토요일 오후 1시 30분
목적지	밴쿠버	도착시간	일요일 오전 7시 50분
여행정보	재스퍼 민박에서 2박. 밴쿠버행 기차에서 1박.		

재스퍼에 버려지다

재스퍼는 앨버타Alberta 주에 속한다. 로키산맥에 둘러싸여 있으며 다양한 호수와 협곡이 있는 아담한 곳. 재스퍼 역에 내리면 눈 덮인 피라미드 마운틴이 우리를 반긴다. 철이 많이 함유되어 붉게 보인다는 암석덩이의 산은 햇빛을 받아 더 붉었고 눈이 녹은 곳은 화려하게 빛났다. 화려한 그 위용을 오래도록 서서 바라보았다. 아무리 봐도 질리지 않을 화려함이다.

이곳 유스호스텔은 다운타운에서 멀리 떨어져 걸어서 갈 수도 없고 대중교통도 없다. 시즌에는 셔틀버스가 운행되지만 지금은 시즌이 아니다. 그래서 가이드북에서 택한 곳이 한인 민박인 할매 민박집. 내외가 재스퍼 역 앞에서 작은 마켓을 운영하며 자녀들이 떠난 빈방으로 꾸려가는 곳이다. 바로 역 앞에 그분의 가게가 있는데 한글로 작게 “민박 안내, 김치 팝니다”라고 쓰여 있어서 쉽게 찾을 수 있었다. 이민 오신 지 30여 년, 서스

캐처원Saskatchewan 주에서 대부분 사시다 재스퍼로 오신 지는 10년 남짓이다. 이 집은 통나무집인데 재스퍼에서 민속가옥 1호라 했다. 재스퍼에서 제일 첫 번째로 지은 집.

기념이 될 만한 집에서 자는 것은 좋았으나, 가격이 이제껏 묵던 YH에 비하자면 두 배나 된다. 독방의 넓은 침대가 탐나긴 하지만 식사가 포함된 가격도 아니다. 주인 내외께서는 부부싸움 뒤의 냉전 중인지 분위기가 심상치 않다. 이 민박에 손님이라곤 나뿐인데, 괜스레 눈칫밥만 배불리 먹는 거 아닌가 모르겠다.

게다가 올해는 다른 때보다 추위가 빨리 와 시즌이 일찍 끝났다. 그래서 거의 모든 투어프로그램이 스키시즌 때까지 문을 닫았다. 주인 할머니로부터 차를 렌트하던가 택시를 이용해야 둘러볼 수 있다는 말을 들으니 더욱 맥이 빠진다.

*

마음이 아프고 괴로운, 그런 꿈을 꾸었다. 새벽에 눈을 뜬 뒤에도 꿈속에서 너무나 힘들었던 마음이 남아 눈물이 흐른다. 이곳에 온 뒤로 계속 마음이 무거웠던 탓일까. 넓고 안락한 침대에서 잠이 들었는데도 편치 못한 잠자리였다. 사랑하는 사람들, 어제 헤어진 캐네디언 라인의 친구들 얼굴도 스쳐간다. 그런 마음을 떨치려 잠시 몸을 일으켜 마당으로 나왔다. 여러 마리의 사슴들이 동네를 어슬렁거리며 돌아다닌다. 쌀쌀한 공기 속 푸른 새벽빛은 왜 그리도 서럽도록 고독하게 느껴지는지….

할아버지가 개를 산책시키는 시간을 이용해 피라미드 호수에 데려다 주겠다고 한다. 할아버지께 호수보다 말린 계곡을 데려다 줄 수 있는지 물었다. "말린 계곡이 호수보다 볼 만하지. 그렇지만 좀 먼 곳이라…." 잠시 머뭇거리더니 "그러자"고 하신다. 그 마음이 고맙고 미안해 기름

값을 보태고 싶다 하니 두말 않고 50불을 내라 하신다. 아무 말 없이 드렸지만 그건 좀 많다 싶었다. 가이드북에 안내된 대로라면 시즌 투어 프로그램보다 더 비싼 거다. 어쩌랴, 뒤늦게 도착한 내 일정 탓이니.

말린 계곡은 생각보다 그리 멀지도 않았다. 차에서 내리는 내게 할아버지가 돌아올 때에는 히치하이킹을 해서 오라고 한다. 알아서 집에 오면 다시 시간을 내서 피라미드 호수에 데려다 주겠다는 것. 아니 이렇게 황당하고 야속할 데가! 할아버지는 내 옷이 부실해 보였는지 차 안에 있던 할머니 잠바를 내주셨다. 이제 갓 아침 아홉 시를 넘긴 말린 계곡. 차가 떠나니 앞이 깜깜해진다. 난 완전히 버려진 거다. 아무도 없는 말린 계곡에서 난 처절하게 미아가 된 기분이었다.

말린 계곡은 내 영역

이른 아침이라서일까. 계곡의 입구는 어둡고 서늘한 게 으스스해 보인다. 다행히 두 쌍의 남녀가 보였다. 반가운 마음에 얼른 그들을 뒤따라 내려갔다. 앞서거니 뒤서거니 걷던 그들은 말린 계곡의 긴 코스 중에서 삼십 여분의 짧은 코스만 돌고 말린 호수를 향해 떠났다.

다시 누가 나타나길 기다려 계곡을 따라 더 깊이 내려갈 것인지 도로 올라갈 것인지 망설였다. 잠시 기다려도 아무도 오지 않아 혼자 계곡을 따라 내려갔다. 여기저기서 나뭇가지 꺾이는 소리와 푸드득 새 날아가는 소리가 유난히 크게 들린다. 키 큰 나무 끝으로 살짝살짝 보이는 하늘에는 까마귀가 날아다녔다. 다람쥐들은 내가 놀라는 모습을 즐기기라도 하는지 걸핏하면 튀어나와 돌아다녔다. 땅바닥에는 금방 볼일을 보고 간 듯 짐승의 배설물이 어수선하다.

하늘은 대번에 비를 쏟을 듯 어둡고, 새하얀 눈이 덮인 땅만 유독 밝다. 길가의 낮은 언덕은 틀림없이 짐승이 밟고 오른 흔적으로 흙이 부스러져 있다. 깊게 패인 발자국은 좀 섬뜩했다. '아, 이러다 캐나다 뉴스에 나오는 거 아냐. 말린 계곡에서 한국 여자 관광객, 곰의 밥이 되다!'

물론 계곡은 아름답다. 조금만 더 가봐야지 하는 사이 야금야금 계곡 깊은 곳까지 내려갔다. 그런데, 으아악, 갑자기 배가 아파왔다. 오랫동안 화장실을 못 갔구나. 참으려 할수록 배는 더 아팠고 금세 어쩔 수 없는 지경에 이르렀다. 누가 가까이 왔나 주위를 자세히 살폈다. 사람보다 짐승이 더 무서운 곳에서도 먼저 의식되는 것이 사람이라니.

숲의 조금 안쪽, 짐승의 발자국이 없는, 눈이 쌓인 큰 나무 아래에서 시원하게 볼일을 봤다. "으휴! 말린 계곡에서 대단한 기념행사를 하는군. 하긴 여행 중 들르는 문화재급의 건물들에서 꼭 화장실을 사용하는 나만의 의식과 다를 것 없잖아. 이제 말린 계곡도 내 영역이야. 하하하!" 시원함을 길게 느낄 수 있는 처지가 아니라 서둘러 일어났다. 그야말로 볼일 다 봤으니 이제 얼른 계곡을 빠져나가야 한다.

내 영역이 된 계곡을 오르는 기분은 내려갈 때의 불안과 달리 상쾌했다. 말린 호수는 다운타운 반대 방향이라 포기했고, 이제 재스퍼의 다운타운으로 가야 한다. 그런데, 대체, 어떻게 간담?

계곡을 빠져 나와 차가 다니는 길을 보니 조금 마음이 놓이긴 한다. 길가로 펼쳐진 숲을 즐기며 좀 걷다 히치하이킹을 할 작정으로, 숲의 가장자리를 따라 다운타운 쪽을 향해 걸었다. 앞과 뒤로 눈 덮인 키 높은 산들이 버티고 서 있다.

안으로 들어가면 정말 야생의 동물들이 살고 있는 숲. 믿는 것은 도로를 가까이 하고 있어 차가 가끔 다닌다는 것뿐. 그러나 차도도 없는 계곡도 혼자 보고 나왔던 터라 무섭지 않았다. 오히려 상쾌하니 즐거웠다. 간밤의 괴로운 꿈으로부터도 훌훌 벗어나는 기분이다.

숲길에는 친구가 있다. 가끔 보이는 큰 사슴과 노루들, 까마귀를 비롯한 이름 모를 새들, 수많은 다람쥐들. 지금 이 순간, 나 김효선도 그런 숲의 생명들과 크게 다르지 않다. 숲과 하나가 된 듯, 기분이 흡족해진다.

딱따구리가 나무를 쪼아댄다. 귀가 편안해지는 숲의 음악이다. 엘크의 엄청나게 큰 뿔은 아주 위험하니 조심하란 경고판도 있다. 그러나 내가 마주친 엘크들은 도망가지도 덤벼들지도 않았다. 그저 나를 물끄러미 바라보다 제 가던 길을 갈뿐이다. 그들과 하나가 되었다 생각하니 무섭지 않았다.

가끔 까마귀가 하늘을 빙 돌다 어디론가 사라졌다. 어쩌다 차를 타고 지나는 이들은 마치 희한하게 생긴 엘크 쳐다보듯 나를 눈요기 삼아 쳐다본다. 첩첩산중의 숲길을 여자 혼자 터덜터덜 걷고 있으니, 어찌 신기하지 않겠는가.

숲 에 취 해 , 노 래 에 취 해

숲길을 거닐며 노래를 부르니 이내 메아리가 되어 돌아온다. 대형무대에서 스포트라이트를 받으며 관중을 사로잡는 솔로가수의 기분을 제대로 낼 수 있는 곳이다. 오늘의 공연장은, 천연 에코 음향 장비를 갖춘 말린 계곡! 오늘, 숲속의 식구들은 나 때문에 좀 시끄럽겠다.

흥이 나면 애들처럼 춤도 추며 배가 고프도록 노래를 불렀다. 그렇게 무아지경에 빠져 산보와 춤판 사이를 오락가락하고 있는데, 언제부턴지 차 한 대가 서서 나를 바라보고 있는 게 아닌가. 그 쑥스러움이란…. 나

Maligne Canyon

Jasper, Alberta

말린 계곡을 나와 첩첩산중의 숲길

한 마리가 나를 보고 있다. 그 모습이 귀여워 난 환히 웃으며 녀석을 향해 손을 흔들었는데, 가만, 혹시 개가 아니라

⋮

늑대 아닌가? 덜컥 겁이 났다.
곰 조심 경고판이 헛말이 아니었구나.
'어떡하지, 어떡한담?'

즐기며 걷고 있는데, 길 건너편 숲의 가장자리에서 시베리안 허스키

는 애써 태연하게 아무렇지도 않은 척 손을 들어 인사 하고 재빨리 걸어갔다. 그렇게 놀며 가느라 나는 그새 세 시간이나 흘렀는지도 몰랐다. 내게 주어진 아름다운 자연에 취해, 노래에 취해 피곤함도 몰랐다.

그렇게 즐기며 걷는데, 도로 건너편 숲의 가장자리에서 시베리안 허스키 한 마리가 나를 보고 있다. 그 모습이 귀여워 난 환히 웃으며 녀석을 향해 손을 흔들었는데, 가만, 혹시 개가 아니라 늑대 아닌가? 그런 생각이 들자 덜컥 겁이 났다. 달릴 수도 걸을 수도 없어 쭈뼛쭈뼛 발걸음을 옮겼다. 아직도 나를 빤히 보고 있는 시선이 느껴진다. 어떡하지, 어떡한담? 생각 끝에 나도 겁을 줘야겠다 싶어서, 카메라 후레쉬를 녀석 쪽으로 들이대고 마구 터뜨렸다. 그렇게 몇 번을 반복했더니 늑대인지 개인지는 슬그머니 뒤돌아 어슬렁어슬렁 숲으로 들어갔다.

"와! 살았다. 하마터면 늑대 밥이 될 뻔했네."

조금 더 걸으니 곰 조심하라는 경고판도 보인다. 후덜덜! 이건 진짜 센 위협이다. 난 얼른 숲길을 나와 히치하이킹을 시도했다. 차도 많이 지나지 않는 곳인데, 겨우 선 차가 방향이 틀려서 실패했다. 멋쩍기도 하고 해서 히치하이킹은 그만두기로 했다. "그래, 걸어가 보지 뭐." 이젠 즐기기보다 부지런히 길을 걸어가야 한다 생각하니, 다운타운 가는 길이 너무 멀게 느껴졌다.

드디어 저 멀리 재스퍼 역의 토템폴과 캐나다 국기가 펄럭거리는 것이 보인다. 진짜 한참 동안 걷고 걷고 또 걸었다. 일순 마음이 놓여서 그런지 발걸음이 왕창 무거워지고 배가 무진장 고파왔다. 아침에 나온 뒤로 물 한 모금 먹지 못한 채 장장 7시간을 내리 걸었으니…. 나는 이 나이까지 건강한 체력이 자랑스러워 스스로를 칭찬한다. 매일 빠지지 않고 석촌호수를 두 바퀴씩 돈 덕분이리라.

재스퍼의 할머니는 혼자서 말린 계곡을 둘러본 것과 걸어서 다운타운까지 온 것에 대해 매우 놀라셨다. 늑대 만난 것을 얘기하니 더욱 기막혀하신다. 그러나 난 뿌듯한 마음이 들었다. 할머니 가게에서 컵라면을 사서 밥까지 뚝딱 해치웠다. 이게 바로 꿀맛이다.

도착했을 때 안 보이던 할아버지가 저녁 무렵에 개를 끌고 오셨다. 피라미드 호수를 구경시켜 주겠다며 이번에는 한 바퀴 돌고 같이 오자고 한다. "개도 운동 시킬 겸"이란 꼬리말에 기름 값 내고도 그 개 때문에 덤으로 딸려가는 꼴이어서 기분이 영 아니었다. 그래도 꽁하니 언짢은 얼굴만 하고 있음 뭐하나? 따라 나서는 게 백번 더 낫다.

호수를 돌며 할아버지와 얘기를 나누니, 정나미 떨어지는 그런 분이 아니었다. 오히려 그분의 온유한 성품을 느낄 수 있는 시간이었다. 내가 야속한 마음만 갖고 그분의 제안을 외면했다면 몰랐을 텐데, 오길 참 잘했다 싶다. 게다가 기념사진까지 한 컷 찍어 주신다고 하기에 카메라를 향해 한껏 환하게 웃어 보였다.

과연 피라미드 마운틴 아래 있는 피라미드 호수는 유럽인들이 선호하는 신혼 여행지라 불릴 만한 절경이다. 할아버지는 재스퍼의 유명한 파크랏지Jasper Park Lodge를 구경시켜 주겠다며 날 데리고 갔다. 이곳은 세계최고의 갑부들과 대통령들이 전용기를 타고 와 여러 스포츠를 즐기는 곳이다. 일반인이 이곳에서 골프를 하려면 1년을 기다려야 한다고. 애초 태평양철도회사와 손잡고 이곳에 고급 호텔이 들어선 이래, 지금은 세계 각지에서 모인 호텔 직원 1,000명이 근무를 하고 숙박료가 비싼데 특별 캐빈은 상상을 초월하는 가격이라고. 할아버지 안내로 파크랏지를 한 바퀴 돌아보는데 추운 겨울에 호텔의 야외수영장에서 뜨거운 온천수로 수영을 즐기는 사람들이 보인다. 아, 부럽다. 나도 저렇게 따뜻한 물에 몸을 담궜으면…. 보석처럼 반짝이는 녹빛 부베르Beauvert 호수만 한껏 눈에 담고 가는 수밖에….

밤새 다리도 쑤시고 온몸이 아팠다. 늘 깨어나던 시간인 새벽에야 겨우 깊은 잠에 들어 아홉시가 넘어서야 일어났다. 느긋이 샤워를 하고 가방을 꾸려놓고 밖으로 나오니 눈이 내린다. 볼에 와닿는 바람 끝이 어제보다 더 차다.

밴쿠버까지 하루하고도 반나절 정도 가기 위해 넉넉히 간식을 준비했다. 할머니 내외와 간단히 점심을 먹고 두 분과 인사하고 헤어졌다. 재스퍼 역에서 오후 3시 30분에 출발하는 캐네디언 라인을 다시 탄다. 로키산맥을 넘어 태평양변 밴쿠버로 가는 기차. 거기 밴쿠버에 도착하면 나의 이번 캐나다 횡단 여행은 끝이 난다.

역으로 나오니 낯익은 얼굴이 있다. 비키와 개리 커플! 난 그들이 재스퍼에서 내린 줄 몰랐다.* 하긴, 잘 어울리는 이 한 쌍은 둘만 있는 것으로도 너무나 행복했고, 그래서 함께 이야기를 나눌 기회가 많지 않았다.

* 그들은 재스퍼의 유스호스텔에 머물렀다. 택시를 타고 그곳으로 갔는데, 택시비는 편도 12불이었고 일박이 일인당 17불.

우린 같은 차량에 배정 받아 바로 옆에 자리를 잡았다. 새로 올라탄 캐네디언은 좀 어색했다. 지난번처럼 떠들썩한 분위기를 기대한 탓일까? 기차는 같은 캐네디언인데, 이 기차엔 데이비드가 없구나…. 짐을 풀고 검표가 끝난 뒤 우리는 함께 전망차로 갔다. 전망차에 모인 손님도 전보다 많지 않은데, 대부분 젊은 사람들이다.

재스퍼를 출발한 캐네디언은 로키산맥의 하이라이트 지역을 지나간다. 재스퍼를 출발한 지 얼마 되지 않아 신비한 녹색의 호수, 무스레이크가 펼쳐졌다. 사슴의 일종인 무스Moose가 많이 살아서 붙여진 이름인가?

아름다운 호수와 길고도 긴 강줄기, 자주 보던 엘크와 독수리, 그리고 특별하게 산양도 보인다. 그리고 표정이 다양한 하늘. 하지만 이곳 로키산맥의 주인공은 당연히 눈 덮인 장대한 산맥이다. 날씨가 좋아서 먼 산까지 잘 바라볼 수 있어 고마운 마음이 절로 든다. 이곳 북미대륙의 기차에서는 늘 자연의 아름다움 앞에서 지나치리만큼 감탄사를 남발하게 된다.

캐네디언 라인은 토론토에서 출발하여 밴쿠버로 가는 코스가 특히 좋다. 아름다운 광경을 제대로 바라볼 수 있는 시간대에 운행하기 때문이다. 거꾸로 밴쿠버에서 출발하는 캐네디언은 아름다운 지역을 지나긴 하지만 야간이거나 새벽이라 아쉽게도 그 절경을 지나치고 만다. 또 재스퍼에서 밴쿠버 구간 사이의 아름다운 자연도 만끽할 수 없다.

나와 비키, 개리는 전날 오래도록 걸어 피곤한 몸을 좌석에 기댄 채 풍경을 눈에 담았다. 모두들 이쪽저쪽으로 옮겨다니며 로키산맥을 따라 가고 있다.

라운지 승무원이 작은 라운지 공간을 할로윈 장식으로 예쁘게 꾸며놓았다. 달리는 기차 안에서도 할로윈 파티 분위기를 승객들에게 느낄 수 있게 배려하는 그녀의 센스가 더욱 멋지다.

이제 시간대가 산악지대에서 태평양시간대로 바뀐다. 횡단을 하는 동안 시간대가 다섯 번 바뀌었다. 캐나다는 내가 가지 못한 지역인 뉴펀들랜드를 포함 태평양, 산악지대, 중부, 동부, 대서양까지 여섯 개의 시간대로 나뉜다. 정말 넓은 나라이다.

창밖을 바라보는 것만으로도 하루가 금세 지난다. 이른 새벽, 일출을 보기 위해 전망차로 갔다. 여전히 잠든 비키를 두고 나는 개리와 해가 떠오르길 기다렸다. 오늘의 태양은 눈 덮인 들판 위로 떠오른다. 붉은 덩어리가 대지를 짙게 물들이고, 기차는 붉게 물들지 않으려는 듯 반대쪽으로 열심히 내뺀다. 뽀얀 설원 위 붉은 일출, 그 홍건한 색감 속으로 달리는 캐네디언 기차. 아, 이런 아침을 맞이하다니! 캐네디언에서 떠오르는 해를 맞으리라던 바램은 이렇게 장엄하게 이루어졌다. 더군다나 오늘은 대륙 횡단을 마무리하는 날이 아닌가. 내 여행을 멋지게 매조지해 주는 이 황홀한 해돋이가 더욱 고맙다.

아침 8시경, 기차는 태평양변의 항구도시 밴쿠버에 나를 내려 줄 것이다. 가방을 꾸려 내릴 준비를 마치곤 창에 매달려, 언제쯤 태평양이 보이나, 두근두근 창밖만 바라보는데….

우와! 드디어 태평양이다! 대서양을 출발해 대륙 횡단에 나선 지 8일 만에 만난 태평양. 이제 기차를 타고 캐나다 대륙을 횡단하자던 내 꿈은 온전히 실현되었다. 후련하고도 서운하다, 끝이라니…. 그렇게 뿌듯한 안타까움으로 나는 태평양을, 밴쿠버를 만났다.

밴쿠버에서 다시 만나다

알고 보니 비키 커플과 난 동일한 숙소에 예약을 했다. 숙소를 선택하는 데는 역시 위치가 최고다. 밴쿠버의 도심인 센트럴이란 것이 마음에 들어서 그곳을 골랐는데 그들도 같은 이유를 들었다. 혼자가 아니라 더욱 좋다. 이들과 함께 시간을 보낼 것을 생각하니 기대도 크다. 기대는 아무리 일방적인 것이라 해도 늘 우리에게 힘을 주지 않던가. 힘들고 지칠 법한 여행의 끄트머리, 다시 신발끈을 조인다.

밴쿠버 역에 내려서는 셋째 주자였던 캐네디언 라인(토론토~재스퍼)에서 만난 친구인 샌드라와 마주쳤다. 그녀는 이모와 함께 빅토리아로 가는 길이다. 이 넓은 땅덩어리에서 우연히 또 만나다니! 일본 청년도 또 만났다. 아니, 저 친구는 나랑 일정이 똑같은 건가? 계속 같은 기차를 타고 왔는데도 정작 기차에서는 한번도 못 보다니. 드디어 이름을 알게 되었다. 그의 이름은 마사. 마사와 난 몬트리올에서부터 밴쿠버까지 계속 같은 기차, 같은 호스텔에서 머물며 대륙 하나를 횡단했지만 이제야 통성명을 한 거다. 그는 밴쿠버에서 영어 연수를 하고 일본으로 돌아가기 전에 여행하는 중이다. 그도 우리 숙소 근처로 간다고 해서 함께 스카이 트레인을 타고 갔다.

우리는 함께 식사를 했는데, 계속되는 인연이 신기해 내가 마사에게 아침을 쏜 것이다. "마사, 다음에 또 만나면 꼭 반갑게 인사하자. 알았지?"

YH에 짐을 풀고 우리는 밴쿠버 도심 산보에 나섰다. 오전에 차이나타운, 개스타운, 워터프론트 등을 두루 돌아다녔다. 나와 개리는 거의 예민한 더듬이를 가진 동물처럼 분주하게 방향을 잡았고, 비키도 귀여운 개구쟁이처럼 즐거워하며 우리를 따라다녔다.

우리는 숙소로 돌아와 낮잠을 잔 뒤 오후에 스카이 트레인을 타고 더 둘러보기로 했다. 워터프론트의 인포메이션에서 받은 정보에 의하면, 일요일은 스카이 트레인이 할인된다는 것. 3불이면 스카이 트레인에 올라, 앉아서 밴쿠버 시가지를 둘러볼 수 있다! 잠을 이루지 못한 나는 오랫동안 뜨거운 물로 샤워를 하며 몸을 풀고서 상쾌한 기분으로 오후 시내구경을 나섰다.

브리티시컬럼비아 주에 속한 밴쿠버는 캐나다에서 토론토와 몬트리올 다음으로 큰 도시이다. 그렇게 큰 도시지만 주도는 밴쿠버 섬의 조그만 도시 빅토리아에 넘겨주고 있다. 주와 주도의 이름만 봐도 알 수 있듯이 이곳은 영어권이다. 로키산맥과 코스트산맥이 이어지고 바다와 강이 어우러지는 아름다운 항구도시 밴쿠버. 기후도 좋은 탓에 한국인이 이민지로 선호하는 곳이다. 그렇지만 많은 사람들이 몰려와 어울려 사는 탓인지 이제껏 지나온 도시들에 견주어 시가지 분위기가 깨끗하지 않고 거지도 많다.

밴쿠버의 할로윈

오늘은 10월의 마지막 날, 일요일이고 할로윈 데이다. 오후의 거리가 할로윈 파티 분장을 한 사람들로 북적거린다. 토끼와 해골, 마법사와 천사들이 거리를 돌아다닌다. 거의 벌거벗다시피 옷을 입고 얼굴에 해골 분장을 한 소녀는 추위 속에 와들와들 떨고 있기도 했다.

비키와 개리는 낮잠을 자서 상쾌한 듯 보였다. 우린 샌드위치를 사 들고 스카이 트레인을 탔다. 개리가 가이드를 자처해 환승역도 챙겨 주고 하니까 스카이 트레인으로 둘러보는 게 더 편안한 느낌이다. 스카이 트레인은 바다 위로 놓인 긴 다리를 두 번이나 통과하며 멋진 로키산맥과 바다를 동시에 보여주었다. 그런데 아뿔싸, 우린 대화에 열중하느라 종점인 워터프론트 역에서 내리질 못했다. 게다가 트레인은 무인 차량이어서 트레인의 마지막 터치 장소까지 가야 했다. 마치 수영선수가 터치하듯 종점의 선로 끝까지 가서는 잠시 서 있던 기차가 다시 오던 방향으로 되돌아간다.

"우리 무슨 감옥에 갇힌 죄수 같다."

비키가 익살을 떠는데, 그만 웃음보가 터진 우리는 우리들뿐인 객실 안이 떠나가라고 한참을 웃었다. 비키는 그런 익살로 우리를 여러 차례 즐겁게 했는데, 밝고 쾌활한 그녀의 모습이 참 귀엽고 보기 좋다. 개리도 아마 비키의 그런 모습에 반했으리라.

비키와 난 꿍짝이 잘 맞는 친구다. 셜록 홈즈, 아가사 크리스티, 레미제라블을 너무도 좋아하는 우리. '명탐정 비키 홈즈.' 학창시절 별명이 그랬을 정도로 비키는 특히 셜록 홈즈에 푹 빠져 자랐다.

비키라는 이름은 그 유명한 케사르의 '베니, 비디, 비키◆'에서 따온 것. 그녀의 아버지가 딸을 얼마나 원하다 얻었는지, 이름 지은 것만 봐도 잘 알 수 있다. 조잘조잘 홍에 겨워 말도 많은 비키. 〈슈렉2〉 얘기를 하면서는 그녀가 슈렉의 한 장면을 흉내 냈는데, 우린 그 모습에 또 한번 길바닥에 떨어진 배꼽을 찾아야 했다.

◆ **Veni, vidi, vici.** '왔노라, 보았노라, 이겼노라'의 뜻으로, 케사르가 갈리아를 정복한 뒤 로마로 보낸 승전보의 전문이다.

개리 역시 비키의 그런 장난기가 사랑스러운지 말없이 웃기만 한다. 가끔 "저것 좀 봐," "여긴 조심해"라면서 우리를 안전하게 보살피는 듬직한 보호자 역할을 할 뿐.

"비키는 정말 사랑스러워. 개리 넌 심심할 틈이 없겠다." 내가 그렇게 비키를 추켜세우니까, "조용할 틈이 없다"며 흉보듯 말하면서도 표정은 마냥 싱글벙글이다. 재치가 넘치는 개구쟁이 비키, 그리고 그녀를 조용히 바라보는 젠틀맨 개리. 참 아름다운 커플이다. (게다가 개리는 내 이상형의 80퍼센트쯤을 충족시키는 정말 괜찮은 남자다. 마냥 비키가 부러울 따름!)

숙소로 돌아와 응접실에 앉아 있는데, 어렵쇼, 우리 앞에 거짓말처럼 제이제이가 나타났다. 캐나다의 동쪽 끝 숙소에서 본 친구를 서쪽 끝 숙소에서도 만나다니! 제이제이를 반기는 우리의 호들갑은 정말 구경감이었다. 떠날 곳 밴쿠버에서 만남은 계속되고 있다.

배웅을 받으며 낯선 곳을 떠나다

숙소의 게시판에 내일 비가 올 것이란 예보가 붙어 있더니, 아침부터 비가 내린다. 비키 커플과 나는 날씨가 맑으면 스탠리 파크로, 비가 오면 대형 쇼핑몰을 어슬렁거리기로 했다. 날씨 탓인가, 아침에 일어나기조차 싫도록 피곤이 몰려왔다. 비키와 개리에게 너무 피곤해 오전에는 쉬어야겠다며 도로 방으로 들어갔다. 어제 밀려오는 피곤을 뜨거운 샤워로 달래고서 밴쿠버를 먼저 둘러보기를 참 잘했다는 생각이 들었다. 오랜만에 뒹굴거리며 게으르게 오전 시간을 보내다, 결국 점심 무렵 좁은 침대, 좁은 방안이 답답해 길을 나섰다. "그럼 그렇지, 내가 어떻게 가만히 오래 누워 있을 수 있겠냐."

여기 저기 대형 쇼핑몰을 두리번거리는데, 너무나 뜻밖의 사람을 만났다. 8년 전 이민을 간 이웃사촌! 참 친하게 지내던 분이었는데 이렇게 만나게 되다니, 아니 세상이 이렇게 좁단 말인가. 그분도 놀라서 손등으로 눈을 비비는 몸짓까지 하며 서로 다시 확인을 하였다. "우와, 이렇게도

다 만나네? 우리가 원수지간이거나 빚쟁이가 아니어서 진짜 다행이다." 그런 우스개를 나누며 우리는 크게 웃었다.

그는 그 유명한 쉰들러가 창업한 회사에서 일을 한단다. 그 자리에서 그의 부인과도 전화통화를 했다. 이렇게 만나다니, 세상에, 그들이 가끔 생각났었는데…. 그는 근무 중에 나온 길이어서 더 긴 얘기를 나누지 못하고 헤어져야 했다. 짧은 만남이었지만 우리나라를 떠날 때보다 더 신수가 훤해 보이는 게 형편이 안정된 것 같아 기뻤다. 이렇게 옛사람도 만나는 행운을 가져다주다니, 내 여행은 참으로 기특하다.

*

캐나다에서의 마지막 밤, 비키 커플과 저녁을 함께 했다. 그들은 20일 동안 북미대륙을 여행 중이다. 영국에서 핼리팩스로 와서 먼저 캐나다를 횡단했고, 이제 빅토리아를 거쳐 시애틀로 간다고 한다. 거기서부터 암트랙으로 미국 여행까지 마친 뒤 다시 영국으로 돌아가는 일정인 것. 그들보다 앞서 북미대륙여행을 마친 나는 둘러보았던 곳의 정보를 가르쳐 주었다. 꼭 가보아야 할 곳과 묵었던 숙소 정보를 주었다. 그들과 너무도 좋은 시간을 보낸 탓에 헤어지는 게 더 아쉽다.

내가 로마역사와 유적에 관심이 많아서 하드리아누스 성벽을 보러 갈 것이라 하니 유럽에 들르면 꼭 자기 집으로 오라며 나를 초대했다. 그들이 3월경에 일본여행을 한다기에 한국에도 오라고 권하니까 뜨뜻미지근하게 "언젠가는"이라고 대답한다. "아니, 아니, 꼭!" 나는 그렇게 못을 박았다.

캐나다를 떠나는 아침, 비는 개었다. 미리 꾸려둔 짐을 메고 이른 아침 숙소를 나오는데 비키와 개리가 날 기다리고 있다. 비키와 개리는 포옹으로 내게 인사를 하며 공항으로 떠나는 날 배웅해 주었다. 어제 아쉬움과 서운함을 충분히 나누었지만 그래도 발이 쉽게 떨어지질 않는다. 그들도 아쉬운 눈빛으로 내 어깨를 두드린다.

아무도 모르는 낯선 곳을 찾아가지만 간혹 이렇게 뜨거운 배웅을 받으며 낯선 곳을 떠나올 때도 있다. 인정이 오간 좋은 만남은 늘 이렇게 따뜻함을 선물한다.

에필로그

여행하는 자에

밴쿠버에서 서울로 돌아오는 비행기에서 또 한번 희한한 만남을 경험했다. 26년 동안 뵙지 못한 존경하는 어른을 만난 것이다. 그 분은 공무상 미국과 캐나다를 방문하고 가시는 중이었다. 그분은 마치 그 어린 시절의 나를 대하듯 두 손으로 내 얼굴을 비비며 반가워 하셨다. 오랜만에 뵙는 작은아버지처럼 말이다. 오랜 세월을 뛰어넘어 정확히 기억해 주셔서 감사했다. 그간 찾아뵙지 못한 송구스러움에 내내 얼굴이 후끈거렸다.

신기한 인연, 특별한 만남, 아쉬운 헤어짐, 어쩌면 여행은 이런 것들의 연속이다. 헤어짐은 물론 아쉽고 슬프다. 하지만 여행에서의 헤어짐은 그 기억이 오래도록 아름답게 남아, 그 아쉬움마저 달콤한 행복으로 탈바꿈시킨다. 여행의 힘은 그렇게 기억 속에서 더 튼튼하게 자라난다.

여행을 하면 할수록 여행의 재미는 스스로 만들어야 한다는 걸 거듭거듭 깨닫는다. 무서운 말린 계곡에서도 혼자 신나게 노래를 부르며 다녔다. 그저 지루할 수도 있는 열차에서의 시간들을 나름 아주 유쾌하게 즐겼다. 그 모든 게 스스럼없이 많은 친구들을 사귀고, 스스로 재미있게 보내려고 노력했기 때문이 아닐까. 아마도 앉아서 조용히 책이나 읽고 창밖으로만 시선을 고정시키고 있었다면, 부족한 영어라고 쑥스러움에 입을 다물고 있었다면, 그 나름대로 만족했을지는 모르겠으나, 체온으로 느끼는 재미, 인정이 오가는 재미, 사람 사는 재미는 별로 느끼지 못했을 것이다. 또, 저 사람은 저래서 싫고 이 사람은 이래서 싫고, 누구는 나한테 야속하게 굴었다느니 어쨌느니 하며 색안경 쓰고 사람을 가리려 했다면, 아마 그 누구와도 친구가 되지 못했을 것이다.

난 잠시 지나는 곳에서 스치듯 만나는 인연들에게도 마음을 열고, 있는 그대로의 진심을 보이려고 했다. 그래서 즐거웠고 그런 내 맘이 통했는지, 내가 먼저 대접하려고 했는데도 오히려 곱절의 대접이 내게 돌아오곤 했다. 낯선 곳에서 낯선 이들과 오래된 친구처럼 마음을 열고 어울리며 서로를 존중한다면, 여행의 시간은 놀라울 만큼 풍성해진다.

누군가는 내가 복이 많다고 했다. "넌 복이 없어"라는 것보다 얼마나 듣기 좋은 말인가. 난 이 말을 참 좋아한다. 자기 암시적인 말들을 계속하면 정말 그대로 이루어진다는 학설이 있다. 그래서 난 스스로에게 늘 이 말을 들려준다. "난 복이 많아." 그렇게 하면 스스로 복 많고 행복한 삶을 살기 위해 끊임없이 노력하게 된다. 그런 노력들 중의 하나가, 아마

가장 큰 하나가, '늘 여행하는 삶'인 것이다.

이제 청춘의 나이는 지났다. 곧 백발이 내릴 테지. 어느새 중년…. 하지만 중년은 백발의 노년기로 넘어가는 무의미한 통과지대가 결코 아니다. 기차 창밖으로 보았던 아름다운 달처럼 중년은 황금빛 보름달로 화려하게 빛나는 때라고 나는 생각한다. 청춘이 무지갯빛 절정이듯 중년도 또 하나의 절정인 거다.

나는 여행지에서 만난 황금빛 보름달을 내 중년 절정기의 상징으로 기억하려 한다. 당신의 보름달은 어떤 색감이길 기대하는가? 어디서 어떤 모습으로 당신은 당신의 절정을 만나고 싶은가? 열심히 산다는 건, 어쩌면 떠나기 위함이 아닌가. 마음속에 그려왔던 황금빛 보름달을 찾아, 파랑새를 찾아, 자신의 존재를 찾아, 열심히 살아온 그대는 떠나야 한다.

낯선 곳으로 여행하는 그대에게 복 있을지니, 생소하고 막막한 어둠 속에서 달빛은 더욱 환하고 반갑게 우리의 앞길을 인도하는 법이다.

미국 철도의 대명사, 암트랙 AMTRAK

전 세계 철도의 3분의 1이 미국에 있다. 그러니 이번 여행에서 세계 철도의 많은 부분을 탄 셈이고, 덕분에 스케줄 짜는 게 보통 일이 아니다. 하지만 여객열차는 모두 암트랙 한 군데서 운영하므로, 여행자 입장에서도 수고가 줄어든다. 암트랙은 정부와 기업이 같이 운영하는 여객열차 담당 회사로서, 미국철도여객수송공사의 준말이다. 그래서 미국 열차여행은 곧 암트랙 여행이다. 하지만 '암트랙 기차'는 각 구간별로 쓰리리버스, 엠파이어빌더, 선셋리미티드 등의 별칭으로 불린다. 우리나라 '철도청' 기차가 경부선, 태백선 등으로 불리듯 말이다. 예컨대 시애틀에서 샌프란시스코까지 서부해안을 따라 남하하는 노선을 코스트스타라이트라고 부르지만, 이 또한 암트랙의 일부인 것이다.

암트랙은 외국 여행자를 위해 몇 종류의 패스를 발행한다. 그 중 나는 한 달의 유효기간 안에 미국 전역을 다닐 수 있는 '내셔널 레일 패스'를 서울에서 준비했다. 패스 한 장으로 "모든 티케팅이 끝"이라고 생각하면 오산이다. 각각의 구간별로 어느 날 어느 시간의 열차를 탈 것인지 미리 계획을 다 짠 뒤, 그때그때 표를 끊어도 되지만 번거로움을 덜기 위해 한꺼번에 발권해두는 게 제일 좋다. 암트랙 한국사무소(02-725-1607)에서 패스 구입 및 발권을 한꺼번에 해결할 수 있다.

그래서 열차시간표와 지도를 펼쳐놓고 꼼꼼하게 여행계획을 짰다. 미국의 기차는 하루에 한번 운행하는 것이 보통. 일주일에 세 번 운행하는 노선도 있다. 그렇다 보니 기차시간표에 맞게 도시에 머무는 일정을 짜야 한다. 늦게 도착하여 숙소를 찾은 불편함이 없도록 하고 새벽에 출발하는 기차는 피해야 한다. 새벽 출발은 교통편이 좋지 않기 때문이다.

계획표를 짠 뒤에는 머무를 도시의 안내책자를 미리 살펴보았다. 머릿속에 여러 정보들을 입력시켜 놓으면 그 도시가 그럭저럭 낯설게 느껴지지 않으니까 말이다. 도시정보를 구하는 가장 좋은 방법은 인터넷 검색이다. 예컨대 캘리포니아 관광청 혹은 뉴욕 관광청 등을 필요한 대로 검색하면 된다.

○●○김효선의 나홀로 암트랙 여정

우선, 뉴욕을 출발해 시카고로 간다. 그곳에서 출발하여 미 북부를 관통하는 노선을 타고 서북부의 시애틀로 향한다. 그 다음 샌프란시스코까지 내려온 뒤 이번에는 미 중부 내륙을 관통하여 시카고로 돌아간다. 시카고에서 미시시피 강을 따라 남쪽으로 내려가면 뉴올리언스. 그곳에서 다시 동쪽으로 틀어 마이애미로, 내처 플로리다 반도 맨 끝인 키웨스트까지 달린다. 암트랙 기차여행의 마지막 날 밤을 나는 마이애미에서 뉴욕 맨해튼으로 향하는 열차 팔메토 안에서 맞을 것이다.

1. **쓰리리버스Three Rivers 호** 뉴욕 → 시카고

   대서양변에서 서쪽으로 횡단하는 908마일

2. **엠파이어빌더Empire Builder 호** 시카고 → 시애틀

   서북부 태평양변까지 미 북부를 횡단하는 2,210마일

3. **코스트스타라이트Coast Starlight 호** 시애틀→샌프란시스코

   태평양변을 따라 남하하는 916마일

4. **캘리포니아제퍼California Zepher 호** 샌프란시스코→시카고

   대륙 중부를 가로질러 동부로 횡단하는 2,438마일

5. **시티오브뉴올리언스City of New Orleans 호** 시카고→뉴올리언스

   미시시피강을 따라 남하하는 926마일

6. 선셋리미티드Sunset Limited 호 뉴올리언스→마이애미

잭슨빌에서 '실버스타'로 갈아타고 동부로 횡단하는 1,034마일.

(이 구간은 2008년 7월 현재 서비스가 잠정 중단된 상태이므로 꼭 확인하고 계획을 짜야 한다.)

7. 그레이하운드 버스 마이애미→키웨스트

플로리다반도 끝으로의 여행. 167마일

(이 버스 티켓도 내셔널 레일 패스로 끊을 수 있다.)

8. 팔메토Palmetto 마이애미 → 워싱턴 → 뉴욕

대서양변을 따라 북상하는 1,389마일

캐나다 기차여행, 비아레일 ViaRail

캐나다의 국철은 비아레일이다. 비아레일도 암트랙처럼 각 구간마다 다른 이름으로 불리는데, 이를테면 몬트리올에서 핼리팩스까지는 오션Ocean 노선, 밴쿠버에서 토론토까지는 캐네디언Canadian 노선, 그런 식이다. 밴쿠버 섬 안의 노선까지 총 17개 노선, 14,000킬로미터의 총연장, 연간 400만 명의 여객을 실어나르는 규모다. 이 중에는 알래스카 바로 코밑인 프린스루퍼트까지 가는 스키나Skeena 노선도 있고, 허드슨 만의 오지인 처칠까지 가는 허드슨베이Hudson Bay 노선도 있다.

원래부터 계획에 있기는 했지만, 본격적으로 캐나다 기차여행을 계획한 건 암트랙으로 미국 일주를 마친 뒤부터였다. 캐나다 횡단 기차여행의 출발점은 미국의 경우와 마찬가지로 대서양변부터로 잡았다. 그러자면 대서양변 노바스코샤 반도의 핼리팩스가 출발도시다. 캐나다의 동쪽 대서양 해안의 핼리팩스에서 출발하여 태평양 해안의 밴쿠버까지 6,351킬로미터에 이르는 길을 캐나다 대륙횡단철도 즉 비아레일로 다녀오는 것이 이번 캐나다 여행의 목표다.

기찻길이야 쭉 한 갈래로 뻗어 있지만 직행하는 열차는 없다. 잘 갈아타면 고생스럽지만 핼리팩스 출발 6일이나 7일째 아침이면 밴쿠버에 도착한다. 미국에서처럼 캐나다에서도 장거리 열차의 운행 횟수는 적다. 보통 하루에 한 번이거나 1주일에 세 번 정도다. 그래서 여행 계획표를 잘 짜야 기차를 제대로 이용할 수 있다.

○●○김효선의 나홀로 비아레일 여정

여행계획표를 짜기 위해서는 캐나다 지도와 비아레일 기차 시간표, 가이드북이 꼭 필요하다. 이들을 참고로 내가 계획한 여행경로는 다음과 같다.

1. **비행기로 이동** 서울 → 밴쿠버 → 몬트리올
   몬트리올 YH에서 2박.
2. **코리더Corridor 라인** 몬트리올 → 퀘벡(팔레 역)
   퀘벡 YH에서 2박.
3. **오션Ocean 라인** 퀘벡(샤니 역) → 핼리팩스
   캐나다의 동쪽 끝 핼리팩스로 가는 길. 차에서 1박. 핼리팩스 YH에서 2박.
4. **오션Ocean 라인** 핼리팩스 → 몬트리올
   기차에서 1박.
5. **코리더Corridor 라인** 몬트리올 → 토론토
   토론토의 캐네디언 백패커 하우스에서 2박.
6. **캐네디언Canadian 라인** 토론토 → 재스퍼 → 밴쿠버
   기차에서 2박. 재스퍼 민박에서 2박. 밴쿠버 YH에서 2박.

대륙횡단열차를 타고 오는 동안 들르는 도시에서 머물기도 할 것이지만, 많은 날들을 기차에서 묵게 될 것이다. 계획표를 짠 뒤 여행경비를 절약하기 위해 비수기를 택했다. 막 단풍이 지기 시작하는 늦가을 무렵 출발한 것이다.

여행 떠나기 사흘 전 비아레일에서 제공하는 여러 할인권 가운데 캔레일 패스Canrail Pass를 샀다. 한 달 동안 캐나다 전역의 기차를 탈 수 있는 티켓이다. 미국 암트랙의 한 달짜리 패스에는 횟수 제한이 없었다. 하지만 캔레일 패스는 한 달에 12회만 사용할 수 있다. 그러나 그 넓은 땅덩이에서 한 달에 12회 이상 사용할 일은 거의 없다. 한번 타면 1박 2일이 보통이고 3박 4일까지도 걸리니까 말이다. 그러니 미국의 암트랙 패스와 마찬가지로 별다른 불편 없이 쓸 수 있다.

붉은 노선: 암트랙
푸른 노선: 비아레일
Prince Rupert
Prince George
Jasper
Edmonton
Saskatoon
Winnipeg
Vancouver
Victoria
Seattle
Spokane
Portland
Sacramento
San Francisco
Los Angeles
San Diego
Las Vegas
Phoenix
Tucson
Salt Lake City
Flagstaff
Albuquerque
El Paso
Denver
Omaha
Kansas City
Oklahoma City
Fort Worth
Dallas
Austin
San Antonio
Houston
St. Paul-Minneapolis
Milwaukee
Chicago
St. Louis
Little Rock
Memphis
New Orleans
Indianapolis
Cincinnati
Detroit
Windsor
Toronto
Cleveland
Pittsburgh
Buffalo
Ottawa
Montréal
Québec
Halifax
Boston
New York
Philadelphia
Baltimore
Washington, DC
Atlanta
Jacksonville
Orlando
Tampa
ALBERTA
BRITISH COLUMBIA
SASKATCHEWAN
MANITOBA
ONTARIO
QUÉBEC
NEWFOUNDLAND
NEW BRUNSWICK
NOVA SCOTIA
PRINCE EDWARD ISLAND
WASHINGTON
OREGON
IDAHO
MONTANA
WYOMING
NEVADA
UTAH
COLORADO
CALIFORNIA
ARIZONA
NEW MEXICO
NORTH DAKOTA
SOUTH DAKOTA
NEBRASKA
KANSAS
OKLAHOMA
TEXAS
MINNESOTA
IOWA
MISSOURI
ARKANSAS
LOUISIANA
WISCONSIN
MICHIGAN
ILLINOIS
INDIANA
OHIO
KENTUCKY
TENNESSEE
MISSISSIPPI
ALABAMA
GEORGIA
FLORIDA
SOUTH CAROLINA
NORTH CAROLINA
VIRGINIA
WEST VIRGINIA
PENNSYLVANIA
NEW YORK
MAINE
MEXICO